KOLONIEN DES EIGENSINNS

C(

EDITION BAUHAUS – BAND 3
HERAUSGEGEBEN VON DER STIFTUNG BAUHAUS DESSAU
KONZEPTION WALTER PRIGGE

Die Region zwischen Bitterfeld und Wolfen trägt die Signaturen eines radikalen Strukturwandels zur postindustriellen Gesellschaft. Zu besichtigen ist eine ganz neue Geographie: High-Tech-Inseln inmitten abgebrochener Industrieanlagen, einzelne musealisierte Reste der alten Schwerindustrie als Vorboten künftiger Erlebnisparks inmitten gewerblicher Containerwüsten. Wie die Region, so ihre Menschen: Die soziale Praxis, die gemeinsamen Wertvorstellungen, das kulturelle Deutungsgerüst rutschen weg, bilden Risse, drohen zu erodieren. ■ Dieses Buch ist eine ethnographische Erkundung ostdeutscher Arbeiterkultur einer Region im Umbruch. Fotografien von Andreas Weinand begleiten die Untersuchung: Bilder eines eigensinnigen Alltags im privaten wie im öffentlichen Raum.

KOLONIEN DES EIGENSINNS
ETHNOGRAPHIE EINER OSTDEUTSCHEN INDUSTRIEREGION
REGINA BITTNER

MIT FOTOGRAFIEN VON ANDREAS WEINAND

CAMPUS VERLAG
FRANKFURT/NEW YORK

Die Deutsche Bibliothek – CIP-Einheitsaufnahme: Bittner, Regina: Kolonien des Eigensinns: Ethnographie einer ostdeutschen Industrieregion/Regina Bittner. Mit Fotogr. von Andreas Weinand. – Frankfurt/Main; New York, Campus Verlag 1998 (Edition Bauhaus; Bd. 3) ISBN 3-593-36074-4 ■■ Das Werk einschließlich aller seiner Teile ist urheberrechtlich geschützt. Jede Verwertung ist ohne Zustimmung des Verlages unzulässig. Das gilt insbesondere für Vervielfältigungen, Übersetzungen, Mikroverfilmungen und die Einspeicherung und Verarbeitung in elektronischen Systemen. Copyright © 1998 Campus Verlag GmbH, Frankfurt/Main; Gesamtgestaltung: grappa.dor (Kerstin Baarmann, Dieter Feseke); Litho: tripple aaa; Druck und Bindung: Druckhaus Beltz, Hemsbach. Gedruckt auf säurefreiem und chlorfrei gebleichtem Papier. Printed in Germany.

INHALT

«VON BITTERFELD IN DIE HALBE WELT»
Einleitung 6

I

BLÜHENDE LANDSCHAFTEN IN BITTERFELD – TRANSFORMATION IM STRUKTURWANDEL
Regionalisierung und Globalisierung in einer altindustriellen Region 16 Bayers Bastler – Lebensentwürfe aus eigener Hand 22 Betriebsgemeinschaft Bayer – Zwischen Intimität und Zivilität 29 Eine Region im Zeitzerfall 37

II

ARBEITSGESELLSCHAFT DDR
Durchkommen, Aussitzen, Arrangieren – soziale Praxis Filmfabrik 44 Balancen entlang der Kragenlinie – das Konfliktfeld betriebliche Hierarchien 54 Die Meister neuen Typs 56 Die weißen Kittel 59 Sittenbild einer Arbeitsgesellschaft 64

III

NACHHOLENDE MODERNISIERUNG – RÜCKWEG IN DIE ZUKUNFT
Vom ökologischen zum sozialen Notstandsgebiet 70 Industrielle Restrukturierung als nachholende Modernisierung 73 Transformation als Strukturwandel 79 Industrielle Beziehungen im Umbruch 80 Lebenswelt Betrieb - Rückbau ins System ? 88 Nachholende Modernisierung – eine ganz normale Fahrt? 93

KLEINE LEUTE, BASTLER, PFADFINDER
Fotografien von Andreas Weinand 97

IV

TRANSFORMATION MIT RÜCKENDECKUNG
EINE ETHNOGRAPHISCHE ERKUNDUNG OSTDEUTSCHER ARBEITERKULTUR
Wolfener Zustände 124 Ethnographie in der Transformationsforschung 127 Sparsames Leben 132 Kulturelle Praxen der Sparsamkeit 138 «Früher fleißig und heut' noch fleißig» – Arbeiterkultur Ost 142 Transformationsfiguren 150

«VON BITTERFELD IN DIE HALBE WELT»

«Wem wollten die Protestwähler in Sachsen-Anhalt denn nun eins auswischen? Den Politikern, weil die blühenden Landschaften selbst dort, wo sie zartes Grün ansetzen, zuwenig Arbeitsplätze bieten? Oder vielleicht auch den Medien – weil wir zwar die Versprechen der Politik transportiert haben und natürlich auch den Knopfdruck beim Einweihen einer neuen Fabrik (der Bayer GmbH in Bitterfeld), aber den Alltag vergleichsweise selten ausleuchten? ... Hätte es in Sachsen-Anhalt das gleiche Wahlergebnis gegeben, wenn wir lange vor dem Magdeburger Wahlabend öfter mal nach Wolfen und Umgebung geschaut hätten, wo beispielsweise mit der Filmmarke ORWO 15.000 Arbeitsplätze verlorengegangen sind? Wenn wir die Lebenssituation in den Plattenbaughettos öfter in unseren Sendungen gezeigt hätten? ... In einer Mediengesellschaft gibt es nichts Schlimmeres, als nicht vorzukommen.» (Peter Frey DIE ZEIT 20. Mai 1998) In einer Weltgesellschaft, in der Regionen und Städte als «Standorte» konkurrieren, gibt es nichts Schlimmeres, als von den globalen Kapitalflüssen ignoriert zu werden. Bitterfeld und Wolfen gehören trotz Miliardeninvestitionen wie fast alle ostdeutschen Regionen zu den strukturschwachen westeuropäischen Regionen. Gläserne Architekturen einer modernisierten «transparenten Chemie», Containerbauten, ausgedehnte Gewerbeparks inmitten der riesigen leergeräumten Flächen der ehemaligen Großbetriebe und musealisierte Reste der alten Industrieanlagen als Vorboten künftiger Erlebnisparks – das ist der mittlerweile gewohnte Anblick einer Peripherie. Nach den «blühenden Landschaften» sucht man vergebens, denn das Szenario des Umbaus der ehemaligen Chemieregion folgte der Regie des Strukturwandels zur postindustriellen Gesellschaft, wie er sich auch anderswo vollzieht.

STRUKTURWANDEL ALS NACHHOLENDE MODERNISIERUNG

Nachholende Modernisierung galt als Garant für alle Beteiligten, einer «ganz normalen Fahrt» beizuwohnen. Eine Neuauflage des «Wirtschaftswunders» muß sich im rauher gewordenen Klima der neuen Bundesrepublik als Illusion erweisen. Schon seit den achtziger Jahren kündigt sich eine Erosion industriegesellschaftlicher Regulationsmuster und wohlfahrtsstaatlicher Sicherungssysteme an; eine härtere Gangart bei der Bearbeitung gesellschaftlicher Konflikte und deren Regulation über den Markt zeichnen sich ab. Inzwischen spielt auch im Osten die Konkurrenzgesellschaft Schicksal, denn Modernisierung im Zeichen des Neoliberalismus bedeutet vor allem «Marketization». Entlassen in die spontane Selbstorganisation der zu entfesselnden Marktkräfte leben Gewinner und Verlierer der eher neoliberalen Modernisierung jetzt nebeneinander. Ein Riß geht durch die Arbeiterschaft der Region: Diejenigen, die auf den wenigen modernisierten Inseln der neuen Chemie einer hochqualifizierten sozial abgesicherten Tätigkeit nachgehen, «haben eben Glück gehabt». Für die Arbeitslosen im Plattenbaugebiet Wolfen-Nord wird die Kosmologie des kleinen Mannes, der sich schon immer von Staat und Politik betrogen fühlte, zur Krücke, um sich im neuerlich geteilten Universum zurechtzufinden. Hier, in der einst für 30.000 Arbeitskräfte der großen Chemiekombinate gebauten Wohnsiedlung kommt mit dem Strukturwandel der Region das Weltbild von «Unsereinem» ins Wanken. Aus dem Aufeinanderprallen der ungleichen Lebenschancen erwächst ein Elend, das sich in ausländerfeindlichen Parolen und rechtsextremen Positionen Ausdruck verschafft.

Beim Umbau der ostdeutschen Gesellschaft gerieten die ehemaligen Chemiearbeiter in eine Zerreißprobe zwischen Chancen des Wandels und untragbaren Kosten. Mit dem Gefühl, «daß es ebenso gefährlich ist, sich zu bewegen wie stocksteif stehenzubleiben» (Clifford Geertz), wird es schwierig, sich ein Bild von der Welt zu machen. Wie reagieren Menschen auf den «Einzug des Zukunftsschattens» ihres Handelns, auf die Unberechenbarkeit ihres Tuns?

KOLONIEN DES EIGENSINNS

Der Titel ist eine kühne Behauptung in Zeiten, in denen für Schicksalsschläge, die der einzelne erfährt, niemand, außer er selber, verantwortlich scheint und jeder nur noch seine eigene Haut retten will. Sollte die Überschrift Assoziationen zu «Reservaten der Widerständigkeit» wecken? Wird mit einer ethnographischen Perspektive auf ostdeutsche Arbeiterkultur im Sinne von Lévi-Strauss in «düsteren Zeiten eine dauernde Chance des Menschen» behauptet, die in den Denk- und Lebensformen vormoderner Gesellschaften angelegt ist?

Eigensinn meint nicht Widerständigkeit per se. Mit ihm konnten Arbeiter jedoch Distanz gegenüber den Zumutungen und der Kontrolle von oben, aber auch Abstand zum sozialen Milieu gewinnen. Eigensinn stellt den Versuch dar, eigenen Raum zu sichern; Distanz und Kooperation, Feindseligkeit und Solidarität liegen hier eng beieinander.

In einem Netz wiedersprüchlicher Handlungsmuster und Artikulationen stellen Menschen ihren Alltag her und interpretieren ihn.(Alf Lüdtke) Den Eigensinn ostdeutscher Arbeiter im Sinne einer «Longue durée» von Arbeiterkultur zu begreifen, ist durchaus doppelbödig: Sie halten an der Praxis des Bastelns in «wilden Räumen» vor dem Hintergrund ihrer Erfahrungen mit dem Strukturwandel der Region fest. In der Rede vom «immer-schon-gearbeitet-haben» konstruieren sie ein Selbstverständnis, das vor Verunsicherungen und Orientierungsnöten im Zuge des Umbaus der ostdeutschen Gesellschaft schützen soll. Darüber hinaus besitzt Arbeit im Werthorizont von ostdeutschen Arbeitern lebensweltliche Bedeutung: Identität, soziale Beziehungen und gesellschaftliche Anerkennung erfuhren sie in der «Lebenswelt Betrieb»; mit der Entlassung aus den Kombinaten büßten die Chemiearbeiter ihre soziale Praxis ein.

Eigensinn in dem «integrierten Modell» ostdeutscher Betriebe hatte eine Kehrseite: Zu den zwiespältigen Arrangements im Kombinatsalltag gehörten syndikalistische Tendenzen der Abgrenzung, Konformitätszwänge und individuelles Durchkommen unter möglichst erträglichen Umständen. Mit diesem «mentalen Gepäck» sind die ostdeutschen Arbeiter keineswegs ungeeignet für die flexibilisierte Arbeitswelt bei Bayer in Bitterfeld. Jeder ist hier «seines eigenen Glückes Schmied». Soziale Risiken werden zum individuellen Problem: «Selber schuld, ich so gut wie jedermann, jedermann so gut wie ich.» Hier verblassen, «der Gedanke und das Gefühl eines gemeinsamen Geschicks». (Wolfgang Engler) Wenn die Arbeiter sich dennoch dem unternehmerischen Zugriff auf das Selbstregulationsvermögen der geübten Improvisateure entziehen, hat das mit ihrer «sperrigen Traditionalität» zu tun. Ist hier also vom «Eigensinn» ostdeutscher Arbeiter die Rede, dann im Sinne dieses ambivalenten Feldes von Alltagspraxen und Deutungen. Spätestens durch die Deindustrialisierung und soziale Fragmentierung der ehemaligen Chemieregion hat das Versprechen einer Angleichung der Lebensverhältnisse, für das die Metapher der «blühendenden Landschaften» steht, seinen Legitimationsgehalt eingebüßt. Mit der Rückkehr zur Normalität der Ungleichheit wachsen die Disparitäten zwischen den und innerhalb der

Regionen. Die Spaltung zwischen Ost und West in «Alimentierte und Anschaffende» verstetigt sich. Die neue Bundesrepublik wird voraussichtlich auf unbestimmte Zeit ein Staat mit zwei Teilgesellschaften sein. Die Ausbildung eines partikularen Wir- und Selbstbewußtseins in Ostdeutschland ist Ausdruck eines Mangels an Sozialintegration, der mit dem deutsch-deutschen Vereinigungsverfahren einhergeht. Ostdeutsche Identität hat inzwischen nur noch wenig mit einer nostalgischen Rückbindung aus Angst vor dem Neuen zu tun. Sie ist eine kulturelle Konstruktion sozialer Identität, gelebtes Leben in Ostdeutschland wird jetzt von der Erfahrung der Transformation geprägt. Die Gefahr einer Ethnifizierung scheint naheliegend. Ist der Begriff der Kolonien dann zutreffend? Auch dabei handelt es sich um ein durchweg ambivalentes Terrain, denn tradierte Sinnbezüge geraten mit neuen Erfahrungen in eine Gemengelage. Was entsteht, läßt sich in Transformationsfiguren zusammenfassen: den kleinen Leuten, «die es immer schon gewußt haben» und sich ums Überleben in der Peripherie mühen; den Bastlern und Pfadfindern, die überall durchkommen; den «modernisierten Protestanten», die zwischen Pflichterfüllung und Selbstverwirklichung ihr Selbstverständnis als Arbeiter aktualisieren. Es sind Figuren, in denen das Aufeinandertreffen von Strukturwandel und Transformation im Mikrokosmos der Akteure rekonstruiert wird.

Ein solches Verfahren gebietet allerdings Vorsicht, denn aus der Binnensicht der Menschen sehen die «großen Fragen» anders aus. Der Alltag der Leute geht in den gesellschaftlichen Krisen nicht vollständig auf. Die Rekonstruktionsarbeit ist folglich mit dem Problem konfrontiert, soziale Wirklichkeit als eine schlüssig auseinander ableitbare und wechselseitig aufeinander bezogene darzustellen.

Was die Darstellung mit den Figuren zu erfassen versucht, sind «Profile», die aus dem Kräftefeld einer «variationsreichen sozialen Praxis» (Alf Lüdtke) der Individuen hervortreten. In diesen «Konfigurationen von Einschränkungen» (Stuart Hall) sind die Brüche, Kontinuitäten und Vermittlungen zwischen Deutungsmuster und Formen alltäglichen Verhaltens beschreibbar. Das kulturelle System, mit dem Arbeiter ihren Alltag herstellen und interpretieren, gerät mit der «Transformation im Strukturwandel» unter Druck: Bisherige Erklärungsapparate, die noch mitteilen konnten, «was zum Teufel da eigentlich vor sich geht», versagen, die Koordinaten des Orientierungssystems verschieben sich. In «Sprachverwirrungen» kommt die Not der Arbeiter zum Ausdruck kommt , sich in der veränderten Wirklichkeit zurechtzufinden.

KULTURALISIERUNG DER TRANSFORMATIONSFORSCHUNG?

Unter Orientierungsnot leiden auch die Forscher: Die Turbulenzen der Transformation trübten den klaren systemtheoretischen Blick, für den der Umbau der ostdeutschen Gesellschaft nur eine Angelegenheit gesellschaftlicher Differenzierung und Rationalisierung darstellte. Sie hatten den «normalen evolutionären Gang einer Gesellschaft im Rücken, deren Handlungsfelder noch strukturell harmonieren» (Wolfgang Engler), – der jedoch mit dem Übergang zum «flexiblen Akkumulationsregime» ins Stocken geriet. Die Vorstellung vom «normalen Gang» wurde für kurze Zeit auch von dem «Vereinigungskeynesianismus» genährt, der die Entfesselung der Marktkräfte in Ostdeutschland begleitete. Damit konnte vielleicht das Schlimmste verhindert werden, stabile soziale Beziehungsgeflechte sind im Osten jedoch nicht entstanden. Mit der Krise der westeuropäischen Industriegesellschaften ist das Modell einer Gesellschaft, in der eine Sphäre die andere stützt, insgesamt aus den Fugen geraten. Damit befinden sich auch bisherige sozialwissenschaftliche Großtheorien bei der Erforschung ostdeutscher Transformationen in Erklärungsnot. Kein Wunder, daß angesichts der offenkundigen «systemischen Lücke» das Interesse an der «Bearbeitung und Herstellung der Gesellschaft in der Reichweite der Akteure» (Peter Alheit) wächst. Eine solche Perspektive kommt ohne Reflexion auf die allem Handeln zugrundeliegenden Vorstellungsstrukturen nicht aus. Denn mit mangelnden Präferenzen und Folgeabschätzungen in der neuen Gesellschaft ist der Rückgriff auf Bewährtes, auf Präskripte des Alltags, auf Routinen und Verläßlichkeiten für die Akteure nahezu zwingend. Dieser Rückgriff erfolgt aus der Erfahrung des Umbaus der Gesellschaft. Kulturelle Muster geraten in ein Spannungsfeld zwischen Tradierung und Dynamik: zwischen Rückzug und Anomie, Kreativität und Erfindung.

Hier setzt die Darstellung an. Sie bezieht ihren Stoff zum einen aus Erzählungen ehemaliger Chemiearbeiterinnen, die zum Zeitpunkt der Gespräche eine Umschulung besuchten. Zumeist waren es Frauen, die sich seit dem Ende der großen Kombinate in der Schleife von Kurzarbeit, ABM und Umschulung bewegen. Hinzu kamen Gespräche mit Arbeitnehmern in der ORWO-AG in Wolfen, einem der letzten übriggebliebenen Bereiche der Filmfabrik, der 1996 von Mandermann als Betrieb mit einer Belegschaft von 100 Beschäftigten zwar übernommen worden war, im März 1998 jedoch Konkurs anmelden mußte. Neue Arbeitnehmer bei Bayer Bitterfeld standen ebenfalls als Gesprächspartner zur Verfügung. Gemeinsame Spaziergänge mit dem Fotografen Andreas Weinand durch die Kleingartenkolonien und das Wohngebiet Wolfen-Nord, Gespräche mit dem Pfarrer und mit Sozialarbeiterinnen ergänzten die Feldforschung.*

Ihr Ergebnis ist keine repräsentative soziologische Studie. Vielmehr bestand meine Absicht darin, auf Grundlage der fünfzig leitfadengestützen Interviews, der Archivrecherchen, Spaziergänge und «Expertengespräche» ethnographisch gestützte Einsichten in die Transformation einer ostdeutschen Region zu liefern. Fotografische Augenblicke vom Wolfener Alltag bieten einen visuellen Zugang zu den Veränderungen im sozialen Raum. Daß diese Einblicke auch Aussagen über das soziale Leben der Gegenwartsgesellschaft insgesamt erlauben, entsprach dem Interesse der Untersuchung.

Die Probleme einer solchen Herangehensweise sind bekannt: Was die Forscher vermissen werden, ist ein seriöses Forschungsdesign in den Methoden der Befragung; die Interviewpartner wiederum werden hier keine Darstellung dessen finden, «wie es wirklich war». Damit verbunden ist die dritte Schwierigkeit, die eigene Forscherperspektive. «Wie die Frauen gesagt haben, die haben klipp und klar gesagt, wie es hier im Osten war. So, wie ich Ihnen das auch sage. Da haben die sich das angehört und ganz was anderes draus gemacht. Die Leute haben hier einfach Angst gehabt, daß sie uns jetzt wieder ausfragen und dann die Sache ganz anders darstellen, wie es war.» Die vorhandene kulturelle Differenz und eine prinzipiell asymmetrische Beziehung konstituierten die Gesprächssituation. Das schloß aber nicht aus, daß diese ungewöhnliche Kommunikationssituation zwischen Interviewerin und Befragten Gelegenheit bot, sich zu erklären, eine konsistente Sicht auf sich selbst zu entwickeln, mit der das eigene Handeln verständlich wird. Daß das nicht ohne Aufmerksamkeit, Sympathie und Offenheit für das Gegenüber geht, mag einer sozialwissenschaftlichen Objektivierung abträglich sein. Aber ich

habe in erster Linie mit Menschen gesprochen und nicht mit Angehörigen eines sozialen Milieus. Daraus wird die Konstruktion der Darstellung verständlich: Im Text finden sich keine Porträts. Die Sprechweisen der Menschen sind in die Rekonstruktion von Figuren eingebunden – ein problematisches Verfahren, in dem den Akteuren implizit bleibendes Hintergrundwissen explizit gemacht wird, ein zweifellos vages Unternehmen, in dem die Person in der «strukturierenden Struktur» (Pierre Bourdieu) zu verschwinden droht.
In den einführenden Schilderungen ehemaliger Chemiearbeiterinnen und neuer Arbeitnehmerinnen kommen jedoch Personen zu Wort, deren Artikulationen nicht in der sozialwissenschaftlichen Rekonstruktion aufgehen. Insofern handelt es sich wohl um einen Spagat zwischen der «Stimme der Person» und der «Stimme der Wissenschaft» (Roland Barthes).
Daß die Erzählungen diesen Raum in der Darstellung erhalten, kann auch als Ausdruck des eigenen Interesses an der Vielfalt und Pluralität menschlicher Lebensbewältigung, an der Zähigkeit und Fähigkeit der Herstellung des Alltags in einer ziemlich risikoreichen Gesellschaft verstanden werden. Mündet diese Perspektive nicht direkt in die Euphorie über den «individualisierten Sinnbastler» (Ulrich Beck), der sein eigenes Leben selbst schafft? Und der sich bei zunehmender gesellschaftlicher Regulation über Märkte auf immer weniger verlassen kann, außer auf sich selbst? Die riskanten Freiheiten einer Individualisierung sozialer Ungleichheit schlagen im kälter gewordenem Klima durch: «Jetzt ist sich jeder selbst der nächste», die Redeweise macht in Bitterfeld und Wolfen die Runde, sie hat die Erfahrung der Erosion von Grundsolidaritäten im Hintergrund.
Wenn die individualisierte Konkurrenzgesellschaft ungehemmt in Biographien eingreift, führen die Menschen immer weniger ein eigenes Leben. Trotzdem werden sie das Gefühl nicht los, an ihrem Unglück selber schuld zu sein. Und gerade deshalb scheint es bei aller Sympathie für das «Selbermachen der eigenen Lebensumstände» so wichtig, darauf hinzuweisen, wo und wie dieses eigene Leben im sozialen Raum verortet ist.

EINE REGION IM ZEITZERFALL
Daher die Ausflüge «von Bitterfeld in die halbe Welt». Die Argumentation scheint dem Werbeslogan der Bayer AG zu folgen, die damit 1994 die Belieferung Europas mit Aspirin aus Bitterfeld ankündigte. Inzwischen gehen auch hier die Uhren anders. Bayer agiert weltweit, und je nach Auftragslage des Stammunternehmens wird in Bitterfeld länger gearbeitet. «Früher waren wir irgendwie ruhiger»: Es gibt sie nicht mehr, die traditionellen Berufsbiographien und Lebensverläufe, die eindeutigen Arbeitsanforderungen, deren routinierte Ausführung Raum für Eigenes im fremdkontrollierten betrieblichen Handlungsfeld bot. Im Tablettenbetrieb bei Bayer Bitterfeld arbeiten die technischen Mitarbeiter in der Gruppe, hier wird ausgehandelt, wer was macht. Definierte Rollenzuweisungen vermissen einige schon. Wenn in den computerüberwachten Räumen der flexibilisierten Arbeitswelt jeder Schritt kontrolliert werden kann, wächst die Unsicherheit. Bei so wenig Verläßlichem müssen sich die Arbeiter um so mehr untereinander verständigen. Sie sind gezwungen «miteinander zu arbeiten», aber zum «Miteinander-leben» hat keiner mehr Zeit. Mit 25 Prozent Arbeitslosigkeit im Rücken wissen sie um die prinzipielle Unabgesichertheit ihrer sozialen Stellung. Den Arbeitslosen zerfällt in den Plattenbauwohnungen von Wolfen-Nord die Zeit. Sie reihen sich ein in das «Heer der Dauer-

reservisten», ein Nebenprodukt der zunehmend globalisierten Kapital-, Stoff- und Informationskreisläufe. Das Elend der Ungleichheit ist in den Struktur- und Funktionseigentümlichkeiten der Gegenwartsgesellschaft verankert (Pierre Bourdieu). Die Ausflüge in die Diskurse über den Strukturwandel sind als Versuch zu lesen, auf Signaturen dieser Funktionsmechanismen in der sozialen Wirklichkeit von Wolfen und Bitterfeld hinzuweisen.

Der Bogen ist weit gespannt, wenn sich die Darstellung in einem Feld zwischen Transformationsforschung, Industriesoziologie und empirischer Kulturforschung bewegt. Aber auch diese ostdeutsche Region ringt um Standortqualitäten. Ihr «Eigensinn» wird zur Eintrittskarte in den globalen Wettbewerb. Dieses Spannungsfeld will der vorliegende Text ausloten.

* Für die freundliche Unterstützung meiner Untersuchungen danke ich der Bayer Bitterfeld GmbH, der ORWO AG Wolfen, der TERTIA GWb Gesellschaft für berufliche Weiterbildung mbH Wolfen, dem Stadtarchiv und dem Archiv des Industrie- und Filmmuseums Wolfen. Hinter den Institutionen verschwinden die vielen Personen, ohne deren Gesprächsbereitschaft das Projekt nicht zustande gekommen wäre und denen letztlich dieser Dank gilt.

I
BLÜHENDE LANDSCHAFTEN IN BITTERFELD
TRANSFORMATION IM STRUKTURWANDEL

«Die Schornsteine sind hier schneller gefallen als die Fliegen von der Wand.» Bitterfeld 1997: Neben den High-Tech-Inseln der neuen Chemie, Dienstleistern und mittelständischen Unternehmen vollzieht sich noch immer der Abbruch der alten Industrieanlagen. «Natürlich habe ich ein ambivalentes Gefühl. Wer Bitterfeld von früher mit den qualmenden Schloten und seiner ungeheuren Geschäftigkeit kennt, den beeindruckt, wieviel Ruhe jetzt eingekehrt ist mit den riesigen beräumten Flächen.» Diese bleiben zurück, für eine geplante Neuansiedlung stehen dazwischen ein paar Industriedenkmale. Ihre Musealisierung macht sie zu Vorboten eines Freizeit- und Erlebnisparks auf den Arealen des ehemaligen Chemiekombinates. Nachdem die früheren Chemiearbeiter als Arbeitsbeschaffungsmaßnahme das Umfeld gründlich beräumt haben, bietet sich ihre vormalige Arbeitsstätte als ideale Kulisse für Theaterinszenierungen an. Mit Unterstützung der EXPO Sachsen-Anhalt zog 1997 «Prometheus in Bitterfeld» in die Torbogenhalle des Kraftwerks Süd ein. Die Regionalentwicklungspolitik der EXPO GmbH Sachsen-Anhalt ist in hohem Maße Kulturpolitik. Was sie an regionaler Identität konstruiert, soll sich im interregionalen Vergleich als Standortvorteil und Potential der Region bewähren. Unweit der Abbruchflächen suggerieren Unternehmen mit gläserner Haut eine transparente Chemie. Die Containerbauten der modernisierten Produktionstätten gleichen den Architekturen ausgedehnter Gewerbeparks: flexible Kisten mit Abstandsgrün zwischen Autobahnanschluß, Schnellstraße und dem nahegelegenen Flughafen. So wenig erinnert hier an die «Giftküche», daß der Geschäftsführer vom Landesverband Ost des VCI feststellt: «Es kann in Bitterfeld ruhig ein bißchen mehr nach Chemie riechen.» Gegen das Stigma des ökologischen Notstandsgebietes ist man mit massiver und demonstrativer bundespolitischer Unterstützung vorgegangen, und wenn trotz der Milliardeninvestitionen auch kein Phönix aus der Asche erstand, so zeichnet sich doch wenigstens ein Silberstreifen am Horizont des ChemieParkes ab. Er liegt jetzt im «Herzen Europas»: Der Werbeprospekt gibt die Flugstunden an, die man benötigt, um Bitterfeld von der Welt aus zu erreichen.

Der Standort hat einiges zu bieten: freie Flächen, kurze Genehmigungsverfahren, Wasser- und Energieversorgung, einen für die chemische Produktion notwendigen Stoffverbund, günstige Verkehrsanbindung, qualifizierte Arbeitskräfte, hohe Subventionen und Fördermittel, eine regionale Infrastruktur von Gewerken und Dienstleistungen und, nicht zu vergessen, ein kulturelles Umfeld. Bitterfeld ist mit dabei im Ringen der Städte und Regionen um globale Standortqualitäten. Flexibilisierung und Globalisierung prägen die neue Geographie des Bitterfelder Raumes; der Strukturwandel hat auch hier ein neuartiges Verhältnis zwischen De- und Reindustrialisierung geschaffen. Der ChemiePark stellt ein Beispiel für die industrielle Restrukturierung der Region dar, wobei Bitterfeld nicht allein auf die klassischen Standortfaktoren setzt – als Besonderheiten des ChemieParkes hebt man regionale Verflechtungsbeziehungen und Kooperationen hervor. Genutzt werden dabei teilweise Ressourcen, die der alten Industrie entstammen, sowie ein Netzwerk technischer Dienstleister, das mit neuen Ansiedlungen kombiniert werden kann. Die Anbieter hoffen auf Synergien aus diesen regionsspezifischen Organisationsformen, einer regionalen Eigenart, mit der sie sich im globalen Wettbewerb behaupten wollen. Der Vorsitzende der Akzo Nobel Chemicals GmbH spricht vom «Atmosphärischen», das man in Bitterfeld, einem Standort in Mitteleuropa, vorfand, um das «Dreieck USA – Europa – Japan zu komplettieren».

Die Region kommt der internen Flexibilisierung von Unternehmen in Richtung Lean Production entgegen: Bayer, mit «der größten und modernsten Fertigungsstätte für Selbstmedikationen von ganz Europa» – einem Modell für den Aufbau gleicher Betriebe, beispielsweise in Mexiko – mag hierfür als Zugpferd gelten. Im Mai 1994 hatte der Bundeskanzler selbst den Startschuß für die Produktion der neuen Betriebe gegeben. Bayer Bitterfeld ist eines der jüngeren Ergebnisse nationaler Standortpolitik, «Aspirin für die Region», um deren Kopfschmerzen zu lindern. Die obere Etage des Tablettenbetriebes eröffnet eine gute Aussicht auf die riesigen Abrißflächen der alten Industrieanlagen, auf die benachbarte Baustelle der neuen Bayer-Produktionsstätte und das nahegelegene Biosphärenreservat. In den langen, weißen und hellen Gängen des Gebäudes trifft man kaum einen Menschen, die meisten sitzen am Bildschirm und überwachen die Anlage, ab und zu kreuzen führerlose Transportfahrzeuge den Weg. Vom Pausenraum aus schauen die Mitarbeiter auf die 1.000 Quadratmeter Apothekergärtchen, die den Eingang zieren. Und die symbolische Weidenallee, deren Saft die natürliche Grundlage zur Linderung von Kopfschmerzen bildet, führt direkt zum Parkplatz. Sich vor dem Hintergrund des «ökologischen Notstandgebietes Bitterfeld» des Images der qualmenden, dreckigen und belastenden Chemie endgültig entledigt zu haben, gehört zum symbolischen Gewinn des Unternehmens. Denn die eigentliche Produktion ist hier unsichtbar.

Mit der neuen ökonomischen Landschaft hat sich auch die Wohn- und Beschäftigungsgeographie im ehemaligen Chemiedreieck verändert. Der Busplatz vor der Filmfabrik, einst beim Schichtwechsel einer der geschäftigsten Plätze, ist leer, ein Imbiß ziert seine Mitte, ansonsten fährt von hier aus nur noch der städtische Linienverkehr, die Werkbusse sind schon lange eingestellt worden. Jene unmittelbare Verbindung zwischen Wohn- und Arbeitsort, die für die «Arbeitsgesellschaft DDR» raumbildend war, ist gekappt. Werkswohnungen wurden privatisiert und zum Teil an ehemalige Beschäftigte der Filmfabrik verkauft. Neue Einfamilienhaussiedlungen, mit denen sich die Gewinner der Einheit den Traum vom eigenen Haus erfüllen, wachsen hier ebenso schnell wie die soziale Segregation im Plattenbaugebiet Wolfen-Nord. Die Verschlankung der regionalen Arbeitnehmerschaft schlägt sich räumlich nieder: Nur wenige gehen auf den modernisierten Inseln der Chemie einer hochqualifizierten, sozial abgesicherten Tätigkeit nach, andere finden an den Kassen der neuen Großmärkte ihr Auskommen, und viele fühlen sich in den Plattenbauwohnungen von aller Welt betrogen. Neue Muster sozialer Fragmentierung und Polarisierung scheinen sich auch in Ostdeutschland zu verstetigen.

Für die 500 neuen Arbeitnehmer bei Bayer, die sich technische Mitarbeiter nennen, ist die Welt eine andere geworden. Viele von ihnen fahren zwar jeden Morgen mit dem Auto auf der eigens für Bayer angelegten Schnellstraße, die das Biosphärenreservat vom ChemiePark trennt, an den Arealen der ehemaligen Chemieanlagen vorbei, die sie zum Teil noch selbst abgeschaltet hatten, bevor sie zu Bayer wechselten. Aber dann erwartet sie tatsächlich etwas Neues. Und nicht nur der Arbeitsplatz hat sich für viele verändert, sondern mit ihm das Leben. In Bitterfeld agiert Bayer nach neuen Produktionskonzepten: Mit dem Stichwort Lean Production sind Veränderungen des betrieblichen Handlungsfeldes angesprochen, mit denen den «Human ressources» nun eine ungleich höhere Bedeutung zukommt als zuvor. Die Leute werden in ihrer Arbeit als Subjekte gefordert. Selbständigkeit und Eigenverantwortlichkeit, ein ausgeprägtes Maß an sozialer Kompetenz, das sind die Einstiegsvoraussetzungen für die Gruppenarbeit im SME-Betrieb, Voraussetzungen, die sehr viel mit den mentalen Dispositionen, Lebensvorstellungen und Wertmustern der neuen Produzenten zu tun haben. In Anbetracht der betrieblichen und tarifvertraglichen Deregulierungsstrategien bedeutet Subjektivierung der Arbeit, und hierfür ist Bayer nur ein Beispiel, daß berufliche Entwicklungschancen zunehmend von der Persönlichkeit der Produzenten abhängen. Deren Vermögen zur Reflexion und Artikulation eigener Interessen und Vorstellungen gehört zu den Eintrittsbedingungen in die neue Arbeitswelt «Chemie».

Für die «eingefleischten Bastler und Pfadfinder» Ostdeutschlands erweisen sich allerdings Gruppenarbeit, Selbstverantwortung und flache Hierarchien als die kleinsten Hürden, die sie zu nehmen haben. Mit dem «Wir bei Bayer» scheint der familiäre Bezug zum Betrieb, ein ostdeutscher Traditionsbestand, geradezu eine Renaissance zu erleben. Man geht gemeinsam zum Bowling, spielt zusammen Fußball, für die Familienangehörigen gibt es einen Tag der offenen Tür. Denn die neuen Modelle sind nicht nur auf die individuellen Fähigkeiten der Mitarbeiter, sondern auch auf die Selbstorganisationskompetenzen der Gruppe angewiesen. Neue Formen betrieblicher Vergemeinschaftung zeichnen sich ab: ein konfliktreiches Feld zwischen Syndikalismus, «passiver Stärke» und ziviler Vergemeinschaftung.

Unweit des Bayer-Geländes befindet sich das riesige Gemeinschaftsklärwerk Bitterfeld/Wolfen, vom Bayer-Werk führt die Straße direkt daran vorbei. Infrastrukturausstattungen schnell und in umfänglicher Weise zu schaffen und so den Standort für mögliche Neuansiedler attraktiv zu machen war eines der zentralen Anliegen der Wirtschaftsförderung beim Aufbau Ost - ein eher traditionelles Konzept regionaler Entwicklungspolitik.

Offen blieb allerdings, ob diesen Infrastrukturausstattungen tatsächlich private Investitionen folgen würden. Das Risiko einer solchen Strategie verbildlicht die Rede von den «beleuchteten Schafweiden»: In Bitterfeld und Wolfen künden die vielen gut beräumten altindustriellen Flächen nach wie vor von der Hoffnung auf den großen Investor.

Nahezu paradox muß es da anmuten, daß sich die Greppiner im Oktober 1991 gegen die Ansiedlung eines «Zugpferdes», von dem man sich vor allem eine Sogwirkung für andere Unternehmen erhoffte, zur Wehr setzten. Der Grund: Es ging um ihre Gärten, um das Naturschutzgebiet, um den Lärm der neuen Straße und die damit verbundenen Gefahren für ihre Kinder. Und die 500 zu erwartenden Arbeitsplätze seien sowieso nur «ein Tropfen auf den heißen Stein».

REGIONALISIERUNG UND GLOBALISIERUNG IN EINER ALTINDUSTRIELLEN REGION

«Bitterfeld ist ein idealer Chemiestandort. Dies wurde zur Eröffnung der Wasserstoffperoxid-Anlage der Ausimont Deutschland GmbH, einer Tochter der italienischen Montedison Gruppe am 18. April mehrfach betont … Da ist zum einen die vieles erleichternde Akzeptanz der chemischen Industrie in der Bevölkerung. Hinzu kommt fachlich hochqualifiziertes Personal an einem über hundert Jahre gewachsenen Chemiestandort, eine gute Infrastruktur und mit dem ChemiePark ein Modell, das für Ausimont für diese Standortwahl ausschlaggebend war.»(1)

Der bereits in den siebziger Jahren für westeuropäische Städte und Regionen diagnostizierte «Trendbruch in der Raumentwicklung» hat mit der deutschen Vereinigung auch die ehemalige ostdeutsche Chemieregion erreicht. Bitterfeld befindet sich plötzlich in Konkurrenz zu anderen altindustriellen Regionen in Europa, in der Welt. Und das Spannungsverhältnis zwischen Globalisierung und Regionalisierung wird für den Umbruch der Chemieregion zum konstitutiven Rahmen. Hintergrund dieser Entwicklung ist ein seit den siebziger Jahren stattfindender Strukturwandel, für den drei Tendenzen ökonomisch-sozialer Restrukturierung als charakteristisch gelten, die auch räumliche Prozesse beeinflussen. Erstens ermöglicht die Flexibilisierung der Produktion auf der Basis neuer Technologieentwicklungen und Managementkonzepte eine Anpassung an zunehmend instabile Märkte. Die Internationalisierung von Produktion und Kapitalverwertung sowie die Entkopplung finanzwirtschaftlicher Verwertungsstrategien gegenüber realen Produktionsaktivitäten führen zur Flexibilisierung der Standortwahl – weiträumige internationale Standortnetze sind ein Ergebnis dieser Entwicklung. Hiermit verbindet sich zum zweiten eine Flexibilisierung und Aufspaltung der Lohn- und Beschäftigungsverhältnisse: Im Kontext von Massenarbeitslosigkeit und prekären, deregulierten Arbeitsverhältnissen zerfällt jenes Arrangement zwischen Massenproduktion und Massenkonsum, das für das fordistische Regulationsmodell charakteristisch war. Eine zunehmende Differenzierung der Konsummuster und Reproduktionsformen ist die Folge, Stichwort: Pluralisierung der Lebensstile. Die Rede vom «Abbau des Wohlfahrtsstaates» bezeichnet drittens eine Deregulierung politisch-institutioneller Steuerungsmechanismen und die Durchsetzung marktwirtschaftlicher Mechanismen in vielen gesellschaftlichen Bereichen. Diese Entwicklung schließt neue Formen des Staatsinterventionismus ein. Im Produktionsbereich führt sie zu einer Erosion industriegesellschaftlicher Regulationsstrukturen sowie zur organisatorischen Restrukturierung der Verflechtungs- und Organisationsbeziehungen von Unternehmen.

Diese drei gesamtgesellschaftlichen Tendenzen gehen mit Umbauprozessen einher, die wachsende sozialräumliche Disparitäten und Polarisierungen, geographisch ungleiche Entwicklungen hervorbringen. (2) Jenseits der selektiven Konzentration von Wachstum in ausgewählten Gebieten lagern die Peripherien: Räume, die aus der internationalen Konkurrenz um Standorte – einer Bewegung der ständigen Auf-, Ab- und Umwertung von Räumen – herausgefallen sind. Bezogen auf die Konzentrationstendenzen in den Global Cities einerseits und das Herausfallen von immer mehr Weltregionen aus den Wachstumsbranchen andererseits warnt der amerikanische Stadtforscher Manuel Castells davor, daß die meisten Städte und Regionen «nicht durch soziale Ausbeutung, sondern durch die Entlassung in die funktionale Irrelevanz» geschädigt würden: «Wir werden einen Tag sehen, an dem es ein Privileg sein wird, ausgebeutet zu werden, denn noch schlimmer als Ausbeutung ist, ignoriert zu werden.» (3) In diesem quasi ferngesteuerten Prozeß der Wirtschafts- und Kapitalbewegungen setzen Städte und Regionen zunehmend auf ihre regionsspezifischen wirtschaftlichen Organisationsformen und Qualitäten. Regionalisierung im Sinne einer Rückbesinnung auf eigene Ressourcen und Besonderheiten ist insofern als Komplement zur Globalisierung zu verstehen: Städte und Regionen vermarkten ihre wirtschaftliche und kulturelle Eigenart zunehmend nach außen.

Bitterfeld stellt sich mittlerweile mit Blick auf Europa als Chemiestandort dar. Wie eingangs erwähnt, verfolgte man hier zunächst ein eher traditionelles Regionalentwicklungskonzept, das auf den Ausbau und die Bereitstellung von Infrastruktur für Neuansiedlungen sowie auf staatliche Subventionierung von Privatinvestitionen zielte. Mit diesem Konzept war eine klassische Strukturerhaltungspolitik im Sinne eines «Erhalts der industriellen Kerne» verbunden. Die einseitig funktionale Spezialisierung der Region auf Chemie schien sich hierdurch eher noch zu verstärken, ebenso war die Gefahr, zum Billiglohnstandort mit verlängerten Werkbänken zu werden, offensichtlich.

Mit dem ChemiePark-Modell zeichnet sich nun allerdings eine andere Entwicklungsrichtung ab; bei der Restrukturierung des Chemiekombinates wurden bereits früh die Weichen für sie gestellt, im Gegensatz etwa zu Wolfen. Man verabschiedete sich zeitig von der großbetrieblich geprägten Standortstruktur und setzte auf die organisatorische Zerlegung der Kombinatsbestände in ein über zwischenbetriebliche Arbeitsteilung zusammengehaltenes Netz von Zulieferern und Dienstleistern, in das sich Neuansiedlungen wie Bayer, Hereaus oder Akzo Nobel eingliedern konnten. Das Modell ChemiePark bedient einen Trend innerhalb des Umbaus industrieller Beziehungen: Es erlaubt Unternehmen mit reduzierter Fertigungstiefe, die damit verbundene Unsicherheit durch den Aufbau einer verläßlichen Infrastruktur in unmittelbarer Nachbarschaft zu kompensieren. Sie können sich hier aus dem Fundus vorhandener Produktionsstufen und Dienstleister die passende Infrastruktur zusammensetzen.

Auf den Zusammenhang zwischen der Flexibilisierung von Produktionsstrukturen und dem Umbau der räumlichen Organisationsbeziehungen von Regionen macht explizit der Regulationsansatz aufmerksam, ein Erklärungsmodell zur Interpretation wachsender regionaler Disparitäten. Wenngleich die geographische Reichweite des «flexiblen Akkumulationsregimes», analysiert man sie allein aus der Perspektive der Veränderungen in der Produktion, umstritten bleibt, so sind doch unterschiedliche Trends in der Restrukturierung regionaler Räume im Zuge der Flexibilisierung offensichtlich: Sie reichen von der Inwertsetzung neuer Räume außerhalb überkommener Industrieregionen, die über einen Zugriff auf Arbeitskräfte ohne industriekulturellen, etwa gewerkschaftlichen Hintergrund verfügen und an den Schnittpunkten der Verkehrs- und Kommunikationsadern liegen, über die Fragilität von Niedriglohngebieten, die durch regionsexterne Großunternehmen kontrolliert werden, bis hin zu regionalen Produktionsnetzwerken, die aus dem kooperativen Verbund kleiner und mittlerer Fimen entstanden sind.

Die Aufmerksamkeit der jüngeren regionalwissenschaftlichen Forschung gilt insbesondere diesen mit räumlichen Agglomerationseffekten verbundenen regionsinternen Verflechtungs- und Interaktionsbeziehungen. Sie betrachtet die sozioökonomische Entwicklung einer Region nicht allein aus der Perspektive der Ansiedlung innovativer Unternehmen, die den Raum als «Behälter» füllen; vielmehr begreift sie mit dem Konzept der «regionalen Produktionsmilieus» Regionen selbst als aktive Milieus: sowohl mit Blick auf die Kooperationsbeziehungen ihrer politischen und wirtschaftlichen Akteure als auch hinsichtlich ihrer wirtschaftskulturellen Prägung. Innovativ sind regionale Produktionsmilieus dann, wenn sie nicht von einzelnen Großunternehmen dominiert oder extern kontrolliert werden, sondern sich aus mittelständischen Firmen ein flexibles regionales Unternehmensnetzwerk herausgebildet hat. (4)

Der ChemiePark Bitterfeld mag in Ansätzen einem solchen Trend entsprechen. Interessanterweise wurden hier mit der frühen Ausgliederung der ehemaligen technischen Bereiche strategisch Entwicklungspotentiale der ostdeutschen Industrie genutzt und in eine regionale Arbeitsteilung von kleinen und mittelständischen Firmen sowie Neuansiedlern eingebunden. Dabei intendierten die Restrukturierungskonzepte der ostdeutschen Chemie diese Entwicklung zunächst nicht; sie kam vielmehr durch das kooperative Handeln der Akteure zustande, deren «Heimvorteil» in der Kenntnis betrieblicher Ressourcen positiv zu Buche schlug. (5) Heute sehen die Betreiber die Chance des Standortes vor allem darin, daß sich die «Unternehmen ganz auf ihre Kerngeschäfte konzentrieren können. Alle notwendigen Dienstleistungen ... kann man nach Bedarf vor Ort einkaufen». (6) Mit Unterstützung des ChemieParkes präsentieren sich in diesem angesiedelte kleine Firmen gemeinsam auf Messen; das monatlich erscheinende «ChemiePark Forum» dient mittlerweile als wichtiges Kommunikations- und Informationsinstrument der Mitarbeiter und Unternehmen. Bitterfeld folgt damit einer Entwicklungstendenz der «Formierung und schärferen Konturierung regionaler Ökonomien zu räumlichen Bündeln von Firmen oder operativen Einheiten mit unterschiedlichen Spezialitäten, die in verschiedenartigen Kombinationen daran mitwirken, gemeinsame Märkte zu beliefern». (7)

Daß eine solche Entwicklung – bei aller Außenabhängigkeit hinsichtlich der neu angesiedelten Unternehmen – überhaupt in Gang gekommen ist, wird vor allem regionsspezifischen Konstellationen von politischen, sozialen, kulturellen und wirtschaftlichen Akteuren zugeschrieben, Konstellationen, die sich nicht «von oben nach unten» planen lassen. In der mittlerweile äußerst facettenreichen Debatte zur endogenen Regionalentwicklung stehen insbesondere diese innerregionalen Verflechtungsbeziehungen im Zentrum der Aufmerksamkeit.

Bei der «eigenständigen Regionalentwicklung» handelt es sich allerdings um ein schwieriges Terrain, besonders für Ostdeutschland, zählen doch nahezu alle ostdeutschen Regionen auf absehbare Zeit zu den strukturschwachen (west-)europäischen Regionen mit auf Dauer gestellter Alimentierung. Verliefen der ökonomische Umbau und die Übertragung des Institutionensystems vor allem als exogene Prozesse, so geht es angesichts wachsender Peripherisierungserscheinungen nun um die endogenen Potentiale von Regionen. Im Mittelpunkt des Konzeptes der endogenen Regionalentwicklung steht die stärkere Nutzung regional vorhandener Ressourcen, nicht nur der Wirtschaftsstruktur, sondern vor allem der soziokulturellen Besonderheiten sowie der regionsinternen Kooperationszusammenhänge. Nicht regionale Autarkie wird mit dem Leitbild eigenständiger Entwicklung angestrebt, sondern die Orientierung an eigenen Ressourcen und Potentialen bei der Bewältigung des globalen Strukturwandels.

Die stärkere Orientierung ostdeutscher Regionen an endogenen Potentialen ist allerdings doppelbödig: Zunächst wird damit eine Tendenz regionalpolitischer Entwicklung seit den achtziger Jahren aufgegriffen, für die regionsinterne Verflechtungs- und Kooperationsbeziehungen, historische und kulturelle Tradierungen sowie räumliche Qualitäten bestimmend sind. Und die Erfahrung ostdeutscher Regionen zeigt – das Beispiel Bitterfeld liefert dafür Ansätze –, daß «von oben» initiierte Entwicklungen erst dann greifen, wenn sie in bestimmten regionalen Akteurskonstellationen und Milieubindungen verankert sind: «Regionalisierungen graben sich ihr Flußbett selber», sie entstehen aus der Substanz «von unten», aus gewachsenen innerregionalen Potentialen. (8) Das Leitbild endogener Entwicklung impliziert zudem eine Stärkung der politischen Entscheidungs- und Kontrollkapazitäten von Regionen, es setzt notwendigerweise partizipative Entscheidungsprozesse und institutionelle Strukturen voraus. Konstitutiv für dieses Konzept regionaler Entwicklung ist darüber hinaus der äußerst schillernde Begriff der regionalen Identität, welche die regionale Kulturpolitik heute aktiv zu konstruieren versucht: «Während regionale Identitäten in der Vergangenheit als ‹traditional› vorgegeben erschienen, werden sie heute von individuellen und kollektiven Akteuren bewußt gestaltet.» (9) Und sie tun dies vor dem Hintergrund des Wettbewerbes von Städten und Regionen um globale Standortqualitäten. Kultur, das heißt in der Erlebnisgesellschaft: dem Erlebniswert einer Region, kommt in diesem Ringen eine besondere Bedeutung zu. Tatsächlich hat der Stand-Ort dabei nur noch wenig mit den örtlichen Qualitäten eines Raumes zu tun. Dessen Eigenschaften definieren sich im Sinne der Konkurrenzfähigkeit und Potenz in globalen Zusammenhängen. Der These vom «Verschwinden der Orte» durch Flexibilisierung, Globalisierung, Mobilisierung und Medialisierung entspricht eine Raumentwicklung abwesender Ortsqualitäten.

Regionale Identität hat nun wesentlich mit der neuerlichen Produktion von Orten zu tun, das heißt Orte werden heute aus Bildern, Landschaften, Bauwerken hergestellt. Was hierbei entsteht, sind kulturelle Images, Fiktionen von Orten, deren geographische Grundlage unwesentlich geworden ist. Ihre Konstruktionsprinzipien folgen der Logik der Erlebnisrationalität: Stimmung, Atmosphäre, Faszination sind die Eigenschaften einer Erlebnisregion. Re-Inszenierungen der Vergangenheit werden zum integralen Bestandteil des Herstellungsverfahrens von Orten. (10) Die Signaturen der Erlebnisgesellschaft in der ehemaligen Chemieregion verweisen auf die Kehrseite des Endogenisierungsprogramms für ostdeutsche Regionen. Als exemplarisch hierfür kann das Projekt «Ferropolis» gelten, das der Werbeprospekt wie folgt anpreist: «Ferropolis ist ein Erlebnisraum ganz besonderer Art ... Das Unvergleichbare erzeugt eine tiefe Faszination, und der Kontakt mit dem Einmaligen wird unvergeßlich. Nur selten besteht die Gelegenheit, solch einen Solitär zu erleben ... Die besondere Atmosphäre, die gigantische Kulisse, die Weitläufigkeit des Gesamtareals, die vielseitigen Nutzungsmöglichkeiten, sogar mit eigenem Bahnhof – all dies können Antworten von Veranstaltungsbesuchern auf die Frage sein: Warum ist Ferropolis für Sie ein so besonderer Veranstaltungsort?» (11) Die in einem ehemaligen Braunkohletagebau aus Großgeräten des Bergbaus entstehende Baggerstadt Ferropolis ist das Highlight der EXPO 2000 in Sachsen Anhalt, ein Zeichen, das der Region eine Aura des Einmaligen und Unverwechselbaren verleihen soll. Bewußt wird hier das industriekulturelle Erbe als Kulisse internationaler Großereignisse aufgegriffen. Dabei muß es sich um eine Gratwanderung zwischen Image- und Identitätspolitik handeln, bei der letztere in der ersten aufzugehen scheint. Mit der Absicht, das Erinnerungspotential der Region in die Konstruktion des Ortes einzubinden, wird ein Erlebnisraum konstruiert, dessen neuerliche Inwertsetzung unter dem Motto «Es gibt viele Stadien, aber es gibt nur ein FERROPOLIS» erfolgt. Die ehemaligen Braunkohlekumpel haben, zum Teil in Arbeitsbeschaffungsmaßnahmen, die Sanierung der Grube für diese Zwecke besorgt; jetzt sind sie damit beschäftigt, die Infrastruktur für den Veranstaltungsort bereitzustellen. Der regionale Strukturwandel bringt hier Berufskarrieren vom Kohlearbeiter zum Erlebnisparkwächter hervor.

Bei den insgesamt wenig aussichtsreichen Entwicklungsprognosen für die Region – Sachsen-Anhalt ist das Bundesland mit der höchsten Arbeitslosenquote in der gesamten Bundesrepublik – muß das Szenario grotesk anmuten, und die verbreiteten Vermutungen über die legitimatorische Funktion der Endogenisierungsrhetorik scheinen berechtigt: Zu prüfen wäre auch hier, «ob Diskurse im Umfeld endogener Entwicklung und regionaler Identität nicht bloß als ein optisch kolorierter Fluchtpunkt hochgefahren werden und fehlende Perspektiven auf dem schwierigen Weg der Umstellung zur Marktwirtschaft in strukturschwachen Regionen kaschieren». (12)
Die Theaterspektakel im Sommer 1997 auf den riesigen Arealen der Baggerstadt waren ein massenkulturelles Ereignis. Hier traf sich die polarisierte Gesellschaft vor dem Hintergrund des zu erwartenden Events. Was sie verband, war die Sehnsucht nach Glück, nach Überschreitung des Alltäglichen, nach Vergnügen und Genuß. Man möchte den in der sozialwissenschaftlichen Debatte vielfach geäußerten Zweifeln, ob die Gegenwartsgesellschaft überhaupt noch als «geschichtete Gesellschaft» abbildbar sei, zustimmen, betrachtete man die über den Wunsch nach Erlebnis geeinte Gemeinde «jenseits von Klasse und Stand» (U. Beck) in der Braunkohlegrube. Offensichtlich ist Individualisierung das Stichwort zur Charakterisierung der Gegenwartsgesellschaft. Und führt nicht die zunehmende Strukturierung der Alltagsästhetik durch die Erlebnisrationalität diese Individualisierung der Gesellschaft in ein finales Stadium? (13) Doch wachsen mit diesem Individualisierungsschub der Gesellschaft zugleich die Gefahren für ihre Integrationsfähigkeit.
Axel Honneth macht auf die problematischen Tendenzen des gewinnbringenden Einsatzes von Kultur in der ökonomischen Reproduktion aufmerksam: Kunstausstellungen, Rockkonzerte, Theaterfestivals oder Fußballspiele folgten mittlerweile demselben Strickmuster. Mit dieser Inszenierungspraxis gehe eine «Auflösung des ästhetischen Interaktionsmediums der Lebenswelt» einher. Dieses werde nicht nur aus der lebensweltlichen Kommunikation herausgelöst, zugleich erodierten damit die normativen Bindungen eines Gemeinwesens, das heißt das kulturelle System, in dem sich Menschen wechselseitig verständigt und aufeinander bezogen haben. Der Verlust dieses kommunikativen Rückhaltes führe zu jenem Prozeß der Fiktionalisierung von Wirklichkeit, in dem die «atomisierten Individuen ... medial vorgefertigte Lebensstile imitieren». (14) Aus dem Repertoire der Sinnvorstellungen und Weltdeutungsangebote bastelt sich der individualisierte Mensch seine Biographie zurecht. Ohne das Präskript einer gesellschaftlich zugewiesenen Rolle ist er gezwungen, «das Drehbuch seines individuellen Lebens selber zu schreiben». (15) Die Figur des Bastlers verkörpert eine äußerst riskante Freiheit, denn die Chancen einer reflexiven Konstruktion der eigenen Lebensgeschichte jenseits traditionaler Muster und Bindungen sind durchweg ambivalent: «... das eigene Leben ist gar kein eigenes Leben ... Die Menschen müssen ein eigenes Leben führen unter Bedingungen, die sich weitgehend ihrer Kontrolle entziehen». (16) Damit verbunden sind Orientierungsnöte und Sinndefizite: Der «Bastler» ist eben nicht mehr in einem stimmigen Sinnkosmos zu Hause, er gleicht einem Vagabunden auf der Suche nach geistiger und gefühlsmäßiger Heimat. Vor dem Hintergrund dieser Erfahrung von Entwurzelung, Sinnverlust und Isolation findet der bewußte Rückgriff auf tradierte Wissensbestände und Deutungsmuster statt; sie dienen nun als Orientierungsangebot in unübersichtlichen Verhältnissen.

Der Diskurs über die ostdeutsche Identität bezieht seinen Gehalt zweifellos aus dem Vorhandensein eines partikularen Wir- und Selbstbewußtseins in Ostdeutschland. Daß es sich dabei allerdings um die Artikulation eines Mangels an sozialer Integration handelt, der mit einer Systemtransformation im Strukturwandel einhergeht, scheint offensichtlich. Ostdeutsche Identität ist ein Konstrukt, in dem neue Erfahrungen und tradierte Sinnbezüge rekombiniert werden.

BAYERS BASTLER – LEBENSENTWÜRFE AUS EIGENER HAND?

«Also auf der einen Seite würde ich sagen, das Leben ist jetzt ganz anders als vorher, auf jeden Fall. Wenn ich jetzt mal von mir ausgehe, ich kann einfach mein Leben gar nicht mehr so lange im voraus planen, so empfinde ich das jetzt. Es kommt immer irgendwas dazwischen, und das ist dann so, im allgemeinen, im ganzen Leben, ob das nun privat oder dienstlich ist, es kommt immer irgendwas dazwischen, so daß ich gar keine großen Sprünge vorher plane. Ich nehme das eben so, wie es ist, und muß das Beste daraus machen. Das mußte ich lernen. Manchmal war es nicht so einfach, wo ich mir gesagt habe: ‹Um Himmels Willen! Immer wieder was Neues!› Aber man stellt sich darauf ein. Mir macht die Arbeit hier Spaß, ich gehe gerne auf Arbeit, und man hat Kontakt zu vielen Leuten. Es ist nicht so, daß ich den ganzen Tag in meinem Büro sitzen müßte. Wenn ich will, gehe ich raus, und wenn ich nicht will, dann rufe ich eben bloß an. Das kann ich hier machen, wie ich möchte. Es ist vielseitig, es sind viele Tätigkeiten. Es ist zwar im großen und ganzen immer wieder das Gleiche, aber es sind viele Abschnitte und viele Arbeiten, so daß das eben nicht eintönig ist, und ich würde schon sagen, also meine Persönlichkeit oder ich mußte mich ganz schön ändern. Von zu Hause aus bin ich so erzogen gewesen, daß ich eben nicht so unbedingt meine Meinung gesagt habe, daß ich ruhig und still und ein bißchen zurückhaltend war und erst mal abgewartet habe. Und jetzt bin ich eben nicht mehr so. Das war eben die Notwendigkeit, daß ich mich ein bißchen mehr stärker mache, oder wie soll man's ausdrücken? So, daß ich dann auch mal was sage, in einer großen Runde was sage, das hätte ich früher nie gemacht! Also heute bin ich darüber weg, daß ich eben sage, was mir nicht paßt oder daß ich dann auch meinem Chef sage: ‹Das und das gefällt mir nicht› oder ‹Das paßt mir eben nicht›, und unser Chef, der ist dann auch so locker, daß er das annimmt.
Gelernt habe ich Facharbeiter für Nachrichtentechnik, damit habe ich in der Filmfabrik als Arbeitsvorbereiter für BMSR Mechaniker gearbeitet. Dann habe ich ein Kind bekommen, und in dieser Zeit, wo ich gerade zu Hause war, war dann eben diese Wende, und dann bin ich wieder eingestellt worden, aber als Kurzarbeit. Was ich gelernt habe, dieses Facharbeiter für Nachrichtentechnik, war ja mehr auf Mechanik bezogen. Durch die Wende war bei uns alles so mehr auf Elektronik sofort umgestiegen, und im Prinzip hätten sie mich ins Museum stellen können, also mußte ich mich entscheiden. Ich mußte mir irgendwas suchen: Was mache ich jetzt und was kommt in dieser Region? Ich konnte ja nur raten, und da habe ich mir gesagt: ‹Du suchst dir was, was länger dauert, einen richtigen Berufsabschluß.› Naja, und dann habe ich mich dann dafür entschieden, daß ich Kommunikationselektronik, einen Lehrgang mache, und das war sehr gut, finde ich. Mitte Juni '94 bin ich fertig geworden, und da hat sich dann von dieser

Umschulung einer bei Bayer beworben, und der ist angenommen worden. Der wußte das auch schon, und da hat er gesagt: ‹Na, die suchen noch Frauen. Bewirb dich doch!› Der hat mich dann so beeinflußt, und deswegen habe ich mich beworben. Ich habe mich Mitte Mai beworben, und an dem letzten Tag, wo ich in der Umschulung den letzten Tag hatte, war mein Vorstellungsgespräch. Da habe ich an dem Tag ein Pensum gehabt. Früh habe ich die Prüfung gemacht, die Prüfung haben wir noch geschrieben, dann bin ich nach Hause gefegt, habe mich umgezogen, mich in Schale geschmissen, chic gemacht: ‹Was zieht man nun an zu so einem Gespräch? Wie benimmst du dich?› Ich war total aufgeputscht an dem Tag, da war ich auch ziemlich impulsiv, sonst bin ich ja auch ein bißchen ruhiger. Vielleicht war das auch mein großer Vorteil an dem Tag, daß ich ein bißchen so voller Elan war. Die Prüfung war gut gelaufen, ich hatte eben gute Laune, ich war gut drauf. Es waren schon viele Neider dabei, als das dann raus war, daß ich bei Bayer anfange. Wir haben dann immer gesagt, wenn sie gesagt haben: ‹Du hast Glück gehabt›, ‹Nein, nicht Glück gehabt, wir sind so gut›, aus Spaß, aber das müssen wir ja sagen, die haben so viele Bewerber gehabt, die haben das auch noch in der Zeitung geschrieben, tausend und abertausend Bewerber hatten die da. Ich kann's nicht anders sagen, da müssen wir doch gerade so gewesen sein, daß sie gesagt haben: ‹Wir stellen sie ein.› Jetzt arbeite ich als Arbeitsvorbereiter für die Herstellung. Da hat sich im Laufe der Zeit auch viel geändert. Ich habe mein Arbeitsvorbereitungsbüro erst in der siebten Etage gehabt, und da war ich richtig in der Gruppe drin und habe den Kontakt stets und ständig zu den Kollegen gehabt. Ich habe zwar nie direkt an der Anlage gearbeitet, weil ich dafür gar keine Zeit hatte, aber ich habe immer die Probleme gehört, ‹das ist jetzt nicht gut geplant›, und wir mußten eine gemeinsame Lösung finden. Als das dann mit den Schichten anfing, weil's nicht gereicht hat, mußte ich ja für die andere Arbeitsvorbereiterin die wichtigsten Sachen abdecken und die bei mir eben auch so. Das war ein Druck insgesamt auf uns, die Software ging noch nicht, die Maschinen gingen noch nicht, und da haben wir immer die Zeit auf zwei Schichten, die wichtigsten Stellen und Engpässe auf drei Schichten ausgedehnt, weil wir es einfach nicht geschafft haben, und dann haben wir eben immer daran gearbeitet, gekämpft, länger gemacht eben die halbe Stunde, und dann kam wieder ein Problem. Dann war es eben keine halbe Stunde mehr, dann waren es zwei, nächsten Tag früh wieder raus und so. Das war schon nicht so einfach, und dann haben wir eben alles versucht, die ganzen Prozesse zu optimieren, die Transporte und die Fehler zu suchen und dann eben zu beseitigen, und so sind wir jetzt in dem Stadium, wo wir das abgeschlossen haben. Abgeschlossen haben wir das nie, aber wo das schon greift, wo man wirklich sagt, also wir könnten das fahren, was wir müßten.
Irgendwann mal haben wir festgestellt, weil wir auch die ganzen Begebenheiten im Betrieb ändern, man kann das nicht alles voraussehen. Die, die das planen, haben das schön und gut geplant, aber alles konnten sie nicht wissen, und alles konnten sie auch nicht berücksichtigen. Deswegen haben wir auch gesagt, wir setzen uns jetzt hier zusammen und sprechen uns mehr ab. Wir kriegen das besser mit, was der andere macht, und es ist eben doch nicht, daß ich nur meine Gruppe habe, sondern mehr doch für die gesamte Herstellung und so. Das hieß nun auch wieder ein bißchen dazulernen, von den anderen Bereichen zu gucken, wie die anderen das machen. Ich hab das gebraucht, um das auch mal zu lernen, denn ich muß sehr vieles machen

und es war ja keiner da, der gesagt hat: ‹So, du kannst das jetzt so machen, du kannst es auch so machen, am besten ist es so und so.› Es war keiner da, das mußten wir alles erst sehen. Wenn Du's verkehrt gemacht hast, haben sie alle geschrien, aber wenn Du's richtig gemacht hast, hat keiner ein Wort darüber verloren, so ungefähr war der Lernprozeß. Auch dadurch, daß ich so ungelernt war in diesem Sinne, ich hatte keine Ahnung von Büroarbeit oder wie ich hier mit Leuten so umgehe, das mußte ich alles erst lernen. Da bin ich irgendwo ein bißchen froh, daß ich das so packe und danach gucke, wie ich das am besten mache. Auch andere frage, auch im Privaten mal Bücher kaufe und lese: Wie macht man das, wie geht man da am besten ran?
So im großen und ganzen, wenn ich jetzt sage, wir haben alle mitgearbeitet, daß wir den Betrieb so gemacht haben, wie er jetzt ist, das ist doch wirklich so, und wir hatten so viele Makel und Fehler, und da haben wir alle mitgekämpft, daß das besser wird, und das ist eben das, weshalb wir unwahrscheinlich hier dran hängen. Wir haben zum Beispiel eine sehr niedrige Krankheitsrate, irgendwo ist das Gefühl da, du willst nicht, nur wenn du unbedingt krank sein mußt. So viel Personal haben wir auch nicht, das ist ein bißchen geschrumpft. Ich sehe es doch für mich, was meiner Kollegin dann anlastet, wenn ich nicht da bin, weil ich ja mitten in der Arbeit bin. Ich kann die dann auch bloß anrufen, das hätte ich früher nie gemacht. Wenn ich nach Hause gegangen bin, dann ist Schluß gewesen. Wir rufen auch privat an: ‹Sag mal, was ist denn da nun?› – ‹Ach ja, das habe ich vergessen, dir zu sagen.› – oder irgendwelche Dinge, an die ich nicht gedacht hatte. Irgendwo ist es hier eine Gruppenarbeit, daß wir alle am gleichen Strang ziehen. Die versuchen, miteinander klar zu kommen und das Beste d'raus zu machen. Ich würde nicht sagen, daß ich in einem anderen Betrieb sowas wiederfinden würde, oder sagen wir mal, ich würde das nicht zu hoffen wagen. Angenommen, ich würde jetzt den Betrieb wechseln und woanders hingehen, so ein Arbeitsklima wie hier finde ich jetzt eigentlich gut.
Es richtet sich ja jeder seine Pause ein, so wie er an der Anlage kann, oder manchmal können auch nicht alle von der Anlage weg, sondern einer muß dableiben. Nun treffen sie sich ungezwungen mit diesem oder jenem, wer eben gerade da ist, der ist da, und dann wird geschwatzt, mitunter privat. Na, privat nicht so, ein bißchen Spaß gemacht. In meiner Gruppe da oben gibt es nach Feierabend auch noch Sachen, die wir miteinander machen. Die gehen zusammen tanzen, oder wir wollten gerade am Freitag zum Bowling gehen, aber ich habe den Termin absagen müssen, weil wir diese Woche eine Havarie hatten, da schaffen wir's nicht, da können wir nicht weg.»
Mit Frau B. kam ich in einem der Büros ins Gespräch, die vom Anlagenbereich der Selbstmedikationsherstellung abgetrennt sind. Ab und zu schaute einer der vorwiegend jungen Mitarbeiter herein, ohne Witze ging die Begegnung nie zu Ende. Der Eindruck, daß den Leuten die Arbeit Spaß macht, war nicht von der Hand zu weisen.
In der Rhetorik des Managements bei Bayer sind Stichworte wie Teamgeist, Kreativität, Zusammengehörigkeit und Eigenverantwortung fest verankert. In der «modernsten Fertigungsstätte für Selbstmedikationen in Europa» wurden unter dem Label «Lean Production» neue Arbeits- und Organisationskonzepte eingeführt. In deren Zentrum steht ein breiter Zugriff auf das Leistungsvermögen, die Selbststeuerungs- und Abstimmungsfähigkeiten der Mitarbeiter. Die Ressource Mensch, das kreative «Mitspielen» der Mitarbeiter, wird für die Anpassung der Unternehmen an die dynamischer werdenden Märkte zunehmend zwingend. Zugleich geraten

sie damit nicht nur in ein «Flexibilitätsdilemma» – auf der einen Seite müssen sie Organisationen stabil halten, um die ökonomische Effizienz und Berechenbarkeit zu sichern, auf der anderen aber flexibel auf die schwankende Marktsituation reagieren –, sondern auch auf der Ebene der Beschäftigten in ein «Politisierungsdilemma», denn die Kooperations- und Verantwortungsbereitschaft der Mitarbeiter ist nicht ohne Individualität und Konfliktbereitschaft zu haben. (17) Verschwindet Arbeit in ihrer klassischen Beschäftigungsform einerseits immer mehr von der Bildfläche, so lassen sich andererseits Unternehmen – entgegen der neomarxistischen Lesart einer massenhaften Dequalifizierung von Arbeit im Zeitalter der Globalisierung – mehr und mehr auf das Risiko ein, mit den Inhabern von Kompetenz auch «Subjekte mit Ansprüchen einzukaufen». (18) «Ein wesentlicher Aspekt, wahrscheinlich der dominierende», so ein Betriebsassistent über die Einstiegsvoraussetzungen bei Bayer, «waren natürlich auch die Sozialkompetenzen, das heißt, man hat da wirklich sehr intensiv auf Kommunikation geachtet – wie verhält sich der Mitarbeiter in der Gruppe?» Die sogenannten Idiotentests zielten in diese Richtung: «Die Bewerber mußten bestimmte Aufgaben erfüllen. Da wurde eben geschaut, wie zum Beispiel psychologisch und physiologisch, die haben das beobachtet, wie das Problem, was auf dem Tisch lag, bearbeitet und bewältigt wurde, zum Beispiel einen Turm bauen und andere Sachen», erzählt ein Beschäftigter. «Es wurde eben das Problem in den Raum geworfen und das mußte dann gelöst werden, wie die Gruppe das eben handhabt, mit diesem Problem umgeht.» Mit der Einführung der Gruppenarbeit – allerdings ohne den Betriebsrat, denn den gab es zu diesem Zeitpunkt noch gar nicht – erhielt die Arbeitsgruppe Verantwortung für ein größeres Aufgabengebiet und für alle damit verbundenen Operationen. Zurückgenommen wurde damit die mit der «Verzweckung des Betriebsraumes» verbundene strikte Trennung zwischen planenden, steuernden und ausführenden Tätigkeiten; horizontale Abstimmungsformen gewannen zunehmend an Bedeutung. «Wir haben schon versucht, die Verantwortung mehr in die Gruppen zu geben, das heißt wir (das Management, R. B.) wollen uns da ein bißchen raushalten ... Das Arbeitspensum wird zwar vorgegeben, aber die Gruppen können sich das einteilen, wie sie möchten. Das heißt, der eine macht das, dem anderen liegt das besser, oder der eine fühlt sich heute nicht so, der macht halt ein bißchen weniger, das heißt die Verantwortung liegt dann wirklich in der Gruppe, die weiß, was zu machen ist und versucht das dann in der Gruppe abzuarbeiten.»
Die Delegation von Verantwortung an die Arbeitsgruppen erspart dem Unternehmen nicht nur die mittlere Ebene innerhalb der Leitungshierarchie, sondern schafft zugleich neue Aushandlungsmöglichkeiten und Entscheidungsanforderungen auf der unteren Hierarchieebene. An die Stelle eindeutiger Rollenzuweisungen, hierarchischer Steuerung und Koordinierung sollen die ständige Selbstoptimierung sowie kontinuierliche Abstimmungs- und Entscheidungsprozesse zwischen den einzelnen Arbeitsgruppen treten. Für die Bayer-Leute stellt sich das wie folgt dar: «Das Gruppenkonzept besteht eben darin, daß die Hierarchie so gering ist, daß wir im Prinzip alles selber machen. Wir übernehmen Meisteraufgaben, wir übernehmen Ingenieursaufgaben mit, wir leiten und lenken uns selbst. Das ist eben total anders, weil im Waggonbau war immer ein Brigadier da, der hatte das Sagen. Dann kam eben der Meister, dann kam noch ein Obermeister, ein Abteilungsleiter und, was weiß ich, was dann noch so

alles die Stufe da oben drüber war. Das gibt's eben hier nicht.» Mit den eindeutigen Arbeitsaufgaben und Stellenzuschreibungen entfielen aber auch Sicherheit und Orientierung hinsichtlich der Anforderungsstruktur – eine veränderte Arbeitssituation, in der sich die neuen Arbeitnehmer zurechtfinden mußten: «Also gut, ich weiß, daß es Betriebe gibt, wo der Meister morgens erstmal rumbrüllt und die Arbeiter einteilt, und alle nicken, und dann legen sie los. Das funktioniert auch, die kriegen am Ende auch ihre Teile fertig. Aber die Leute spiegeln ab und zu mal schon mal so zurück: ‹Mensch, es ist echt angenehm, früher war's anders›. Mit der Freiheit kommen ja auch nicht alle so gut zurecht, also manch einer möchte hier auch gerne noch mehr gesagt bekommen, um sich sicherer zu fühlen. Da ist dieses Maß an Unsicherheit, wenn ich keine so ganz klare Aufgabenstellung bekomme.»
Die Vitalität und der Elan, die Frau B. bei ihrem Einstellungsgespräch in der Bayer GmbH Bitterfeld ausstrahlte, mögen als Anzeichen eines neuen Arbeitstyps gelten, der im Gefolge der sozioökonomischen Restrukturierung und Individualisierung auch auf den modernisierten Inseln der neuen Chemie Ost Einzug hält. Wenn von subjektiver Modernisierung der Arbeitswelt die Rede ist, dann zielt das auf die personale Identität der Beschäftigten. Nicht mehr die Befolgung von Regeln verlangt man von diesen, sondern ihre Fähigkeit und Bereitschaft zur eigenständigen Definition und Problemlösung. Gleich einem «Zwang zur Selbstverwirklichung» werden die subjektiven Eigenschaften der Beschäftigten, ihre Reflexivität, ihre Kommunikations- und Kooperationsfähigkeit, zur Eintrittskarte in die ausgedünnte Landschaft der neuen Arbeitswelt. In Bitterfeld konnte man sich unter den 6.000 Bewerbungen tatsächlich die Leute aussuchen, die für das Konzept der Gruppenarbeit geeignet waren, sprich deren Persönlichkeit neben der fachlichen Kompetenz Teamgeist und Kreativität versprach. Die meisten sagen, daß sie eben Glück hatten, hier einen Job bekommen zu haben. Letztlich hängt es heute also von den vermeintlich persönlichen Eigenschaften der Individuen ab, wer zu den Gewinnern und wer zu den Randbelegschaften beziehungsweise Arbeitslosen gehört. So artikuliert sich ein verändertes Reproduktionsmuster sozialer Ungleichheit: Diese wird gleichsam individualisiert. Der Zwang zur Selbstverwirklichung schließt einen Wechsel innerhalb der Arbeitsorientierung ein. Mit den neuen Organisations- und Personaleinsatzkonzepten wird einer quasi instrumentellen Arbeitseinstellung sukzessive der Boden entzogen. Auf seiten der Beschäftigten setzt das eine ständige Bereitschaft zum Lernen und zu neuen Formen der Kooperation voraus. Diese Entwicklung steht in Wechselwirkung mit dem Übergang von Werten der Produktion zu solchen der Reproduktion, der unter dem Stichwort «Wertewandel» für die westeuropäischen Industriegesellschaften bereits in den siebziger Jahren konstatiert wurde: An die Stelle einer der protestantischen Arbeitsethik verpflichteten Akzeptanz und Bescheidenheit treten Selbstbestimmungs- und Selbstentfaltungswerte. Die Deutung dieser Entwicklung als «Flucht der Subjekte aus der Arbeitswelt» bezog sich auf die mit Wohlfahrtsmehrung und Konsumorientierung einhergehende Aufwertung privater Lebenswelten; Arbeitsorientierungen erschienen in dieser Lesart vor allem als instrumentell bestimmt. (19) Der Begriff der instrumentellen Arbeitseinstellung ist allerdings mit Vorsicht zu benutzen, denn im Bedeutungshorizont von Arbeitern wird Lohnarbeit nicht lediglich aus der distanzierten Position des «Jobbers» gesehen, sondern immer auch aus der Perspektive des tätigen Subjektes. In diesem Spannungsver-

hältnis zwischen Fremd- und Selbstkontrolle reproduzieren sich die kollektiven Erfahrungen von Arbeitern. (20) In dem Modell formal geregelter, hierarchisch kontrollierter und tayloristisch zergliederter Arbeit mag diese Spannung stärker in Richtung Fremdkontrolle ausschlagen, was zu einem «mentalen Ausstieg» der Beschäftigten aus der Arbeit führte, während der Freizeitbereich das Terrain war, wo sie sich selbst gehörten. In diesem Bereich vollzog sich ein soziokultureller Wandel hin zu Selbstentfaltungs- und Partizipationsansprüchen, die nun auch in der Arbeitssphäre geltend gemacht werden. Mit der Krise des tayloristisch-fordistischen Regulationsmodells, mit veränderten Verwertungsbedingungen des Kapitals, verschärfter Konkurrenz und dem raschen Wechsel von Produkten und Produktionsverfahren wurden neue Produktionskonzepte entwickelt, in denen der Faktor Subjektivität eine immer größere Rolle spielt. Nicht der Bedeutungsverlust von Arbeit, sondern vielmehr deren Subjektivierung scheint angezeigt. Neue Arbeitsformen in der Industrie und veränderte Anforderungen im Dienstleistungssektor bestärken postkonventionelle, subjektzentrierte Arbeitseinstellungen ebenso wie umgekehrt die Zunahme von Selbstverwirklichungs- und Mitbestimmungswerten insgesamt den Wandel der Arbeit vorangetrieben hat. (21)

Daß diese veränderten Arbeitsorientierungen vor allem bei jüngeren, höherqualifizierten Beschäftigten anzutreffen sind, darauf machen soziologische Studien aufmerksam: Interessante und eigenständige Tätigkeiten werden vor allem von denjenigen als Wertvorstellung in Anschlag gebracht, die nach ihrem Bildungs- und Qualifikationsniveau ohnehin zu den privilegierten Gruppen gehören. Sie sind die Subjektivierungsgewinner, während die bisher schon benachteiligten Gruppen zu den neuen Arbeitswelten keinen Zugang mehr finden.

Bei den Bayer-Leuten im SME-Betrieb liegt der Altersdurchschnitt bei Mitte dreißig, einige haben eine Doppelqualifikation beziehungsweise Abitur, viele kommen vor allem aus handwerklichen Berufsfeldern, die wenigsten waren längere Zeit arbeitslos. Für sie ist die Arbeit in der Gruppe aus drei Gründen interessant: wegen des hohen Maßes an Selbständigkeit und Eigenverantwortung, der Herausforderung des ständigen «Dazulernens», das die modernen Anlagen verlangen, sowie der persönlichen Interaktion und Kommunikation. «Diese Technik, die da drin steckt, das zu betreuen und beherrschen. Das ist schon nicht schlecht, das möchte ich können. Und da möchte ich auf jeden Fall weiter. Wenn ich auf dem Stand jetzt hier so bleiben würde, einfach jeden Tag auf Arbeit kommen und meine Arbeit machen, und dann gehe ich nach Hause, Feierabend und dann wieder den anderen Tag, das bringt für mich nicht groß was. Wenn, dann möchte ich schon was für mich persönlich dazulernen.»

Viele haben inzwischen nicht nur zu Hause einen eigenen PC, sondern versuchen, sich auch neben der Arbeit weiterzubilden. Die Selbstentfaltung der technischen Mitarbeiter korreliert mit den neuen Arbeitsanforderungen hinsichtlich der Steuerungs- und Wartungstätigkeiten. Was für die Jüngeren allerdings ein Feld des Ausprobierens und Erkundens eigener Fähigkeiten darstellt, ist für die älteren mit einigen Barrieren verbunden: «Es ist eher so, daß vielleicht die Jüngeren, sage ich mal, vielleicht noch mehr probieren oder mehr sich irgendwie mit der Technik beschäftigen und da mehr reindenken. Das ist natürlich auch schwierig, sagen wir mal, einen Fünfzigjährigen, der jahrelang, sagen wir mal, irgendwo in der Chemie tätig war und bloß seine Anlage betreut hat und dann, sagen wir mal, das alles mechanisch und manuell gemacht hat: ‹Hier ein Ventil auf, da zu, da mal geguckt und dort bloß ein manuelles Thermometer und Regelung, naja, klasse, und das haut so hin, das kann man so verkaufen, na prima.› Und hier ist ja mehr oder weniger alles komplett überwacht. Für die älteren Kollegen, die sowas noch nicht hatten, ist es schwierig, sich da reinzudenken. Da ist man natürlich auch vorsichtig. Es gibt manche Leute, die haben eben im Prinzip mehrere Aufgabenbereiche, die sie gleichzeitig machen müssen, und manche ältere Leute, die haben eben bloß ihr Gebiet. Die haben im Prinzip ihren Bereich, sage ich mal, im Griff. Die kennen sich da aus, wissen Bescheid. Das ist aber genauso, die kennen sich hundert Prozent aus in ihrem Rezept und so fort, aber wenn zum Beispiel irgendeine Störung ist, eine unvorhergesehene, dann rufen sie mich erst mal an, nicht weil sie das vielleicht nicht auch selber könnten, aber dann eben, weil sie erstmal vorsichtig sind und Rücksprache halten wollen.»

Kündigt sich hier in den Arbeitseinstellungen der neuen Arbeitnehmer ein Generationenbruch an, zwischen klassischen Arbeitstugenden wie Pflichterfüllung, Fleiß, Präzision und Qualität und neuen Orientierungen wie Flexibilität, Risikobereitschaft, Eigenständigkeit und Teamgeist? Tatsächlich machen Arbeiter mit längerer Berufserfahrung vor allem Leistungsfähigkeit und eigenes Arbeitsvermögen geltend: «Also, es war für mich schon wichtig, schon immer, daß ich die Arbeit, die ich mache, daß ich die richtig mache, ohne daß es da irgendwelche Nacharbeiten oder Korrekturen, Mäkeleien und so weiter gibt. Das habe ich mir immer zum Ziel gesetzt. Ich würde mal sagen, nicht umsonst, ich war noch nicht arbeitslos nach der Wende, noch keinen Tag. Von nichts kommt nichts, kann man nicht anders sagen. Ich meine, wer hier die Probezeit überstanden hat und wirklich angenommen ist, der hat's schon ziemlich geschafft. Zulagen habe ich jetzt auch schon gekriegt, etliche. Die gibt's ja nicht für's Nichtstun oder für Arbeit, die man nicht richtig gemacht hat.»

Gute Arbeit zu leisten ist ein wesentlicher Bestandteil der Wertvorstellungen von ostdeutschen Arbeitnehmern. Sie betonen diesen tradierten Wertekomplex nicht allein vor dem Hintergrund des Ost-West-Diskurses über das «Erst-einmal-arbeiten-lernen-müssen» der Ostdeutschen, die behauptete Kontinuität von Wertmustern der Industriekultur ist darüber hinaus eine Interpretation angesichts der Unsicherheiten und mangelnden Folgeabschätzungen des Strukturwandels der Region. (Vgl. Kapitel 4) Das Neue wird dabei in die Koordinaten des eigenen Weltbildes («immer schon gearbeitet«) eingebaut: Neue, mit moderner Technologie und modernen Produktionskonzepten verbundene Arbeitsanforderungen sind für die älteren berufserfahrenen Arbeiternehmer im Rahmen ihrer Traditionsbezüge handhabbar, und dazu gehören auch die ostdeutschen Arbeitserfahrungen. Selbständiges Arbeiten und Flexibilität werden dabei von vielen als DDR-Potential in Anschlag gebracht, vor allem Improvisationvermögen halten sich ostdeutsche Arbeiter zugute: «Da finde ich unsere Ausbildung, die wir hatten und haben, also in manchen Dingen umfassender. Da stellen die sich eben hin, der Kollege Wessi, und sagt dann: ‹Huch, das kann ich nicht, das ist nicht mein Bereich, und da muß ich jetzt den und den von der Firma holen.› Jemand von der DDR, wir waren sozusagen Allrounder, sind wir ja jetzt noch, wir haben immer eine Möglichkeit, finden wir ja heute noch, daß wir in einem Bereich, selbst wenn der uns nichts angeht, wir finden eine Möglichkeit, daß das Ding eben trotzdem läuft, daß wir nicht irgendeine x-beliebige Fremdfirma von da und da holen müssen.» Die vielbeschworene und in der DDR der Not geschuldete Chaosqualifikation der Ostdeutschen scheint eine für das breite Anforderungsspektrum flexibler Produktionskonzepte kaum zu unterschätzende Ressource zu sein. Auch diesbezüglich wird in der sozialwissenschaftlichen Debatte zur ostdeutschen Transformation gern die Metapher vom «Überholen, ohne einzuholen» aufgegriffen. Ostdeutsche Wertmuster und Einstellungen erfahren aus dieser Perspektive eine Umwertung: Die «Altlasten» gelten in postindustriellen Gesellschaften nun als «Zukunftspotentiale». (22) Hierzu zählen auch die stärker gemeinschaftsbezogenen Einstellungen von Ostdeutschen, die Interpretationen der Bayer-Leute zur Gruppenarbeit mögen dies zumindest an der Oberfläche bestätigen: «Also eine Umstellung war's nicht, Gruppenarbeit aus meiner Sicht jetzt, weil ich so ein Typ bin, der gerne hilft und so. Damals schon im Chemiekombinat, da waren wir auch eine Gruppe, da waren wir ja ein Kollektiv.» Von deutlich besseren Voraussetzungen der Ostdeutschen für Teamarbeit sprechen auch die Betriebsassistenten: «Die Grundvoraussetzung, das ‹Aufeinander-angewiesen-sein›, das Miteinander, auch mal die Bereitschaft zu haben, das sind ja immer so Sachen, die aus meiner Sicht zumindest wichtig sind, das zu erhalten, auch mal abends miteinander wegzugehen, auch mal über eine private Sache im Bereich des Arbeitsgeschehens zu reden, um zu wissen, wieviel Kinder der Nachbar hat oder der Arbeitskollege, ohne daß das jetzt verletzlich dabei ist. In den Altbundesländern, in Leverkusen, da haben die neben der Maschine gestanden und wußten nichts von dem, gerade mal den Namen, und die haben zehn Jahre zusammen gearbeitet.»

BETRIEBSGEMEINSCHAFT BAYER – ZWISCHEN INTIMITÄT UND ZIVILITÄT

Mit den neuen Organisations- und Produktionskonzepten ist nicht nur ein erweiterter Zugriff auf das individuelle Arbeitsvermögen der Beschäftigten, sondern auch auf die Selbstorganisationskompetenzen der Gruppe verbunden. Ostdeutsche Kohäsionskulturen scheinen dafür im Sinne eines «Miteinanders» der Belegschaft besonders geeignet. Die neuen betrieblichen Vergemeinschaftungsformen stellen sich jedoch bei genauerem Hinsehen als äußerst ambivalentes Feld dar, das in Ostdeutschland noch eine Zuspitzung erfährt. Die Rede war vom neuen Sozialcharakter der Arbeit: Kommunikative Aspekte, der Kontakt mit Menschen bei der Arbeit, Offenheit, Für-andere-da-sein, Verträglichkeit und Partizipationsmöglichkeiten gewinnen zunehmend an Bedeutung. Das heißt nicht, daß nun eher konventionelle Arbeitstugenden von diesen neuen Tugenden abgelöst werden, vielmehr wäre der These von der «Modernisierung protestantischer Arbeitsethik» (23) zuzustimmen. Stichworte wie «Bürgerstatus der Beschäftigten» (24) oder «Arbeitsplatzunternehmer» (25) verweisen auf einen grundlegenden Umbau betrieblicher Handlungsfelder. Wird mit Lean Production auf die volle Ausschöpfung der Human ressources gesetzt, so scheint damit eine Tendenz angezeigt, die zur Anerkennung und Ausgestaltung des Bürgerstatus auch im Betrieb führt. Denn die ganze Person der Beschäftigten ist eben nur um den Preis einer erweiterten innerbetrieblichen Mitbestimmung zu haben. Die produktivistische Indienstnahme von Partizipations- und Selbstentfaltungsansprüchen der Beschäftigten geht einher mit einer «Erosion des Systems bezahlter Indifferenz»

(N. Luhmann): Ein neues Spannungsverhältnis entsteht, indem sich die bisherigen Koordinaten des betrieblichen Sozialraumes zwischen Arbeitgeber und Arbeitnehmer verschieben. Industriegesellschaftliche Regulationsstrukturen und kollektive Interessenvertretungsinstanzen, die eine klare Trennung zwischen Management und Beschäftigten implizieren, stehen nun auf dem Prüfstand – dies zeigt nicht zuletzt die Debatte über die Rolle der Gewerkschaften. Die Subjektivierung der Arbeitswelt ist grundsätzlich doppelbödig: Was auf der einen Seite als eine Mobilisierung der letzten Ressource, des «ganzen Menschen», im Zeitalter flexibler Produktionskonzepte erscheint und, wie etwa die Gruppenarbeit, als Vereinnahmung der Kohäsions- und Selbstorganisationspotentiale zu deuten ist, kann auf der anderen Seite als Chance für emanzipatorische Subjektansprüche auch in der Arbeitswelt gelesen werden. Prinzipiell gehen die Subjekte in diesen neuen Vergemeinschaftungsformen und Entfaltungsräumen nicht vollständig auf: Studien zu Sozialbeziehungen in klein- und mittelständischen Unternehmen machen darauf aufmerksam, daß sich Unternehmer und Arbeitnehmer trotz der kapitalistischen Grundstruktur positiv aufeinander beziehen und quasi gemeinsam am Projekt Betrieb arbeiten, ohne jedoch die Herrschaftsunterschiede zu verwischen. (26) Die Rede ist von «ziviler Vergemeinschaftung», einem neuen Modus betrieblicher Organisation, der zwingend aus der Entgrenzung erwachse, welche der zunehmend subjektive Bezug zur Arbeit mit sich bringe. Zivilität sichere die Beschäftigten vor den «überbordenden Ansprüchen» der Organisation. Sie sei gebunden an den «Überschuß», der aus der Indienstnahme der emotionalen und motivationalen Potentiale der Beschäftigten folgt, an den Eigensinn, der die Selbstbestimmungsansprüche der Subjekte bestimmt und aufgrund dessen das Organisationsrisiko der Unternehmen steigt. Das zwinge zu einem anderen Herrschaftsklima in Unternehmen hinsichtlich der Balancen zwischen Vertrauen und Kontrolle.
Unterschlagen werden sollte allerdings nicht, daß sich in den Überwachungs- und Steuerungszentralen mit dem Einsatz modernster Technologie zugleich neue subtile Formen der Überwachung und Kontrolle entwickeln. Zivile Vergemeinschaftungsformen zeichnen sich durch einen defensiven und distanzierten Modus betrieblicher Vergemeinschaftung aus, der von der «Tyrannei der Intimität» entlastet ist. Profitieren die Unternehmen einerseits von der Individualisierung der Beschäftigten, so schützt gerade deren subjektive Emanzipation sie vor einer vollständigen Vereinnahmung. (27) Zivile Vergemeinschaftungen sind zudem reflexiv und keine quasi selbstverständlichen Erfahrungsgemeinschaften mehr, die auf kollektiven Hintergrundgewißheiten basieren. Es handelt sich vielmehr um subjektiv gewählte Denk- und Deutungsgemeinschaften, die allerdings in einem «prekären Spannungsverhältnis zu der potentiellen Sprengkraft individueller und betrieblicher Kosten-Nutzen-Kalküle» stehen. (28) Denn vor dem Hintergrund flexibilisierter Märkte sitzen Belegschaft und Management wohl kaum im selben Boot.
Stellt sich der neue Arbeitstyp auch weniger als sperriges, widerständiges oder indifferentes Arbeitssubjekt dar, so trifft doch die Behauptung, er sei durchgängig gefügig und gehe in der Betriebsgemeinschaft auf, nicht zu. Daß dies nicht der Fall ist, dafür hat die «Schule des Fordismus» ebenso gesorgt wie die Individualisierung der Gesellschaft. (29) Die ostdeutschen Arbeitnehmer haben diese Lektion allerdings nicht erhalten. Wenn vom «integrierten Modell»

(Rottenburg) des Betriebsraumes Ost die Rede ist, so zielt dieser Begriff auf die Vermischung und Überlagerung von System und Lebenswelt im betrieblichen Handlungsfeld der ehemaligen DDR. Die Restrukturierung der ostdeutschen Betriebe im Zuge der Transformation folgte vor allem der Regie einer «Verzweckung der Betriebe»; mit dem Rollenwechsel vom Werktätigen zum Arbeitnehmer sollten die ostdeutschen Industriearbeiter die Schule des Fordismus nachholen. Ihre in den lebensweltlichen Dispositionen verankerten Entdifferenzierungserfahrungen scheinen für die Orientierung in der Betriebsgemeinschaft Bayer allerdings eher hilfreich, was das komplexe und flexible Anforderungsspektrum der Arbeitsinhalte, aber auch den sozialen Ort Betrieb anbelangt. Denn mit den neuen Produktions- und Organisationskonzepten wird mehr als deutlich, daß das betriebliche Handlungsfeld nicht allein einer ökonomischen Logik folgt, sondern ein «Spannungsfeld zwischen den Integrationsmechanismen von System und Lebenswelt» darstellt. (30)

Das veränderte Verhältnis zwischen System und Lebenswelt schließt ein, daß die Grenzen zwischen Arbeit und Freizeit durchlässiger werden. Wo ist angesichts dieser Entdifferenzierungsprozesse die Lücke in den Verhaltensdispositionen ostdeutscher Arbeitnehmer auszumachen, die zu ambivalenten Effekten im Feld neuer betrieblicher Vergemeinschaftung führt? Worin besteht der Nachholbedarf? Die den staatssozialistischen Gesellschaften bescheinigte «lebensweltliche Überformung der Arbeit» (31) zeitigte Prozesse der Entdifferenzierung und Entökonomisierung. Indem sich «das System als Lebenswelt drapierte» (J. Habermas), blieb den Akteuren verstellt, «wo sie sich selbst gehörten und wo äußeren Umständen». (32) In den «wilden Räumen» der Chemiekombinate entwickelten die Industriearbeiter mißmutige Arrangements zwischen Durchkommen, Aussitzen und «Trotzdem-produzieren».

Chaosqualifikation und Improvisationstalent, nun im Strukturwandel als ostdeutsche Tugenden gepriesen, verdanken sich einem eher zwiespältigen Hintergrund. So sehr diese eigensinnige Praxis der «innerbetrieblichen Selbstregulation» im Selbstverständnis der Industriearbeiter verankert ist, hat sie doch auch eine Kehrseite: Es prägt sie die Kosmologie der kleinen Leute, ein Weltbild, das aus dem Oben-unten-Modell seinen Erklärungsgehalt bezieht und auf das sich die Industriearbeiter in den unsicheren Zeiten der Transformation berufen können.

Die Anrufung der kollektiven Gewißheit eines gemeinsam geteilten Schicksals von Ohnmacht und Ausgeliefertsein bot allerdings nicht den erhofften Rückhalt: Zu sehr bröckelte das milieuinterne Integrationsvermögen in den alltäglichen Anpassungsleistungen an die Kombinatsrealität und in den «individuellen Politiken des Privaten». (33) Was die gemeinschaftsbezogenen Einstellungen anbelangt, erwiesen sich Brigaden und Kollektive als «hybride Räume» der Artikulation kollektiver Interessen: zwischen syndikalistischen Einstellungen der Abgrenzung und Ausschließung, konformistischen Arrangements und Terrains des Rückzugs gegenüber systemischen Zumutungen. (Vgl. Kapitel 2)

Damit sei nur angedeutet, in welch ambivalentes Feld von Vorstellungsstrukturen die neuen Arbeitswelten der Chemie geraten: Im Werthorizont der ehemaligen Chemiearbeiter bildete der Betrieb die Lebenswelt, die «Freizeitgesellschaft» war im Osten nicht angekommen. Vom «Miteinander wie früher» ist bei vielen Bayer-Leuten die Rede, manchmal fällt auch das Wort «Familienbetrieb». Vor allem ältere Arbeitnehmer registrieren allerdings schon den Unterschied im Klima: «Das war damals anders eigentlich, da hat man sich mehr Zeit genommen. Untereinander, ja das ist jetzt eben nicht so doll. Wir waren als Elektriker ungefähr ein Jahr zusammen, haben selber Brigadefahrten organisiert, da sind halt noch die Ehefrauen mitgefahren, nach Dresden, Pillnitz mit dem Bus. Aber jetzt will's keiner mehr, jetzt hat keiner mehr Zeit.» Stressiger ist die Arbeit insgesamt geworden, reguläre und gemeinsame Frühstückspausen sind eher die Ausnahme, Längermachen dafür fast die Regel. Und viele müssen ständig abrufbereit sein. Die Zeit für Privates während der Arbeit ist also rar, dafür sind sie innerhalb der Abläufe viel stärker aufeinander angewiesen, das heißt der arbeitsbezogene Kommunikations- und Kooperationsbedarf ist ungleich höher.

«Na, das Klima unter den Menschen, also ich denke schon, das hat sich deutlich geändert, weil früher gab's da doch mehr Gemeinsames oder viel Gemeinsames, und heute denke ich schon, da gibt's halt Familie, und alles, was über Familie geht, das ist doch ganz schön geschrumpft, also da gibt's doch sehr wenig. Ich habe auch das Gefühl, die Bereitschaft, jemand anderem zuzuhören und auch mal seine Probleme versuchen zu erklären, also zu gucken: ‹Was hat er denn, und warum ist er denn so?› Ich denke, das war früher ganz anders, das war wirklich ein gemeinsames Arbeiten und auch Leben, und heute ist es zwar ein gemeinsames Arbeiten, aber das gemeinsame Leben ist doch stark in den Hintergrund geraten.» Daß das Klima draußen kälter geworden sei, darüber sprechen viele. Der Kreis derjenigen, mit denen man es tun hat, hat sich verengt. «Jetzt ist sich jeder selbst der Nächste», so umschreiben auch die auf der Gewinnerseite stehenden neuen Arbeitnehmer die eher bittere Erfahrung des veränderten sozialen Klimas nach der Wende. «Im allgemeinen, möchte ich mal sagen, paßt man sich langsam an wie im Westen drüben, sei es schon im Privaten, da fängt das auch schon so an: ‹Was macht der? Was fährt der? Was hat der?› Da kann man sagen, fast der blanke Neid, teilweise schon. Also hier ist es nicht so, aber im Allgemeinen, im Privaten, das paßt sich schon drüben an. Es ist auch nicht mehr so, das ganze Zusammensein. Teilweise fängt man schon an, jeder macht doch schon sein's ein bißchen hier. Also hier betrieblich ist es ja nicht so, aber eben jetzt im allgemeinen.»

Mit der Vorstellung vom gemeinsamen Leben in der Arbeitssphäre werden auch die Angebote des Unternehmens für eine neue Betriebsgemeinschaft wahrgenommen – «Wir bei Bayer in Bitterfeld». In den Erzählungen vieler Arbeitnehmer erscheint die Differenz zwischen Unternehmen und Kombinat eher als marginal: «Vielleicht war das in dem Wolfener Teil der Filmfabrik, da war das vielleicht ähnlich wie jetzt hier. Es wird sehr viel auf die Belegschaft eingegangen bei Bayer, man bemüht sich darum, unseren Wünschen entgegenzukommen, und da ich ja nun hier als Meister tätig bin, wir sind auch angehalten, so kenne ich es auch von früher her, die Leute so zu optimieren, daß die das so sehen, daß das ihr Betrieb ist, das ist ihre Anlage. Ich organisiere das auch, ich lasse den Leuten ihren freien Lauf. Es hat jeder seinen Teilbereich und die reden auch so: ‹Das ist meine Teilanlage, und da kümmere ich mich drum›.» Der Meister aus dem Lackharzbetrieb hält es dem Kooperationsvermögen der ostdeutschen Arbeiter zugute, daß sie die «Anlage aus dem Stand aufgebaut haben, wo andere mit dem Kopf geschüttelt haben»: «Es ging, weil die Leute zusammengehalten haben. Und wenn sie gerne auf Arbeit kommen, dann leisten sie auch was.» Verbesserungsvorschläge der Mitarbeiter zur Optimierung der Produktionsabläufe sind Bestandteil der Bemühungen des Managements um Identi-

fikation und Partizipation. Die Bayer-Leute reden allerdings mit einer gewissen Distanz von den «Bomben-Runden, das heißt Bayer-Erziehungsmethoden zu deutsch»: «… also da sollten in bestimmtem Zeitraum jede Menge Verbesserungsvorschläge gemacht werden hier und ich meine, Verbesserungsvorschläge, die haben wir schon vorher hier gemacht, die kommen automatisch. Wenn man arbeitet, dann kommen die automatisch, daß man eben was verbessern könnte, aber dort, in der Bomben-Runde, mußten dann über einen bestimmten Zeitraum jede Menge Verbesserungsvorschläge gemacht werden, die auch damals total sinnlos waren, weil jeder drauf los erzählt hatte, bloß um irgendwas zu sagen, und jemand von vorne, von der Tagschicht, der hat das alles aufgeschrieben, der kannte sich mit dieser Anlage absolut nicht aus. Der hat das eben so aufgeschrieben, wie das die Mitarbeiter dann eben erzählt hatten, und dann standen die ganzen Vorschläge schwarz auf weiß, man hat sich wirklich so vor den Kopf gefasst, wie manche so erzählt haben, was überhaupt keinen Sinn hatte. Und dann waren auch so Sachen dabei gewesen, die verbessert werden konnten, und da hat man dann überlegt, dadurch Mitarbeiter einsparen zu können. Das ist aber nicht durchgekommen.» Spätestens in solchen Situationen werden hinter den Identifikationsstrategien auch Herrschaftsverhältnisse transparent, die die ostdeutschen Arbeitnehmer registrieren. Vermutet man angesichts der mangelnden Differenzerfahrung der Industriearbeiterschaft Ost zunächst ein nahezu vollständiges Aufgehen in der flexibilisierten Arbeitswelt, eine Tendenz hin zur «Tyrannei der Intimität» im «Wir bei Bayer», so erweisen sich die ostdeutschen Arbeitnehmer bei genauerem Hinsehen als sperrig, nur basiert ihre Distanz auf einer anderen «Ressource»: ihrer Traditionalität. Kann aus dieser überhaupt Zivilität hervorgehen?
Mit dem Einsatz von Informationstechnologien in den Steuerungs- und Regelungsabläufen wachsen zwar die Verantwortungs- und Komplexitätsanforderungen, zugleich jedoch entstehen im betrieblichen Handlungsfeld neue Räume der Kontrolle. Auch in den High-Tech-Bereichen der neuen Chemie geht es um schwierige Balancen zwischen Vertrauen und Kontrolle: «Hier ist ja alles mehr oder weniger komplett überwacht. Jeder haftet für seinen Auftrag, den er abgearbeitet hat, egal an welcher Anlage, mit seiner persönlichen Unterschrift, einmal zur Dokumentation, was jetzt mit dem Betrieb weniger zu tun hat, das ist halt pharmazeutisch so Voraussetzung, beziehungsweise es kann alles, was jetzt irgendeiner hier im Haus an irgendeiner Anlage macht, durch die Datenerfassungssysteme nachgehalten werden mit Personalnummer und so weiter und so fort. Da ist man natürlich auch vorsichtig.» Subtile Konkurrenzen erwachsen sowohl aus der prekären Arbeitsmarktsituation insgesamt als auch aus dem innerbetrieblichen Spannungsverhältnis zwischen dem Aufeinander-angewiesen-sein in der Gruppenarbeit und mit der Individualisierung der Arbeitsanforderungen verbundenen Entsolidarisierungen. Die Leute haben die Lektion des neuen Kapitalismus über die Individualisierung sozialer Risiken gelernt: «Naja, es ist doch schon so, es versucht jeder, seine Arbeit richtig und gut zu machen und besonders gut oder besser wie die anderen. Es ist leicht unterschwellig, also direkt und offen ist es nicht zu merken. Man muß sozusagen zwischen den Zeilen lesen oder mithören. Wenn man jetzt hier einen Fehler findet oder ein Fehler vorliegt, daß er den besonders schnell und möglichst alleine oder die Hauptursache findet, daß es dann heißt: ‹Aha, derjenige hat's ja gefunden und gemacht.› Das war zu DDR-Zeiten egal im Prinzip, ob's nun lief oder

nicht gleich lief, dann hat's eben ein anderer gemacht. Bloß jetzt, wenn man heute an einer Sache dran ist, wie bei uns Störungen und so weiter, die möchte man dann schon finden und in möglichst kurzer Zeit und schnell das zu beheben. Was bei uns jetzt vorherrscht, also ein richtiger harter Konkurrenzkampf, so ein Druck, würde ich sagen, ist nicht. Das kann man nicht sagen, aber es ist doch jeder bemüht, daß er das halt schnell und ziemlich gut hinkriegt.»
Was das betriebliche Handlungsfeld mit neuen Produktionsmodellen in High-Tech-Unternehmen charakterisiert, hat insofern wenig mit einer Verschiebung des Verhältnisses zwischen Fremd- und Selbstkontrolle zu tun. Vielmehr reproduziert sich dieses Spannungsverhältnis in einem neuen Arbeitstyp: «Die Subjektivität, die die Beschäftigten in die Organisation einbringen, ist gleichsam smarter angelegt als die knorrige Widerständigkeit im sozialdemokratischen Milieu der Kaiserzeit oder die ‹indifferente› im Nachkriegsfordismus; sie ist weniger schroff aber auch weniger zurückgewiesen.» (34) Die jüngeren Arbeitnehmer bei Bayer, vor allem die ohne Berufserfahrung Ost, vermitteln zumindest den Eindruck, als lägen sie im Trend: Sie sind aufgeschlossen, witzig, kommunikativ und reflexiv.
Aber auch bei den Steuerungs- und Regelungstätigkeiten in den neuen Produktionsräumen handelt es sich um ein konfliktreiches Kräftefeld zwischen Fremd- und Selbstkontrolle, in dem neue Überwachungs- und Kontrollmechanismen, eine flexibilisierte Produktion als Dienstleistung, ein hohes Maß an sozialer Kompetenz in der Gruppenarbeit, neue Angebote zur Vergemeinschaftung im Unternehmen sowie die Individualisierung der Arbeitsinhalte in eine Gemengelage geraten. Hinzu kommt der strukturbedingte Rollenwechsel vom Werktätigen zum Arbeitnehmer. Viele der Bayer-Leute, vor allem die mit längerer Berufserfahrung Ost, bauen diese Verschiebungen im konfliktreichen Handlungsfeld Betrieb in ihren Deutungshorizont ein, der durch traditionelle Wissensbestände und ostdeutsche Erfahrungen bestimmt ist. Einerseits schützen sie sich so gegen eine vollständige Vereinnahmung, andererseits geraten sie dabei in Orientierungsnot.
Gut und qualitätvoll zu arbeiten, dieses Wertmuster bringen viele Arbeitnehmer in Anschlag, es realisiert sich aber auch in den neuen Arbeitswelten als äußerst heterogene Praxis: zwischen dem Ausloten des eigenen produktiven Vermögens, der sozialen Anerkennung in der Gruppe, Abgrenzungen, Konkurrenzen und Feindseligkeiten. Arbeit galt den Kombinatserfahrenen auch als Stabilisator gegen die Zumutungen von oben, und diesen Raum des Eigensinns behaupten sie heute noch mit Stolz auf die in kürzester Zeit zum Laufen gebrachte Anlage. Dazu gehört auch der kenntnisreiche Umgang mit der neuen Technik, auf den sie sich angesichts des gewachsenen Drucks innerhalb der Produktion zurückziehen können. «Der Druck ist auf jeden Fall größer. Früher war's eben, da hast du den Motor heute nicht geschafft, dann wird's morgen zu Ende gebracht. Aber heute ist der Druck da, wie zur Besprechung: ‹Was war los?› Da wollen die gleich alles wissen, was wirklich los war, man muß Rechenschaft ablegen: ‹Warum lief's denn gestern nicht?› Das war ja früher alles nicht.» Da bleibt wenig Raum, wo man sich selbst gehört. Kein Wunder, daß die «eingefleischten Bastler» sich in Situationen, wo es zu reparieren gilt, am ehesten zu Hause fühlen. «Ja also, mein Wunsch ist immer, wenn eine Maschine kaputtgeht, also da sollte man sich nicht freuen, aber das ist eine Herausforderung, jedes Mal, also ich repariere gerne, ich suche gerne Fehler. Da versetzt man sich richtig rein in die Maschine, das ist

eben das Schöne.» Mit Widerstand hat dieser Eigensinn allerdings nicht allzuviel zu tun. Wie gehabt, sichern sie sich auf dem Terrain der Fremdkontrolle eigenen Raum, der auch subtile Konkurrenzen zu Kollegen einschließt. Und diese Praxis im Arbeitsalltag hat Tradition: Sie ist sperrig, aber nicht reflexiv. Sie knüpfen damit an Kombinatserfahrungen des «Trotzdem-produzierens» an, die auch ihr Selbstverständnis als Arbeiter begründeten und Zusammengehörigkeit signalisierten. Dabei meinten sie, sich selbst zu gehören, und das tun sie auch heute noch. In der trotz «herrschender Klasse» stabilen Erfahrung des Oben-unten-Modells konnten sie den ernsthaften Versuch kollektiver Interessenartikulation nicht unternehmen. Was sie einte, waren diese zwiespältigen Arrangements im Alltag der wilden Räume. Wiesen die damit verbundenen Vergemeinschaftungsformen eher syndikalistische Tendenzen auf, so erscheint dieser Trend mit der Subjektivierung der Arbeit und in den neuen Betriebsgemeinschaften fortgeführt. Die Gemeinschaftserfahrung der ostdeutschen Arbeitnehmer beruht ebensowenig auf einer proletarischen Widerstandskultur wie auf einem «Klassenkompromiß über Konsum». Vielmehr ist es das äußerst fragile «Stillhalteabkommen», an das die neuen Produktions- und Organisationskonzepte anknüpfen können.

Was diesem Modell unter anderem fehlt, sind Erfahrungen mit den im fordistischen Modell begründeten industriegesellschaftlichen Regulationsbeziehungen und Institutionen, wie sie etwa im «dualen System» der Interessenvertretung verankert sind. Die Konstruktion dieses Systems industrieller Beziehungen geht von einem prinzipiellen Interessengegensatz von Arbeitgebern und Arbeitnehmern aus. Für die DDR schien mit der Aufhebung des Privateigentums an Produktionsmitteln das Thema der eigenständigen Interessenvertretung vom Tisch. Die vielerorts zu vernehmende Klage über das vorwiegend instrumentelle Verhältnis der Ostdeutschen zu den Gewerkschaften und ihr mangelndes Engagement hat ihren Grund in dieser historischen Lücke kollektiver Interessenartikulation. Allerdings unterliegen die Gewerkschaften nun ebenso dem Strukturwandel; mit Massenarbeitslosigkeit, Flexibilisierung und Deregulation erodieren auch die traditionellen industriegesellschaftlichen Regulationsmuster. Daher verwundert es kaum, daß die meisten Arbeitnehmer bei Bayer angesichts der zähen Tarifverhandlungen der IG Chemie-Papier-Keramik, der Deindustrialisierung der Region und der überholten bürokratischen Strukturen aus der Gewerkschaft ausgetreten sind. «Von der IG Chemie bin ich sowieso nicht begeistert, weil die, die reden den Arbeitgebern nur nach dem Mund, finde ich. Die machen gar nichts, die reden nur ‹Ja, wir machen keine Lohnerhöhungen› und alles so was. Bloß, damit keine Arbeitskräfte entlassen werden. Das ist alles Nonsens! Was ist gewesen? Es sind genau die entlassen worden, so wie die Arbeitgeber das brauchten. Da sind die Betriebe zugemacht worden und alles. Was hat es gebracht? Gar nichts! Der Zug mit den großen Lohnerhöhungen, der ist weg, den kriegen wir nicht mehr, und die Arbeitsplätze sind trotzdem weggefallen.» Für die Arbeit des Betriebsrates entwickeln die Beschäftigten allmählich Aufmerksamkeit, wenngleich viele meinen, er stehe auf «verlorenem Posten», weil «zu wenig Druck von unten» komme. Und der kommt deswegen nicht zustande, weil bei 25 Prozent Arbeitslosigkeit der Druck auf die Arbeitsplätze hoch ist. In der «inneren Umwelt» bei Bayer deutet sich ein Trend an, der für den Osten insgesamt konstatiert wird: hin zur Verbetrieblichung der Arbeitnehmerpolitik und zu einer kooperativen und kompromißbereiten Haltung gegenüber dem Management. Die ostdeutschen Arbeitnehmer können hier an ihre Erfahrungen im Betrieb als sozialem Ort anknüpfen. (Vgl. Kapitel 3) Unternehmen wie Bayer kam die Traditionslosigkeit der Ostdeutschen in Sachen «kollektive Interessenvertretung» mehr als gelegen. Sämtliche Eingruppierungen und die Einführung der Gruppenarbeit verliefen ohne Betriebsrat; den gibt es erst seit November 1995. In der Praxis heißt das, daß die Mitarbeiter zwar ein höheres Maß an Verantwortung erhalten haben, aber nicht dementsprechend entlohnt werden. Außerdem existieren, obgleich im Ansatz der Gruppenarbeit gleiche Anforderungen angelegt sind, Unterschiede innerhalb der Eingruppierungen. In Leverkusen wäre so etwas undenkbar gewesen, meint der Betriebsrat: «Die würden ihre Leute vor die Türe holen.» Bei Bayer Bitterfeld gab es auch keine Betriebsvereinbarungen wie dort, nahezu alles wurde einseitig von der Betriebsleitung festgelegt. Das Ausprobieren neuer Produktions- und Organisationskonzepte in der Selbstmedikationsherstellung funktionierte hier auch deshalb so gut, weil diese Barrieren nicht im Weg standen. Damit sind Konflikte verbunden, die im Handlungsfeld des Betriebsrates liegen. Aus seiner Perspektive ist es nicht nur schwer, die Leute zu mobilisieren, weil «die paar, die Arbeit haben, sich fürchten». Auch bei arbeitsbezogenen Konflikten sind die Mitarbeiter vorsichtig, da will keiner der «Nestbeschmutzer» sein. Das könnte ja bei der nächsten Einschätzung Konsequenzen haben. Der Betriebsrat hat den Eindruck, daß Konkurrenz hinsichtlich des Leistungsvermögens geschürt wird. «Die schaffen's wieder mal nicht», beschweren sich vor allem jüngere Arbeitnehmer. Dem Betriebsrat wurde auch schon angetragen, daß Kollegen, «die nicht mehr können, raus sollten». Er ist dafür nicht nur die falsche Adresse. Subjektivierung der Arbeitsinhalte und Flexibilisierung der Produktion führen zu einer Individualisierung der Ungleichheit, für die das betriebliche Handlungsfeld Bayer Beispiele liefert. Berücksichtigt man noch die vor dem überwachten Gelände des Unternehmens lauernde Arbeitslosigkeit, so ist das Feld für die schleichende Erosion von Grundsolidaritäten bestellt. Und man fragt nach der Zivilität, nach dem sozialen Sinn, die aus einer Perspektive des «Jeder ist sich selbst der nächste» abhanden zu kommen drohen. So gesehen wären die ostdeutschen Arbeitnehmer zu einer zivilen Vergemeinschaftung ebenso wenig fähig wie ein Unternehmen, das mit den 25 Prozent Arbeitslosigkeit die niedrigen Löhne als Standortfaktor ausnutzt und damit den Druck innerhalb der Produktion erhöht.

Doch die ostdeutsche Belegschaft geht im «Wir bei Bayer», das mit Fußball, einem Tag der offenen Tür für die Angehörigen oder von der BKK organisierten Wandertagen gestärkt werden soll, nicht auf. Die Hintergründe solcher Veranstaltungen sind der Belegschaft klar, aber sie gehören eben dazu. Ihre Distanz gründet in einer Traditionalität, die sich aus dem grundsätzlichen Konfliktfeld von Industriearbeit speist. Im Kombinatalltag des «Stillhalteabkommens» waren sie Herr der Lage. Daraus erwächst ihre Sperrigkeit, die sich auch heute noch im Nahkampf der flexiblen Produktion als brauchbar erweist und die sie als Belegschaft ein wenig unberechenbar macht. Insofern sind sie auch keine fügigen und der «Tyrannei der Intimität» unterworfenen Arbeitnehmer. Was ihnen aber fehlt, ist eine Distanz, die sie befähigt, aus dem Eigensinn der «individuellen Politiken des Privaten», aus der «negativen Macht» neue Formen von Öffentlichkeit im nach wie vor spannungsreichen Konfliktfeld Betrieb zu entwickeln.

EINE REGION IM ZEITZERFALL

«Früher hat man auf die Uhr geguckt: ‹Ach Mensch, noch zehn Minuten und dann›, am besten noch fünf Minuten vorher los zum Duschen und dann raus und weg. Das ist hier nicht, also ich mache hier öfters mal eine Viertelstunde länger, weil ich denke, das mußt du jetzt hier fertig machen, da guckt man nicht nach der Zeit, und diese Arbeitszeiteinhaltung, das ist irgendwie anders geworden hier. Man ist pflichtbewußter geworden, finde ich. Es ist auch kein Problem zu sagen, wenn jetzt hier mal außergewöhnliche Sachen anliegen, daß wir Reparaturen länger machen müssen, oder wir müssen uns ja eigentlich immer nach der Produktion richten. Wir sind Dienstleistungsanbieter, und wir müssen uns nach denen richten, und wenn die sagen: ‹Am Sonnabend wird gearbeitet, weil etwas noch fertiggefahren werden muß› oder so, oder Freitag abend: ‹Es geht nicht bis um zehn, sondern bis um eins›, dann wird nicht groß gefragt, dann wird durchgezogen.»
Anfangs wurden die Überstunden noch bezahlt, später sollten sie nur noch abgebummelt werden. Aber viele kommen bei der dünnen Personaldecke gar nicht dazu. In der Produktion als Dienstleistung folgt die Arbeitszeit einem anderen Rhythmus: «Um vier fällt hier selten der Hammer». Die Planungssicherheit ist bei einer am flexiblen Markt orientierten Herstellung gering: «Wir richten uns nach dem Kunden. Wir können koordinieren, soviel wie wir wollen, wenn der Kunde das haben will, dann kriegt der das. Der Kunde ist König.» Die Aufträge kommen allerdings aus Leverkusen, das Material auch, und die Produkte werden dorthin wieder zurückgeführt: die verlängerte Werkbank einer Stammfirma, die nach dem Modell externer Flexibilisierung im Sinne des Global Sourcing auf die niedrigen Löhne als Standortfaktor setzt? Weil nach Auftragslage produziert wird, sind die eigentlich festen Arbeitszeiten eher als Rahmen zu verstehen, der nach vorn wie hinten Spielraum hat. Folglich werden neben der Stammbelegschaft auch befristete Arbeitskräfte eingestellt. Der Trend zur Flexibilisierung von Arbeitszeit und Beschäftigungsverhältnissen deutet sich auch hier an. Daß die Leute so mitspielen, hat mit den gewachsenen Beteiligungs- und Entwicklungschancen im Unternehmen zu tun. Vielen macht die Arbeit Spaß, «es geht immer nach vorn», da schaut man kaum noch auf die Uhr. Die neuen Partizipationschancen stellen sich allerdings als riskante Freiheiten dar: Anstelle der klar definierten Anforderungsstruktur wird vieles der Selbstregulation der Gruppe überlassen, aber die Schritte, die sie unternimmt, sind nahezu vollständig überwacht. Es existiert nur wenig Verläßliches in den computergestützten Steuerungs- und Regelungsabläufen des Tablettenbetriebs; mit Flexibilität und permanenter Lernbereitschaft werden traditionelle Berufsbiographien hinfällig.
Vom neuen Bayer-Werk aus ist der Abriß der ehemaligen Kombinatsanlagen immer noch zu verfolgen. Der Rhythmus der Industriearbeit bestimmte über Generationen hinweg den Alltag zwischen Wolfen und Bitterfeld. Trotz des rigiden Zeithaushalts im Dreischichtsystem der Kombinate sprechen die Leute davon, daß sie vorher mehr Zeit hatten. Sie deuten damit Verlusterfahrungen an, Verluste hinsichtlich der Erzählbarkeit eines in linearen und berechenbaren Handlungsketten strukturierten Lebens in einem «stimmigen Sinnkosmos». Worunter sie leiden, das ist die prinzipielle Unsicherheit einer Lebensführung, in der «das Handeln seinen

Zukunftsschatten einzieht und sich im Horizont des unmittelbar Wahrnehmbaren einrichtet«. (35) Im neuen Kapitalismus, so befürchtet Richard Sennett, können die Subjekte keine langfristige Orientierung von Lebensentwürfen ausbilden. (36) Und ihre Positionen im sozialen Raum wechseln je nach den Machtverhältnissen und Marktkräften im globalen Spiel. Nach diesen Regeln werden Räume um- beziehungsweise restrukturiert und degenerieren zu Standorten, deren Qualitäten wie in Bitterfeld die schnelle Erreichbarkeit von Flugplatz und Autobahn darstellt. Regionen ringen um diese Standortqualitäten, um bei den ständigen Ab- und Umwertungen nicht in der Peripherie zu landen, sprich von den gobalen Kapitalflüssen ignoriert zu werden. Läßt man die bereits existierende Dauerspaltung zwischen ost- und westdeutschen Regionen einmal beiseite, so versuchen auch altindustrielle Regionen wie das ehemalige Chemiedreieck sich mit der Patina der Industriekultur einen Platz im globalen Standortwettbewerb zu sichern. Sie setzen auf «endogene Potentiale«, regionale Ressourcen von Kooperationsbeziehungen über regionsinterne Netzwerkstrukturen und wirtschaftskulturelle Prägungen bis hin zur regionalen Identität. Daß es sich dabei nicht nur um eine Chimäre handelt, macht das chancenreiche Modell des ChemieParkes Bitterfeld deutlich. Schwieriger wird es, wenn Regionalpolitik vor allem als Kulturpolitik auftritt. Regionale Identität ist das Ergebnis eines Herstellungsverfahrens von Orten. Ihre Eigenschaften definieren sich aus der Potenz im globalen Raum, sie rekonstruiert Geschichte nach den Prinzipien der Erlebnisrationalität. Damit werden auch die maroden Industriehallen der ehemaligen Chemiekombinate wieder hoffähig. Nur sind dies keine Orte mehr, denen eine soziale Praxis entspricht. Sie folgen anderen Gesetzen. Durch den Einbau der Kultur in die globalen Reproduktionsvollzüge kommt der kulturelle Zusammenhang abhanden, das heißt auch Geschichten und Erzählungen, aus denen soziale Bindung erwächst. Indem die Erinnerungspotentiale der Industriearbeit in den Erlebnismarkt eingeführt werden, verschwindet mit den Orten auch die Zeit. Golpa-Nord oder die Torbogenhalle des Kraftwerkes Süd sind inzwischen Positionen im Raum der Globalkultur. Der Verlust dieses kommunikativen Rückhalts bringt den individualisierten Sinnbastler hervor, der zum Planungsbüro seiner selbst wird. Aus dieser Perspektive scheint für die Schicksalsschläge, die der einzelne im neuen Kapitalismus erfährt, niemand mehr verantwortlich zu sein – außer ihm selbst.
Worauf die Sinnbastler hoffen, das sind neue, aus der Individualisierung erwachsende, selbstbestimmte reflexive Formen der Vergemeinschaftung und Kohäsion, die an die Stelle selbstverständlicher Erfahrungsgemeinschaften treten. Um beim Beispiel zu bleiben: Die Leute bei Bayer gehören trotz der Partizipations- und Selbstentwicklungschancen kaum sich selber. Die neuen Räume der Kontrolle im High-Tech-Bereich der Tablettenproduktion, die Massenarbeitslosigkeit in der Region, die Unsicherheit und Kontingenz der Arbeitsaufgaben, der Rollenwechsel vom Werktätigen zum Arbeitnehmer lassen sie nach allen Seiten hin vorsichtig agieren. Sie wissen, daß die Uhren bei dem weltweit operierenden Unternehmen Bayer anders laufen als in Bitterfeld. Und sie sichern sich gegen diese Kontingenz mit der Tradition des guten Arbeitens und Improvisierens, einer Kompetenz, die allerdings in den Steuerungs- und Regelungsabläufen zunehmend hinfällig wird. Das Unternehmen bietet dagegen etwas anderes an: «Wir bei Bayer in Bitterfeld» setzt auf die Kooperativität, Kreativität und den Teamgeist der aus der Region

stammenden Belegschaft, auf eine Betriebsgemeinschaft, von der beide Seiten profitieren. Und es baut auf den Standort, indem es die nahegelegene Infrastruktur des ChemieParkes nutzt. Daß die ostdeutschen Arbeitnehmer in einem Modell, in dem die Konturen zwischen Lebenswelt und System erneut verschwinden, nicht aufgehen, hat mit ihrer Vorstellung vom gemeinsamen Leben und Arbeiten zu tun. Den Horizont dieser Vorstellung bilden traditionelle Muster der Lebensführung in eher vorgezeichneten Bahnen, in denen man sich der Zukunft gestellt hat. Die sah im Weltbild von «Unsereinem», einer selbstverständlichen Erfahrungsgemeinschaft, im Gleichheitspostulat des Sozialismus für alle ähnlich aus. Kehrt mit dem Strukturwandel die Normalität der Ungleichheit zurück, werden diese homogenen ostdeutschen Gemeinschaften gesprengt. Sie leben nicht mehr zusammen, weil ihre Lebenswege vollkommen auseinandergehen: Den einen zerfällt mit der Arbeitslosigkeit die Zeitstruktur, die anderen haben keine Freunde mehr, weil sie wegen der vielen Überstunden den Betrieb kaum noch von außen sehen. Sie leben nicht mehr zusammen, weil sie wissen, daß sich ihre Positionen im prinzipiell unabgesicherten sozialen Raum der neuen Gesellschaft schnell ändern können. Diejenigen, die «drin» geblieben sind, müssen gemeinsam arbeiten, weil mit der Entgrenzung von Arbeitsaufgaben der Kommunikations- und Kooperationsbedarf wächst. Doch das Miteinander, «das ist eben nicht mehr so doll». Und dafür bietet auch die «Betriebsgemeinschaft» kein Dach über dem Kopf.

II

ARBEITSGESELLSCHAFT DDR

«Wenn man aus der Siedlung da hinten rausfuhr, das war so ein Gebirge. Wenn man da so davorstand, war rechter Hand die Bekohlungsanlage, die war just hoch. Von der Bekohlungsanlage ging eine Förderbrücke rüber zum Werk, und das waren dann, glaube ich, elf oder zwölf Schornsteine. Und die Kühltürme, das war schon so ein Festpunkt in der Landschaft, das hat dazu gehört. Es war mächtig, wenn man davor gestanden hat, und unheimlich. Wenn man aus dem Urlaub zurückgekommen ist, Autobahn und so – dann hat man das alles schon gesehen. Ja, das war zu Hause. Und das war besser gewesen als in Urlaub hinzufahren und das Gebirge gesehen zu haben oder die Ostsee. Na klar, das war schwarz, dreckig, schmutzig – aber es hatte was.» (Bewohner der Kraftwerkssiedlung in Bitterfeld, Herbst 1994)

In der Region zwischen Bitterfeld und Wolfen konzentrierte sich ein Großteil der Produktionskapazitäten und Arbeitskräfte der chemischen Industrie: Im Kreis Bitterfeld einschließlich Wolfen waren nicht weniger als siebzig Prozent aller Erwerbstätigen dieser Branche beschäftigt. (37) Die großen Chemiekombinate agierten nicht nur als zentrale Arbeitgeber der Region, in ihren Händen konzentrierte sich auch die soziale Infrastruktur. Kindergärten, Einkaufsmöglichkeiten, Kulturhäuser, medizinische Versorgungseinrichtungen, Bildungsstätten, das alles befand sich in der Regie der Großbetriebe. Die Chemieregion liefert den schlagenden Beweis für die Behauptung, die soziale Landkarte der DDR sei wesentlich durch die Betriebe und weniger durch die Wohnorte geprägt gewesen. (38) Mit dem 1989 einsetzenden Strukturwandel der Region wurden die Symbole der Industrie sukzessive rückgebaut: Seither droht nicht nur das Landschaftsbild der Schornsteine und Kühltürme auseinanderzufallen, das der ehemalige Chemiearbeiter mit Ortschaft und Identität assoziierte, sondern auch das kulturelle Gefüge, vor dessen Hintergrund es in den Köpfen der Bewohner entstand.

Die DDR-Gesellschaft war eine in hohem Maße über Arbeit integrierte Gesellschaft. Betriebe bildeten den Vergesellschaftungskern im realen Sozialismus, sie spielten innerhalb des gesellschaftlichen Produktions- und Reproduktionszusammenhangs eine über die bloße Güterherstellung weit hinausreichende Rolle. (39) Ich beziehe mich bei der Rekonstruktion des Staatssozialismus in seiner Struktureigentümlichkeit als Arbeitsgesellschaft auf zwei Ansätze: auf Winfried Thaas Thesen zur legitimatorischen Bedeutung des «Arbeitsparadigmas» in der DDR, die an das Habermassche Modell von System und Lebenswelt anknüpfen, und auf den modernisierungstheoretischen Ansatz von Burkart Lutz, der vor allem eine systemtheoretische Perspektive einnimmt.

Nach Lutz kam in den staatssozialistischen Gesellschaften ein Modernisierungsmodell zum Tragen, in dem der Betrieb wesentliche gesellschaftliche Reproduktionsleistungen integrierte. Am Beispiel der bolschewistisch-leninistischen Strategie massiver Modernisierung arbeitet er das Entwicklungsmodell heraus, das ihm zufolge für die staatssozialistischen Gesellschaften insgesamt prägend wurde. Lutz folgt hierbei allerdings einer Modernisierungsvorstellung, der Differenzierung und Rationalisierung als Schlüsselbegriffe der Interpretation osteuropäischer Gesellschaften gelten. Implizit gründet seine Position auf der Behauptung, daß Systeme durch Differenzierung, also durch die Ausbildung spezialisierter Strukturen, auf die dem System unterstellte Komplexitätszunahme besser reagieren könnten, sprich anpassungsfähiger seien. (40)

Lutz beschreibt das leninistisch-bolschewistische Modell massiver Modernisierung anhand der folgenden Prinzipien: «Industrialisierung im Sinne von Technisierung, großbetrieblicher Organisation und Generalisierung von Lohnarbeit, vorrangiger Ausbau der Schwerindustrie als Lieferant der zur Industrialisierung benötigten Produktionsmittel, Homogenisierung und strikte pyramidale Hierarchisierung aller Herrschaftsstrukturen und Führungsinstrumente». Er verdeutlicht die Effizienz eines solchen Modells vor dem historischen Hintergrund von Bürgerkrieg und Wiederaufbau, weist aber zugleich auf die Blockaden in der theoretischen Konstruktion dieses Entwicklungstyps hin: Die Fortführung technokratischer Tendenzen und eine weitere Machtkonzentration hätten den Prozeß der Ausdifferenzierung in Institutionen, Interessen und Organisationen ignoriert, einen Prozeß, der für die westeuropäischen Gesellschaften ausschlaggebend gewesen sei. Lutz sieht gerade in der Expansion des institutionellen Gefüges der westlichen Industrienationen – der Ausbildung des Wohlfahrtsstaates, der Sozialpartnerschaft, des Rechtsstaates, um nur einige Institutionen zu nennen – den Garanten für die soziale Stabilität und wirtschaftliche Effizienz dieser Gesellschaften. Modernisierung im Osten dagegen hätte zu unterschiedlichen Modernisierungsniveaus und zu wachsenden Diskrepanzen zwischen diesen Bereichen geführt, auf die dann mit weiterer Konzentration reagiert wurde. (41) Die «Einheit von Wirtschafts- und Sozialpolitik» in der DDR der siebziger Jahre war letztlich eine Reaktion auf die Legitimationskrise der DDR-Führung, doch konnten verbesserte Versorgungsleistungen und eine verstärkte Sozialpolitik der Betriebe die Entwicklung der Produktionsstrukturen hin zu Modernisierungsblockaden nicht aufhalten. (42) Während in den westeuropäischen Ländern eine zunehmende Rationalisierung und Funktionstrennung der betrieblichen Sphäre stattfand, konzentrierten sich in den Betrieben der DDR immer mehr soziale Leistungen. Die Entwicklung des Fotochemischen Kombinates in Wolfen kann als exemplarisch für dieses Modernisierungsmodell gelten.

Wird aus dieser Perspektive zunächst der besondere Stellenwert der Betriebe im Reproduktionszusammenhang der DDR-Gesellschaft erklärbar, so bleibt jedoch offen, weshalb Arbeit eine eminent lebensweltliche Dimension zukam, wieso «auf Arbeit sein» als Legitimation des eigenen Daseins gelten konnte. Die Frage ist also, warum Arbeit in der DDR-Gesellschaft mit so umfassenden Geltungsansprüchen verkoppelt wurde.

Eine Begründung findet sich in ihrer systemintegrierenden Bedeutung, wie sie im Konstruktionsmodell staatssozialistischer Gesellschaften verankert war. Winfried Thaas Analyse zufolge besaß Arbeit in diesen Gesellschaften eine explizit legitimatorische Funktion für die Durchsetzung politischer Herrschaft. Systemzwänge, die sich, dem oben beschriebenem Modernisierungsmodell folgend, aus der quasi vorausgesetzten Logik industrieller Entwicklung ergaben, mußten mit gesellschaftlichen Ziel- und Wertorientierungen vermittelt werden. Der Arbeitsbegriff erfüllte in dieser Konstruktion eine Scharnierfunktion zwischen systemischen Zwängen und lebensweltlichen Vorstellungen. In Anlehnung an Habermas spricht Thaa von einer «Drapierung der Systemzwänge als kollektive Realisierung materialer lebensweltlich sinnvoller Zwecke» einerseits und von einer Deformation dieser Vorstellungen andererseits, «indem es sie funktional verkürzt und Sachzwängen verschiedenster Art unterordnet». (43) Dabei handelte es sich um einen normativ besetzten Arbeitsbegriff, der auf soziale Beziehun-

gen, in denen gearbeitet wurde, aber auch auf Traditionen und Normen der Arbeiterkultur zurückgriff. Die großen Chemiebetriebe in Bitterfeld und Wolfen können als Modelle einer Darstellung und Wahrnehmung der DDR-Gesellschaft als Arbeitszusammenhang gelesen werden. Die Sozialgeschichte der Filmfabrik wäre auch als Fallbeispiel für die «Erosion des Arbeitsparadigmas» in der DDR zu interpretieren, als Beispiel für einen Prozeß, in dem die fortschreitende Modernisierung zunehmend in Widerspruch zu tradierten lebenweltlichen Arbeitsvorstellungen gerät. Die fatalen Konsequenzen der wachsenden Legitimationsdefizite des DDR-Systems sind in der betrieblichen Realität des VEB ORWO in den siebziger und achtziger Jahren allgegenwärtig. Inwiefern dabei von einem «Aufgesogenwerden der Lebenswelt vom System» (Habermas) die Rede sein kann, ist an der Darstellung der sozialen Praxis der Chemiearbeiter zu prüfen. Soziale Praxis, verstanden als Bearbeitung und Interpretation der systemischen Zwänge aus der Perspektive des Alltags, argumentiert dabei allerdings mit einem Lebensweltbegriff, der auf das vorreflexive Hintergrundwissen von «langer Dauer» Bezug nimmt. Hier wäre ein Lebensweltbegriff aufzunehmen, der in Kritik am Habermasschen Konzept auf die «vage Unbestimmtheit vorprädikativen Wissens» und die «Leibbezogenheit der Lebenswelt» orientiert. Arbeitsorientiertes Basiswissen ist in diesem Verständnis weniger auf rationale Verständigung ausgerichtet, «sondern beruht auf leibzentrierten, gleichsam ‹inkorporierten› Grundeinstellungen zu Menschen und Dingen, deren Fokus nicht der Sprechakt, sondern die tätige Auseinandersetzung mit der umgebenden Welt ist». (44)
Die Rekonstruktion der sozialen Praxis Filmfabrik versucht die Veränderung traditionaler arbeitsorientierter Lebenswelten in der betrieblichen Realität der DDR sowohl als Prozesse des «Aufsaugens der Lebenswelt durch das System» als auch als Prozeß der Produktion und Rekombination eigensinniger lebensweltlicher Handlungsmuster und Orientierungen zu beschreiben.

DURCHKOMMEN, AUSSITZEN, ARRANGIEREN – SOZIALE PRAXIS FILMFABRIK

Die betriebliche Realität des Fotochemischen Kombinates Wolfen ist beispielhaft für die zentrale Stellung des Betriebes im Reproduktionszusammenhang der DDR-Gesellschaft. «Wir waren eine große Familie» - dieser Satz taucht in den Rücksichten der ehemaligen Filmwerkerinnen immer wieder auf. Die Filmfabrik galt als sozialer Ort, das Betriebsgelände integrierte Funktionen einer Stadt: mehrere Kantinen, die Werkbibliothek, die Wäscherei, Einkaufsstätten, die Betriebspoliklinik, Gewächshäuser mit der werkeigenen Gärtnerei, Bildungsstätten. Der Wiederaufbau der chemischen Industrie in Wolfen und Bitterfeld erfolgte unter der Regie des sogenannten «sowjetischen Stahlmodells». Mit dem Programm «Chemie bringt Brot, Wohlstand und Schönheit» sollte die Produktion auf der Grundlage eigener Rohstoffe und einer massiven Steigerung der Arbeitsproduktivität im innerbetrieblichen Wettbewerb auf internationalen Standard gehoben werden. Das Projekt war mit einer paternalistischen Politik der umfassenden Fürsorge und sozialen Sicherheit für die Beschäftigten verbunden. 1968 verkündete das Politbüro der SED die «Unabhängigmachung der fotochemischen Industrie von

Zulieferungen aus der BRD». Diese Entscheidung gründete auf dem Anspruch, daß das Industriepotential eines sozialistischen Landes «prinzipiell auch ohne Zulieferungen aus den kapitalistischen Ländern regenerierbar sein» müsse. (45) In der Praxis beinhaltete diese Autarkiepolitik einen forcierten Ausbau der Grundstoffindustrie auf der Basis von einheimischer Braunkohle, Kali und Gips. Arbeitskräfte aus den umliegenden Städten und Gemeinden, vor allem aus der niedergehenden Landwirtschaft kommende und zum Teil ungelernte Frauen, bildeten neben den noch aus IG-Zeiten stammenden Beschäftigten die neue Belegschaft.

Das Streben nach Autarkie zeichnete sich in den Produktionsstrukturen ab: Sie folgten dem Prinzip der «reproduktiven Geschlossenheit». Während in den westeuropäischen Industrienationen eine zunehmende Vertiefung der zwischenbetrieblichen Arbeitsteilung stattfand, sollte in der DDR – und das war auch der Hintergrund der Kombinatbildung in den siebziger Jahren – ein geschlossener Reproduktionskreislauf geschaffen werden. So gab es innerhalb der Filmfabrik nicht nur eigene Werkstätten zur Instandhaltung, sondern auch Abteilungen, in denen die zur Filmproduktion notwendigen Maschinen und Anlagen hergestellt wurden. Seit den siebziger Jahren bezeichnete man diese Abteilungen als Rationalisierungsmittelbau. Aufgrund mangelnder Investitionen in die Produktionsanlagen wurde der Reparatur- und Wartungsaufwand für die Produktionsmittel immer höher, weshalb schließlich ein Großteil der Facharbeiter ständig mit Instandhaltungsfunktionen befaßt war. (46)

Ein vorwiegend technizistisches Verständnis von Modernisierung, das technischen Fortschritt als eigentliches Subjekt von Veränderungen in der Produktion ansah, prägte auch die Arbeitsorganisationskonzepte der DDR-Betriebe: Am Beispiel sowjetischer Methoden zur Erhöhung der Norm in den fünfziger Jahren wird deutlich, welche Spannungen die Konzentration auf technisch-industriellen Fortschritt hervorrief. «Das ist noch schlimmer als bei den Kapitalisten», so kommentierten die Arbeiterinnen im «Filmfunken», der Betriebszeitung der Filmfabrik, die mit der «Kowaljow-Methode» verbundenen Zumutungen im Arbeitsprozeß. Es handelte sich dabei um Produktionskonzepte, die am Leitbild des Taylorismus-Fordismus orientiert waren, deren Einsatz in der sozialistischen Produktion jedoch als systemneutral angesehen wurde. (47) Anhand der Scheidelinie zwischen «früher» und «heute» reflektierten die Arbeiterinnen das propagierte neue Verhältnis zur Arbeit, für das gerade die Aktivistenbewegung der fünfziger Jahre Signalwirkung haben sollte. Die Auseinandersetzung um die Einführung sowjetischer Methoden zur freiwilligen Erhöhung der Norm besaß im Diskurs über die neue Einstellung zur Arbeit eine Schlüsselfunktion: «Besser, billiger und mehr zu produzieren galt es nicht für irgendwelche Fabrikbesitzer, sondern im eigenen Interesse eines neuen und besseren Lebens». (48) Die Grundlage dafür bildeten die veränderten Eigentumsverhältnisse. Unter dem Motto «Die Zeitlupe entschleiert Arbeitsgeheimnisse» wird in einem Artikel des Filmfunkens darüber debattiert, welche zukünftigen Arbeitsanforderungen das minutiöse Studium der Arbeitsabläufe von Aktivisten in einem Zeitlupenfilm mit sich bringt. Herausgefiltert werden mit dem Film bestimmte genau festgelegte Handgriffe, die zur Steigerung der Produktionsleistung bei Bestarbeitern und Aktivisten geführt haben und nun auch von anderen Arbeitern angewandt werden sollen. Wie das bei den Arbeiterinnen ankam, macht der folgende Ausschnitt aus einem Leserinnenbrief deutlich: «Von einigen Wicklerinnen wird die

Schuld an der durchschnittlichen Leistungssteigerung der Wicklerinnen um siebzehn Prozent der Aktivistin Höhne zugeschrieben, und man sagt, daß sie schon noch sehen wird, was sie davon hat und wo das hinführt.» (49) Die neuen Anforderungen kollidierten mit den vorhandenen sozialen Netzen und Routinen; ihre Verweigerung, von oben als Arbeitszurückhaltung interpretiert, war aber auch eine Reaktion auf die mit ihnen verbundene Gefahr, eine wesentliche Grundlage des eigenen Selbstbewußtseins, nämlich die Art und Weise, wie man produzierte, zu verlieren. «Ich arbeite seit zwanzig Jahren so, und das ist gut so», wehrte sich ein Arbeiter gegen die neue Technologie des Arbeitsablaufes. Die mit der TAN-Arbeit (Technologische Arbeitsnormierung) befaßten Kollegen wurden von den Arbeitern als Spione wahrgenommen, die, wie früher die Zeitstopper, die Akkordpreise drücken wollten: «Wenn ich euch vom TAN-Büro sehe, dann reicht es mir schon». Aus der Perspektive der Arbeiter handelte es sich um einen Angriff auf die eigenen Routinen und Gewißheiten, die für ihr Selbstverständnis definitionsbildend waren. Erfahrungsberichte über die Umschulung der Arbeiterinnen zu Aktivistinnen stellen sich aus der Sicht der Betriebszeitung dann als schwieriger Prozeß der Bewußtseinsbildung dar: «Nachdem die Kollegin in der Aktivistenschule umgeschult und mit der Kowaljow-Methode vertraut gemacht wurde, steigerte sich ihre Leistung von 127 Prozent auf 149 Prozent Normerfüllung. Nun war sie erbost darüber, daß an dieser Leistungssteigerung die Kowaljow-Methode Schuld sein sollte und äußerte sich, sie würde nach ihrer eigenen Methode arbeiten.» (50) Solche Bemerkungen spiegeln die Schwierigkeiten wider, die Aktivistenbewegung in den Betrieben zu verankern. Sie griffen nicht in den Routinen und Netzwerken, innerhalb derer die Arbeiterinnen ihre Präferenzen, Orientierungen und Bedürfnisse entwickelten. Sie verfehlten die Handlungsrhythmen, mit denen sie auf die wachsenden Zumutungen im Sinne «innerbetrieblicher Selbstregulation» reagierten. (51) Wie wenig die Eschatologie des neuen besseren Lebens – gebündelt in der Formel «So wie wir heute arbeiten, werden wir morgen leben» – mit den Wahrnehmungen der Arbeiter angesichts der anstrengenden Realität der Film- und Faserherstellung in Deckung zu bringen war, zeigt deren zwischen «mißmutiger Loyalität» und «kräfteschonendem Durchkommen» schwankendes Verhalten. Mit dem Witz «So wie wir heute essen, werden wir morgen arbeiten» machten sie die politische Formel für sich handhabbar. Aus der Perspektive der Arbeitenden erwies sich das gesellschaftliche Großprojekt als eines alltäglicher Mühen, in dem vorhandene Handlungs- und Wissensressourcen aufgegriffen und unter dem Druck der Veränderungen variiert wurden. Die Routinen und Überlebensstrategien der Chemiearbeiter sind insofern nicht per se als widerständige zu begreifen: Widerständiges verweist auf die Formen, auf die «Sprache«, innerhalb derer es als Regelverstoß verstanden wird, das heißt in ihm artikulieren sich Verhaltensweisen, die zugleich eine Interpretation der eigenen Praxis umfassen. Dem Denken und Handeln liegen Deutungen und Vorstellungsstrukturen zugrunde, die Erfahrungsprozesse generieren und damit die Wahrnehmung von Situationen prägen. Diese vorbewußten, vorreflexiven Inhalte, die in Gewißheiten und Verläßlichkeiten zum Ausdruck kommen und über die Arbeitssphäre hinausreichende Bedeutung besitzen, verändern sich unter dem Druck der Erfahrungen. Insofern schließt das Interesse am Überleben im Alltag die permanente Herstellung desselben ein: Alltagsgeschichte, so Alf Lüdtke, hat folglich zu zeigen, «wie gesellschaftliche Zumutungen oder Anreize als Interesssen und Bedürfnisse, aber auch als Ängste und Hoffnungen wahrgenommen, bearbeitet – dabei zugleich hervorgebracht werden». (52) Die eingangs skizzierte strukturelle Perspektive auf den Betrieb als homogenisierte und durchrationalisierte Sphäre innerhalb der DDR-Gesellschaft soll hier mit einer Sichtweise verknüpft werden, die diese Sphäre als Produkt variationsreicher sozialer Praxis begreift. Ein solcher Ansatz ermöglicht es, die systemische Konstruktion des Arbeitsparadigmas in der DDR-Gesellschaft auf ihre Funktionalität hinsichtlich lebensweltlicher Deformationen auszuleuchten. Die ambivalenten Effekte der «zwiespältigen Arrangements» zwischen Konformität und Nonkonformismus, Ordnung und Regelverstoß, die die Arbeitenden eingehen, können so in den Blick genommen werden: Die lebensweltlichen Traditions- und Wissensbestände der Arbeiterkultur geraten hierbei in den Sog der politisch motivierten Transformation zur Staatskultur, deren Hintergrund das beschriebene Arbeitsparadigma darstellt. Ist dennoch von einer «Longue durée» der Arbeiterkultur die Rede, so wäre diese im Kontext der kulturellen und politischen Entmündigung der Arbeiterschaft Ost zu diskutieren. (53)

Wie sahen diese zwiespältigen Arrangements in der Filmfabrik Wolfen aus? Die Auseinandersetzung um die sowjetischen Methoden der Normerhöhung eskalierte spätestens am 17. Juni 1953. Dem ging eine Kette von Ereignissen voraus, die hier nur ausschnittweise zu rekonstruieren sind. Die Durchsetzung der Normerhöhung war an die Einführung des Leistungslohns gekoppelt. Da es sich hierbei um ein heißumkämpftes Feld innerbetrieblicher Beziehungen handelte, verhielt sich auch die Werkleitung relativ vorsichtig. Eine öffentliche BGL-Sitzung zum Thema «Lohngestaltung in der Filmfabrik» im August 1950 wird im Filmfunken unter der Überschrift «In der Filmfabrik macht man's richtig» angekündigt. Gegenüber der Belegschaft, «für die der Leistungslohn mit dem früheren Akkordlohn gleichgesetzt wurde», sollte die Festsetzung neuer Normen über den Weg der «technologisch richtigen» Begründung, das heißt mittels Arbeitsstudien sowie technischer und organisatorischer Verbesserungen erfolgen. Die erhoffte Steigerung der Arbeitsproduktivität sollte sich letztlich auch im Geldbeutel der Arbeiter bemerkbar machen. Unter dem Titel «So wird gespart» propagiert der Filmfunken vom April 1951 das Modell «Ein Mann bedient zwei Maschinen» mit dem Zwei-Maschinen-Entlohnungssystem und rechnet vor, was der Kollege dabei verdient. Schon früh hatte sich die Einsicht durchgesetzt, daß zwischen Produktivität und Einkommen der Arbeiter eine leistungsstimulierende Relation zu gewährleisten war. Im Hintergrund stand dabei die Erfahrung, daß sich der mit Arbeit verbundene ideologische Erziehungsanspruch an den von der «Ausbeutergesellschaft zurückgebliebenen egoistischen Eigeninteressen der Arbeiter rieb». Viele Arbeiter, so klagten die Funktionäre, erhöhten ihre Leistung um des persönlichen Vorteils willen. Was dann als Dialektik von materiellem Anreiz einerseits und Erziehung zur sozialistischen Einstellung gegenüber der Gesellschaft andererseits propagiert wurde, folgte dem Interpretationsmuster der schnellen Veränderung ökonomischer Verhältnisse und des langsamen Umschwungs im Denken und Handeln. (54)

Um diesen Umschwung zu beschleunigen, wurden seit Beginn der fünfziger Jahre Produktionsbrigaden gegründet, deren vorrangiges Ziel in der Erziehung und Selbsterziehung der Arbeitenden bestand. Das politische Anliegen der Brigadegründungen orientierte vor allem darauf, direkt über die Partei beziehungsweise indirekt über die Gewerkschaft Einfluß auf die Arbeiterschaft zu gewinnen. Die Brigaden galten als Garanten für die Verbesserung der Arbeitsorganisation, und sie waren der Ort, an dem der Kampf um Normenerfüllung stattfand. Bereits 1951 wurden in der Filmfabrik 566 Arbeitsbrigaden erfaßt. Umstritten blieb dabei, und dies macht die Debatte in der Betriebszeitung deutlich, die Rolle des Brigadiers. Ein Verfahren, das ehemalige Kolonnenführer oder Vorarbeiter einfach in Brigadiere umwandelte, wurde mit dem Vorwurf «Die Brigaden kennen ihre Aufgaben nicht» kritisiert. Die Stellung des Brigadiers zwischen Betriebsleitung und Brigademitgliedern erforderte es vielmehr, zusammen mit der Betriebsleitung den besten auszuwählen und diesen auch von der Leitung bestätigen zu lassen. In der Praxis führte diese Konstruktion zu einer Reihe von Konflikten. Sie betrafen zum einen die Rolle der Gewerkschaften: Brigaden und Gewerkschaftsgruppen wurden quasi als identisch verstanden; die fachliche und politische Leitung lag in der Hand des Brigadiers und des Gewerkschaftsvertrauensmannes. Letzterer trat aber oft genug in den Schatten des Brigadiers, und der Einfluß der Gewerkschaften innerhalb der Brigaden drohte mehr und mehr zu schwinden. Auch die Rolle des Meisters wurde mit der Brigadekonstruktion unklar: Die latent vorhandenen Spannungen zwischen Meisterbereich und Brigade hinsichtlich der Entscheidungsbefugnisse in Sachen Materialbeschaffung, Disziplinarentscheidungen und Arbeitsnormen sollten zwar politisch geregelt werden, bestimmten aber weiterhin die Praxis. Gerade Probleme der Material- und Arbeitsmittelbeschaffung blieben nach wie vor an der Brigade hängen, obwohl sie nach dem Brigadevertrag die Betriebsleitung lösen sollte. Zwar zog die Betriebszeitung «gegen den Brigadeegoismus» und die damit verbundenen sektiererischen Tendenzen zu Felde, doch konnten die Verselbständigung der Brigadestruktur und die wachsende Bedeutung der Brigaden als Interessengruppen kaum noch eingedämmt werden. Diese Entwicklung unterstützte auch die Debatte um die Rolle der Gewerkschaften, die im Filmfunken unter dem Stichwort des Sozialdemokratismus geführt wurde: Die Angriffe galten dem «Nurgewerkschaftlertum«, mit dem die politische Position der Partei aus der Gewerkschaft als Organisation herausgehalten werden sollte, was wiederum als sektiererische Position attackiert wurde. Den Brigaden wuchs aufgrund dieser Entwicklungen eine quasigewerkschaftliche Funktion zu (55), die sich allerdings als äußerst ambivalent erwies. Besonders Jörg Roessler verweist auf die Gelenkstellenfunktion der Brigaden zur Vermeidung beziehungsweise Eindämmung betrieblicher Konflikte: in der ständigen Auseinandersetzung um Normfestsetzung und den damit verbundenen Leistungslohn. War die Bereitschaft zur freiwilligen Erhöhung der Normen in den «Brigaden der sozialistischen Arbeit» durch die höheren Einkommen motiviert, so bewegten sich die Vereinbarungen zwischen Werkleitung und Belegschaft immer entlang dieser Scheidelinie der Interessen. Bei der Einführung der Betriebskollektivverträge, die in der Filmfabrik bereits 1951 erfolgte, zeichnet sich in umständlichen Formulierungen dieses Konfliktfeld ab: Während der «Tarifvertrag als Waffenstillstand mit den Monopolkapitalisten beschrieben wird, basiert der BKV auf der Grundlage des Fünfjahrplanes, der festlegt, welche Produkte hergestellt und wie nach der Erfüllung des Planes sich das Lohnverhältnis entwickelt. Für jeden Betrieb wird ein gesonderter BKV erarbeitet, da dieser auch gesonderter Planung unterliegt und damit auch die Entlohnung entsprechend des Planes erfolgt ... Wir haben keinen Gegner mehr im Betrieb, mit dem wir einen Tarifvertrag abschließen, wir werden in gegenseitigen Verpflichtungen unsere Produktion erarbeiten. Die Belegschaft hat die Aufgabe, so zu produzieren, daß man in der Erfüllung der Produktionsauflagen, in der Senkung der Selbstkosten usw. die Planziele erreicht. Die Werkleitung hat die Verpflichtung, die Produktion so zu organisieren, daß die Belegschaften ihre Verpflichtungen erfüllen können«. (56) Im Hintergrund der mit den Betriebskollektivverträgen getroffenen Vereinbarungen zu Normhöhe und Leistungslohn stand eine dezentrale Leistungs- und Lohnpolitik: SED und Regierung konnten sich mit der Übergabe dieses Konfliktfeldes an die Betriebe weitgehend «raushalten». Ergebnis dieser Politik war unter anderem, daß im Statistischen Jahrbuch der DDR für den damaligen Bezirk Halle 1988 mit der höchste Einkommensstand von Arbeitern und Angestellten festgestellt wurde, was vor allem die Beschäftigten der großen Chemiekombinate Leuna, Bitterfeld und Wolfen betraf. (57)

In der Realität gelang es den Werkleitungen gerade nicht, eine kontinuierliche Versorgung mit Material und Arbeitsmitteln sicherzustellen. Daß die Normfestsetzung und der daran gebundene Leistungslohn das zentrale Feld innerbetrieblicher Konflikte blieb, machen die Ereignisse um den 17. Juni deutlich. Die am 28. Mai 1953 vom Ministerrat beschlossene Erhöhung der Arbeitsnormen um mindestens zehn Prozent löste schließlich die Arbeitsniederlegungen auch in der Filmfabrik aus. In der Verfügung der Abteilung SAG «FOTOPLENKA» vom 2. Juni 1953 heißt es dazu, es seien «unverzüglich die Überprüfung der Arbeitsnormen zu beginnen und dabei eine Erhöhung der 1953 gültigen Arbeitsnormen in der Filmfabrik um durchschnittlich 9,8 Prozent ... zu gewährleisten«. Diese Art der «Normenbereinigungen» durch die Werkleitungen führte auch im Kreisgebiet Bitterfeld zu Arbeitsniederlegungen, organisierten Umzügen und Meetings sowie zu «gewalttätigen Ausschreitungen». Vor allem Bitterfeld galt neben Berlin als eine der Hochburgen des Protests: Hier wurde der Bürgermeister abgesetzt, das Rathaus übernommen, und die Streikleitung verabschiedete ein Aktionsprogramm mit sozialdemokratischen und nationalen Forderungen. (58) Die Werkleitung reagierte im Gefolge der Militärkommandatur Bitterfeld zunächst mit rigiden Anweisungen: «1. Unser Kreisgebiet befindet sich im Kriegszustand. Jegliche Demonstrationen oder Ansammlungen über drei Personen sind auch im gesamten Werksgelände verboten. 2. Die Arbeit im gesamten Werk ist unverzüglich voll wiederaufzunehmen. Das Nichtantreten wird betrachtet als der Wunsch zu nicht weiterer Arbeit in der Fabrik.» (59) Daß die Arbeiterproteste auf seiten der Werkleitungen und der Regierung als Schock erlebt wurden, beweist das kurz darauf von der Regierung verabschiedete Zehn-Punkte-Programm zur Klärung der Normenfrage und zur Verbesserung der allgemeinen Lebenslage in der DDR. Erste, wahrscheinlich dem Forderungskatalog der Arbeiter entsprechende Maßnahmen betrafen unter anderem die Zahlung des fünfzigprozentigen Sonntagszuschlages, die Überprüfung des Erschwerniskataloges mit dem Ziel der Zahlung von Erschwerniszulagen und die Zahlung von Fahrgeldern. In einem Bericht über die in der Filmfabrik eingesetzte Sofortkommission heißt es: «So könnten etwa 1.000 Kollegen aus verschiedenen Abteilungen in eine höhere Lohngruppe umgestuft werden. Ab August erhalten 8.000 Belegschaftsmitglieder einen höheren Lohn. Zudem wurde ein zusätzliches Wohnungsbauprogramm beschlossen, die Erweiterungsbauten von Kindergarten und Poliklinik sollen

noch 1953 begonnen werden.» (60) Die Verbesserung der Arbeits- und Lebensverhältnisse sollte zum vorrangigen Anliegen der Funktionäre sowie der Mitglieder von Betriebs- und Gewerkschaftsleitungen gemacht werden, «sie sollten in die Betriebe gehen, die Fragen aller Werktätigen offen und kühn beantworten und den konsequenten Kampf für die Interessen der Werktätigen aufnehmen». (61) Das mit den Ereignissen vom 17. Juni aufgebrochene Konfliktfeld zwischen Arbeiterschaft und Wirtschafts- und Parteielite bringt letztlich die Schwierigkeiten der Arbeiterpolitik in der DDR und ihre ambivalenten Folgen zum Ausdruck.
Wurden selbst die Arbeitsniederlegungen von 1953 offiziell noch als faschistischer Putschversuch deklariert – im Radio spielte man den ganzen Tag lang «An der schönen blauen Donau», um die Ereignisse nicht zu veröffentlichen –, so neigten die Betriebsleitungen im nachhinein dazu, Konfliktsituationen mit der Arbeiterschaft mit Kompromißbereitschaft zu begegnen. Jörg Roessler macht auf die Rolle der Brigadiere als Interessenvertreter der Arbeitsgruppen im sogenannten «Lohnhandel» um die Festsetzung der Norm und die Erhöhung des Leistungslohnes aufmerksam. Zudem wuchs ihnen die Rolle eines Verhandlungs- und Ansprechpartners zu, der für die Werkleitung im Konfliktfall unentbehrlich war und in den Brigaden über die notwendige Autorität verfügte. (62) In den Betrieben wurden «Stillhalteabkommen» als innerbetriebliche Arrangements zwischen Wirtschaftsfunktionären und Gewerkschaftsleitungen geschlossen, die die Durchsetzung des «sozialistischen Leistungsprinzips» erschwerten. (63) Daß es sich dabei um für die volkswirtschaftliche Substanz der DDR zunehmend makabre Arrangements handelte, verdeutlicht Peter Hübner: «Produktionssteigerungen unter Verschleiß der Arbeitskraft wurden von der Mehrheit der Arbeiter unter der Voraussetzung akzeptiert, daß sich die Entlohnung unter Beibehaltung unveränderter Normen entprechend erhöhte.» (64)
Die Kompromißbereitschaft der Werkleitungen bei den Bemühungen um eine effizientere Produktion verweist auf die «passive Stärke» der DDR-Arbeiterschaft. Zudem setzten weitreichende Kündigungsschutzbestimmungen sowie der permanente Mangel an Arbeitskräften bisherige Kontroll- und Disziplinierungsmechanismen außer Kraft. Die betriebliche Sphäre innerhalb der volkseigenen Kombinate ist eines der eklatantesten Beispiele für die funktionale Überlagerung und «Reziprozität» von formellen und informellen Ebenen im Staatssozialismus. Die zunehmende Durchdringung betrieblicher Sozialbeziehungen mit «lebensweltlichen Elementen» wird vor allem in der Debatte um die Struktureigentümlichkeiten des Staatssozialismus als Anzeichen fortschreitender Entdifferenzierung gewertet (65), die funktionale Strukturen zunehmend untergrub, indem «rationale Arbeitserfordernisse durch informelle Beziehungen, persönliche Abhängigkeiten und Bindungen» überformt wurden. (66) Der nahezu familiäre Bezug ehemaliger Filmwerker auf ihre betrieblichen Erfahrungen offenbart, welcher Stellenwert dem «auf Arbeit sein» bei den Beschäftigten zukam.
Die Unterschiede zwischen privater und betrieblicher Sphäre verschwanden zunehmend: Mit der «Deobjektivierung des Sozialen» wurden «Verhältnisse in Beziehungen umgebogen, verwandelten sich Akteure in Nahkämpfer», sie «verstellte ihnen damit immer wieder den Blick auf die umfassenderen Realitäten, die allein ihnen sagen konnten, wo sie sich selbst gehörten und wo äußeren Zwängen und Zumutungen». (67) Gerade die Brigaden können als exemplarisch für das mit dieser Gesellschaftskonstruktion entstandene Spannungsfeld gelten. Die man-

gelnde Ausdifferenzierung der betrieblichen Sphäre in Institutionen, Interessen und Organisationen sowie die Aushöhlung der gewerkschaftlichen Interessenvertretung qua politisch gesetzter Vormachtstellung der Arbeiterklasse verwiesen die Beschäftigten auf die Brigadestruktur. Die Brigaden bildeten die sozialen Orte der Verteilung betrieblicher Sozialleistungen, der Kompensation zunehmender Frustrationserfahrungen angesichts mangelnden Materials, veralteter Anlagen und ständiger Störungen des Produktionsablaufes sowie der Verschiebung auf kommunikative Bedürfnisse angesichts der Unfähigkeit des Systems, wachsende Leistungsanforderungen tatsächlich mit Konsumangeboten zu stimulieren.

Die Bedeutung betrieblicher Sozialleistungen, die insbesondere in den siebziger Jahren, im Zuge der propagierten «Einheit von Wirtschafts- und Sozialpolitik», noch erweitert wurden, darf allerdings nicht unterschätzt werden; vor allem für die vielen in der Filmfabrik beschäftigten Frauen spielten sie eine entscheidende Rolle: «Es gab die Ladenstraße für unsere Versorgung. Durch die Pforte drei, wo der Busplatz ist, an der Damaschkestraße, kam man dorthin, aber die besteht heute nicht mehr. Da gab es einen Service für Staubsauger, später für Kaffeemaschinenreparatur. Und eine Reinigung, zwei Tage für die Schnellreinigung. Dann hatten wir hier den großen HO-Lebensmittelladen, draußen an der Pforte. Das waren alles Einrichtungen für die Frauen. Wenn die von ihrer Schicht kamen, meistens um zwei, die Busse fuhren so halb drei, konnten die auf die Schnelle was mitnehmen. Der überwiegende Teil fuhr ja mit Bussen, sie kamen aus allen Gegenden von Köthen bis Bad Schmiedeberg. Die Frauen wurden transportiert, es klappte alles sehr reibungslos. Und wenn sie nach Hause kamen, ihre Kinder aus den Kindergärten gleich mitnehmen konnten, dann hatten sie für's erste was zum Kaffeetrinken oder auch ein bißchen für das Abendbrot hier mitgenommen … Ich hab dann auch später die Betriebswäscherei in Anspruch genommen, man konnte es sich aussuchen, ob Fertigwäsche oder Naßwäsche.» (68) Hinzu kamen FDGB-Urlaubsheime, Kinderferienlager und Müttergenesungskuren. Das umfassende Netz betrieblicher Sozialleistungen ermöglichte es den in der Filmfabrik tätigen Frauen, «ihren Mann zu stehen», sprich Berufstätigkeit und Mutterschaft miteinander zu vereinbaren – die Ambivalenzen dieses paternalistischen Emanzipationsmodells für Frauen in der DDR mit eingeschlossen.

Die Fürsorge der Betriebsbelegschaft griff bis in die Brigadestruktur. Die Brigadetagebücher geben Einblick in die enge Verknüpfung von Betrieb und Lebenswelt: Sie begleiten die Industriearbeiter bei Hochzeit, Geburtstag, Geburt und Tod, in ihnen finden sich Urlaubsgrüße und Beileidswünsche. Die Einrichtung solcher Tagebücher war Teil eines 1959 durch die Brigade «Nikolai Mamai» im Bitterfelder Aluminiumwerk ausgerufenen Wettbewerbes mit dem edukativen Anspruch: «sozialistisch arbeiten lernen und leben». Theaterbesuche in der Freizeit und mit den Angehörigen gehörten ebenso zum «Erziehungsprogramm» wie Brigadeabende im Werkrestaurant. Damit stellten sie zugleich eine Säule der DDR-Kulturpolitik dar, die Hochkultur unter den Werktätigen verbreiten und das künstlerische Laienschaffen fördern sollte. Hintergrund dieser kulturpolitischen Strategie war eine ebenfalls 1959 im Bitterfelder Kulturpalast veranstaltete Konferenz, die unter dem Motto «Greif zur Feder, Kumpel – die sozialistische Nationalkultur braucht Dich» eine «Hebung» der Arbeiter auf die «Gipfel der Kultur» anstrebte. Die Förderung des künstlerischen Laienschaffens ist denn auch an der breiten Palette von Zirkeln im Kulturhaus Wolfen ablesbar; selbst ein eigenes Kulturensemble brachten die Chemiebetriebe auf die Beine. Wie weitgehend man dabei an die sozialdemokratische Tradition der Arbeiterbildung im neunzehnten Jahrhundert anknüpfte, faßt Kaspar Maase kurz zusammen: «Sozialismus bedeutete, daß nun auch die Arbeiter den ‹Faust› lesen und Beethoven hören werden.» (69) Wie wenig diese kulturpolitische Weichenstellung jedoch mit den tatsächlichen Erholungsbedürfnissen und Freizeitorientierungen der Chemiearbeiter zu tun hatte, offenbaren die Brigadetagebücher der Filmfabrik ebenso wie die Erzählungen ehemaliger Beschäftigter. Kegelabende, gemeinsames Grillen im Kleingarten, Sportfeste, Radtouren, gesellige Runden in den zu Partyräumen umgebauten Heizungskellern der Plattenbauten standen hoch im Kurs, und bei den jährlichen Betriebsfesten zum «Tag des Chemiearbeiters» wurde die «heitere Muse» gepflegt. Die Spiele der hauseigenen Fußballmannschaft, des FC Chemie, waren besser besucht als die Kulturveranstaltungen im Haus der Werktätigen – obwohl die sogenannten «Fußballmeister» privilegiert waren, da sie zwar zu den Angestellten der Filmfabrik zählten, aber den größten Teil ihrer Zeit in Trainingslagern beziehungsweise mit Spielen verbrachten. Im Alltag von Arbeit und Mangelwirtschaft griff das klassische Kultur- und Bildungsmodell nicht. Es ging an den Unterhaltungsgewohnheiten und Vergnügungswünschen derjenigen vorbei, die täglich mit einer Situation von Ohnmacht und Unzufriedenheit konfrontiert waren und dagegen mit Freizeiterlebnissen Glücksmomente und Sinn verbanden. Für die Industriearbeiter werden auch in den Erinnerungen die Brigadeabende, bei denen man tanzen, trinken und miteinander reden konnte, zu den wichtigen und gemeinschaftsstiftenden Erfahrungen. Die über die Brigaden organisierten Besuche traditioneller Kultureinrichtungen erfüllten vor allem eine gesellige Funktion; für viele Industriearbeiter stellten solche Veranstaltungen zudem erste Begegnungen mit der Hochkultur dar. Über einen Theaterbesuch mit der Brigade im November 1984 im Dessauer Theater findet sich folgende Eintragung: «Da die wenigsten bisher Theaterstücke gesehen haben, fand die Ausgestaltung der Inszenierung bei allen Brigademitgliedern hohen Anklang.» Die Reisebeschreibung einer Brigadefahrt zum Palast der Republik nach Berlin gibt Einblicke in die Ansprüche der Arbeiter an Vergnügen und Unterhaltung: «Der 13. 12. jedoch, obwohl es ein dreizehnter war, war der schönste Tag von diesem Monat. Es war der Tag unserer Brigadefahrt, der uns nach Berlin führte … Die Bahnfahrt war sehr lustig. Wir redeten viel und spielten Karten. Der Palast der Republik ist wunderschön. Das Essen schmeckte uns allen hervorragend. Der Bummel auf dem Weihnachtsmarkt und in der Stadt war ausgiebig und ergiebig. Erschöpft und in lustiger Runde fuhren wir spät abends wieder nach Hause. Dieser Tag war ein Erlebnis.» (Brigadetagebuch Schichtbrigade Müller)

Die Verfassung des Brigadetagebuches selbst war ein kulturpolitischer Akt und wurde in regelmäßigen Abständen von einem in Gräfenhainichen ansässigen Schriftsteller beurteilt. Die Tagebücher lesen sich wie ein Konglomerat aus verordnetem Schulaufsatz und privatem Fotoalbum. Daß der politische Auftrag einer Erziehung und Selbsterziehung der Brigaden sich zwischen sozialer Kontrolle und eher seelsorgerischen Funktionen bewegte, auch das tritt in den Aufzeichnungen zutage. Alkoholkonsum während der Arbeitszeit, Arbeitsbummelei, Unaufmerksamkeiten und Fehlschichten wurden in den Kollektiven offensichtlich diskutiert, zum Teil auch verbunden mit einer massiven sozialen Kontrolle, wie sie etwa in der folgenden Berichterstattung zum Ausdruck kommt: «Wir verabscheuen alle sein Verhalten und sind dafür, daß er zur Verantwortung gezogen wird. Wir stellen aber auch gleichzeitig fest, daß wir ihn wieder in das Kollektiv aufnehmen und ihm helfen werden, seine Persönlichkeit weiter auszubilden.» Doch konnten bestimmte Themen in den Brigaden auch jenseits einer solchen Kontrolle überhaupt zur Sprache gebracht werden. Jörg Roessler weist auf die seelsorgerische Funktion hin, die sie für die Anregung und Orientierung der Brigademitglieder besaßen. (70)

Die Brigaden lassen sich als Räume des Eigensinns fassen, der Interpretation Alf Lüdtkes folgend: als ein Netz widersprüchlicher Handlungsweisen und Deutungsmuster, mit Hilfe derer die Arbeiter ihren Alltag herstellen und deuten. Ausgrenzungen und Abschließungen innerhalb des eigenen Milieus, denen frühe Muster der sozialen Kohäsion zugrundeliegen, sind ebenso Bestandteile dieses Alltags wie Artikulationen der Verweigerung gegenüber systemischen Zumutungen, Scherze und Ironien sowie Formen körperlicher Repräsentation. (71)

Die Arbeiterinnen in der Filmherstellung agierten größtenteils im Dunkelraum, jeder ihrer Handgriffe war eintrainiert, sie sahen nicht, was sie taten, und sie kommunizierten miteinander, indem sie sangen. Insbesondere in diesen Schichten bestanden zum Teil rigide Altershierarchien. Die seit den fünfziger Jahren zunächst als Ungelernte in der Filmfabrik angestellten und mittlerweile zur neuen Stammbelegschaft zählenden Arbeiterinnen hatten sich über jahrelange Arbeitserfahrung ihre Facharbeiterinnenqualifikation erarbeitet; sie wurde ihnen quasi zuerkannt. Sie grenzten sich gegenüber den besser ausgebildeten jüngeren Arbeiterinnen ab, ließen diese bestimmte Handgriffe und Kniffe nicht wissen und brachten ihre Berufserfahrung ins Spiel. Der Zwang zur Unterordnung der Jüngeren unter die herrschende Gruppennorm gehörte ebenso zum Muster sozialer Kohäsion wie der Anspruch der Älteren, ihre betriebliche Erfahrungspraxis gegenüber den besseren Bildungschancen der Jüngeren respektiert zu sehen und ihre eigenen Vorstellungen von Arbeit, die viel mit produktiver Praxis und jahrelanger Erfahrung zu tun hatten, zur Geltung zu bringen.

Angesichts dieser Dimensionen des eigensinnigen Raumes Brigade, gerade auch hinsichtlich früher Muster der Klassenbildung, werden die Ambivalenzen deutlich, die die Ersetzung der Interessenvertretung ostdeutscher Arbeiter durch die Brigaden mit sich brachte. (72) Inwiefern hier «Klassenentbildungsprozesse» in der Industriearbeiterschaft der DDR auszumachen sind, wird noch zu diskutieren sein.

Die Aufzeichnungen aus der Filmfabrik legen offen, daß die Brigaden aufgrund des massiven Arbeitskräftemangels sowie kaum vorhandener Institutionen zur Kontrolle und Disziplinierung mit regulativen Anforderungen konfrontiert waren, die sie überforderten. Zugleich informieren die Brigadetagebücher über die Zumutungen innerhalb der Betriebe, über die Not, die Produktion aufrechtzuerhalten. Dabei gewinnt man den Eindruck, als seien die Brigaden bei den zahlreichen Problemen der Arbeitsorganisation von der Materialbeschaffung bis hin zum Verschleißgrad der Maschinen und Anlagen vollkommen auf sich gestellt. Die Klage über den Mangel an Material und den miserablen Zustand der Maschinen angesichts der Anforderung nach Qualitätsproduktion bildet den Grundtenor der Aufzeichnungen in Brigadetagebüchern der Filmfabrik. Sie geben Auskunft über das zähe Ringen, die

Produktion überhaupt am Laufen zu halten, über die ständigen Havarien, den Arbeitskräftemangel, das Aufholen der Stillstandszeiten: «Dezember '83 – der Monat Dezember hat uns arbeitsmäßig viel Ärger bereitet. Jedesmal hat unsere Schicht Ausfälle zu verzeichnen. Am 3.12. verzeichneten wir am Motor von Kneter II einen totalen Kurzschluß. Er war gerade erst geschüttet worden. Bis 5.00 Uhr bemühten sich Elektriker, Schlosser und wir. Am 9.12. gab es keinen Ammoniak, am 11. 12. fehlte die Druckluft. Alle Anlagen standen von 12.45 Uhr bis 15.15 Uhr still.» (Brigadetagebuch Schichtbrigade Müller)
Wenn ostdeutsche Chemiearbeiter heute vor dem Hintergrund dieser Erfahrungen und im Rückblick auf die Balancen zwischen den beschriebenen Zumutungen sagen: «Wir haben doch aus Scheiße Bonbons gemacht», dann bestehen sie auf dem Wert ihrer Alltagspraxis Arbeit. In den maroden Anlagen der Chemie zog «ein erheblicher Teil der Produktionsarbeiter Befriedigung daraus, daß sie trotz offenkundig unzureichender Arbeitsbedingungen, daß sie ungeachtet nicht selten widersinniger Planungen und Anordnungen der verschiedenen Instanzen, aber auch fortwährender Stockungen beim Transport sowie zahlreicher Maschinenpannen überhaupt produzierten». (73) Offenkundig liegt hierin eine zentrale Begründung für den symbolischen Gehalt, den ostdeutsche Industriearbeiter der Arbeit zuschrieben: Arbeitszurückhaltung, Abwehr von Anforderungen, Leistungsverweigerung lassen sich eben nicht per se als Deökonomisierungsprozesse lesen, sie stellen aus dieser Perspektive auch Versuche dar, eigenen Raum beziehungsweise Abstand gegenüber den systemischen Zumutungen zu gewinnen. «Arbeit» fungierte dabei auch als Stabilisator gegen die Unzufriedenheit mit Politik und Konsum in der DDR-Gesellschaft.

BALANCEN ENTLANG DER KRAGENLINIE – DAS KONFLIKTFELD BETRIEBLICHE HIERARCHIEN

«Es ist doch so», äußert sich ein anonymer Autor in der Betriebszeitung, «richtet sich ein Artikel gegen unsere Vorgesetzten, gegen unsere Funktionäre oder gegen die Herren Akademiker ... dann ist doch klar, daß der ‹kleine Mann›, Angestellter oder Arbeiter bei der kleinsten Gelegenheit, und die findet sich immer, dies zu spüren bekommt». (74) Der «kleine Mann» ist eine kontinuierliche Formel, über die sich die Produktionsarbeiter selbst wahrnahmen und darstellten, gleichgültig, ob es sich dabei um Funktionäre, Akademiker oder Leiter handelte. Im Erfahrungshorizont der Arbeiter blieb trotz des politisch motivierten Versuchs, mit der Vormachtstellung der Arbeiterklasse soziale Unterschiede einzuebnen, ein Obrigkeitsverständnis verankert. Aus ihrer Sicht hatte sich am Verhältnis von Arbeit und Macht nichts geändert. Die Filmfabrik Wolfen stellt nicht zuletzt ein interessantes Beispiel für die Konflikte entlang der «Kragenlinie» dar: zwischen «weißen» und «blauen» Kragen, das heißt dem technischen und betriebswirtschaftlichen Personal und den Produktionsarbeitern. Im Hintergrund des Umbaus traditioneller betrieblicher Hierarchien in den DDR-Betrieben stand die mit der «Diktatur des Proletariats» verbundene egalitäre Gesellschaftspolitik der SED. Sie hatte unter anderem eine «übermäßige Nivellierung vertikaler Ungleichheiten» in der Sozialstruktur der DDR zur Folge. (75) Die Sozialgeschichte der Filmfabrik liefert Einblicke in die widersprüchliche Realität dieser Umstrukturierungsprozesse: «Weiße Kittel» nannte man den großen Stab an Forschern und Chemikern, die hier beschäftigt waren. Insbesondere in den Aufbaujahren der DDR war die zum großen Teil aus IG-Zeiten übernommene technische Intelligenz für die Volkswirtschaft lebenswichtig. An der räumlichen Hierarchie in der Filmfabrik läßt sich ablesen, wie weitgehend soziale Schwellen in der Praxis der Produktionsarbeiter fortbestanden: Neben einer Vielzahl von Speisesälen auf dem Betriebsgelände gab es das Casino, das als Speisesaal der «weißen Kittel» den leitenden Angestellten und Wissenschaftlern vorbehalten blieb. Wenngleich weiße Tischdecken und Bedienung in den siebziger Jahren abgeschafft wurden, nutzten die Produktionsarbeiter diese Einrichtung nicht; der Zutritt war weniger verboten denn als internalisierte Grenze akzeptiert. «Wie wir als Stifte, als Lehrlinge hier angefangen haben», erzählt eine ehemalige Filmarbeiterin, «da war das ja noch geteilt in einen sogenannten Intelligenzspeisesaal, wo dann nur die Spezialisten aßen, ... da hatten die einen extra Eingang und überall gingen Servierkräfte rum und brachten dann das Essen. '56 und '57, na das ist bestimmt noch bis '60 so ungefähr gewesen, da wurde dann überall bedient. Da durfte dann natürlich auch nicht jeder ins Kasino rein zum Essen, das war natürlich auch klar». Ähnlich verhielt es sich mit den sogenannten Intelligenzbussen: Die meisten der Wissenschaftler wohnten in Dessau Haideburg beziehungsweise Ziebigk, zum Teil in Werksiedlungen, die bereits in den dreißiger Jahren entstanden waren. Die vielen Zubringerbusse auf dem Parkplatz vor dem Fabrikeingang sicherten den Transport der Schichtarbeiter aus und in die umliegenden Städte und Gemeinden. Der Intelligenzbus fuhr nach Dessau: «Das war ja so ein besonderer Bus. Das war noch so ein bißchen so ein Anhängsel von der IG», schildert eine in Dessau ansässige Chemiearbeiterin, «da wäre ich nie mitgefahren, da habe ich mir immer gesagt, also da käme ich mir sowas von bekloppt vor, wenn ich mit diesem Bus fahren sollte ... und denn mit diesen ganzen alten Knackern da drin, um Gottes Willen ...»

Gerade in der Filmfabrik hatten die Auseinandersetzungen um die Anerkennung und Statussicherung der Forscher in den Anfangsjahren besonderes Gewicht. In den fünfziger Jahren nimmt die Diskussion um die Rolle der Intelligenz innerhalb der Betriebszeitung großen Raum ein. Kreist die Argumentation zum einen um die sogenannten Privilegien der Intelligenz in einem Arbeiter- und Bauernstaat, so deuten sich zum anderen bereits Strategien an, die auf einen Austausch der alten Facheliten hinweisen: «Die große Masse sieht immer nur die Intelligenz-Pakete, vergißt aber dabei, daß die Arbeit unserer Intelligenz für unser Werk und unsere Produktion von entscheidender Bedeutung ist.» (76) Mit Intelligenz-Paketen waren die im Rahmen der Regierungsbeschlüsse zur Verbesserung der Lage der Intelligenz mit den Ingenieuren und Forschern abgeschlossenen Einzelverträge sowie die verbesserten Konditionen in der Alters- und Hinterbliebenenversorgung gemeint. Hinzu kamen das Versprechen des freien Zugangs zu Hochschulen und Universitäten für deren Kinder sowie bessere Wohnverhältnisse – in Wolfen wurden drei Wohnhäuser eigens für die Intelligenz errichtet. Unter dem Druck einer zunehmenden Abwanderung in den Westen versuchte man hier, die alten Spezialisten im Land zu halten. Als «linksradikale Abweichungen» wurden Positionen innerhalb von Gewerkschaft und Partei diffamiert, die die Privilegien der alten Intelligenz, und nicht nur diese, kritisierten: «Genosse Paul Wensky, ein altes KPD-Mitglied, beharrt trotz langer Diskussion und Aufklärung auf seinem Standpunkt: ‹Erkläre hiermit meinen Austritt aus der SED. Gleicher Lohn und gleiches Essen von Minister bis Arbeiter›.» (77) Die Parteiführung im Betrieb geriet damit auf einen Schlingerkurs innerhalb der eigenen Reihen, den sie mit einer «Neutralisierung» der Intelligenz in den Griff zu bekommen versuchte. Betont werden muß zudem, hierauf macht vor allem Peter Hübner aufmerksam, daß die betrieblichen Hierarchien in den DDR-Betrieben mit der Partei- und Gewerkschaftsleitung eine Doppelstruktur neben der technischen und wirtschaftlichen Leitung aufwiesen, mit der teils neue Koalitionen, teils auch neue Konfliktfelder entstanden. Innerhalb dieser Konstellation wurde vornehmlich das mittlere technische Personal zum Gegenstand ideologischer Auseinandersetzungen. Die noch im alten «IG-Geist» befangenen Fachkräfte der technischen Intelligenz standen auch im Zentrum der Filmfunken-Debatte in den fünfziger Jahren. Die massivsten Angriffe innerhalb dieser Debatte galten allerdings den Meistern und Obermeistern. Diese mittlere Ebene wurde letztlich von seiten der wirtschaftlichen und politischen Führung des Betriebes, für die Arbeiter nach wie vor «die da oben», auf eine Weise funktionalisiert, daß hier die betrieblichen Konflikte von Normerfüllung, Materialbeschaffung und Arbeitsdisziplin aufeinandertrafen.

DIE MEISTER NEUEN TYPS

Die Kragenlinie war insofern auch für die neue betriebliche Doppelhierarchie funktional. Die schwierigen Balancen zwischen Arbeiterschaft, Intelligenz und Partei konnten auf ein anderes Feld verschoben werden: auf die Rolle des Meisters. Diese stand mit der Einführung der Produktionsbrigaden sowieso schon im Zentrum der Kritik: «Brauchen wir noch den Meister oder nicht?» Die Frage leitet eine Diskussion im Filmfunken über den «Meister neuen Typus» ein: «Die Frage der Rentabilität ihres Betriebs muß die Meister ebenso interessieren wie die gesellschaftspolitische Arbeit in den Betrieben und die Entwicklung bereits bestehender und neu zu bildender Arbeitsbrigaden ... Alle rückschrittlich denkenden Meister aber werden von der Gesellschaft automatisch abgestoßen, wie die vertrockneten Blätter eines Baumes, damit sich neue junge Triebe entwickeln können. Nicht die Autorität des Meisters wird in unserer künftigen Betriebsarbeit ausschlaggebend sein, sondern der Meister eines neuen Typus ist unser Ziel.» (78) Wie das Verhalten eines rückschrittlich denkenden Meisters aus der Perspektive der Betriebszeitung in der Praxis aussah, macht folgende Episode deutlich: Beim Abladen einer Materiallieferung kurz vor Feierabend im Perlonbetrieb unterstützten lediglich die Arbeiter eines Meisterbereiches diesen Vorgang, während «Obermeister und Meister zuguckten». Der Filmfunken kommentiert: «Selbstverständlich, wie kann es denn auch Herrn Obermeister und Herrn Meister zugemutet werden, einmal Arbeit zu verrichten, die nicht zu ihrem Stand gehört.» (79) Entscheidend an dieser Kampagne zur «Demontage des Meisters» war der mit ihr verbundene Kompetenz- und Autoritätsverlust der alten Fachkräfte. Peter Hübner hebt die problematischen Auswirkungen dieser Entwicklung auf die Arbeits- und Produktionsorganisation sowie die Arbeitsmoral hervor. (80) Die geringe Lohndifferenzierung zwischen Facharbeitern und Meistern in den ostdeutschen Betrieben trug nicht unwesentlich dazu bei, daß sich die Meister erniedrigt fühlten: «Wir wurden zum Pumpel des Kumpel.» (81) Ehemalige Filmwerker bringen den allmählichen Autoritätsverlust der Meister in ihren Erzählungen auch mit der Abschaffung der Stempeluhr als Disziplinierungsinstrument der herrschenden Klasse in Verbindung. Eine neue Einstellung zur Arbeit, so die ideologische Interpretation, bedurfte solcher Instrumente nicht mehr. In einer zunehmenden Disziplinlosigkeit, wachsenden Krankenständen und der Untergrabung betrieblicher Hierarchien sehen sie Anzeichen eines Bruchs mit dem Besonderheitsstatus der Filmfabrik, der den siebziger Jahren, also der Zeit der Kombinatsbildung, zugeschrieben wird. Gleichwohl erweisen sich die Arbeitsorganisationsstrukturen in den Betrieben der DDR als wesentlich hierarchischer und undurchlässiger als etwa in bundesdeutschen Betrieben. (82) Das eingangs beschriebene Modernisierungsmodell stand für eine Entwicklung Pate, in der «mit einem extrem technizistisch verkürzten Bild des industriellen Fortschritts ... unter weitgehender Verkennung jeder organisatorischen Rationalisierung» auch mit der Kombinatsbildung eher traditionelle Konzepte des Betriebsaufbaus fortgeführt wurden. (83) Allerdings verband man dieses Modell mit einem weitreichenden Netz betrieblicher Sozialleistungen, das Bestandteil des paternalistischen Systems umfassender Fürsorgepolitik und sozialer Sicherheit war. (84)

Die rigiden innerbetrieblichen Strukturen waren sicherlich ein Reflex von oben auf die «passive Stärke» der Arbeiter im Kampf um die Kontrolle am Arbeitsplatz. Zugleich handelte es sich aber um ein reziprokes Verhältnis: Der Abbau traditioneller industriekultureller Einstellungen ist auch im Zusammenhang mit dem strukturellen Mangel an Handlungsspielräumen der Produzenten in den DDR-Betrieben zu deuten.

Die hiermit verbundenen Verluste an Wertvorstellungen und «Tugenden» der Arbeiterkultur sind im Sinne einer «Enttraditionalisierung» der ostdeutschen Arbeiterschaft interpretiert worden. Zweifellos hinterließen die strukturell bedingten Veränderungen im traditionellen hierarchischen Aufbau industrieller Betriebsbelegschaften in den mentalen Dispositionen und Einstellungen der Arbeiterschaft ihre Spuren. Wenn dennoch eine «Longue durée» von Arbeiterkultur behauptet wird, so sind deren ambivalente Effekte in den alltäglichen Praxen der Arbeiter zu diskutieren. Ehemalige Chemiearbeiter – vor allem heutige Meister, also die damalige Aufbaugeneration – heben etwa die Lehre bei den «alten Meistern» als Schlüsselerfahrung für ihren beruflichen Einstieg in der Filmfabrik hervor. Der vor der Kombinatsbildung noch relativ kleine Betriebsteil in Wolfen wird nicht nur wegen der angenehmeren Arbeitsbedingungen – saubere Räume, weniger körperliche als handwerkliche Geschicklichkeit erfordernde Tätigkeiten –, sondern auch wegen des Betriebsklimas gegenüber der Farbenfabrik bevorzugt. Der Status der Filmfabrik als Musterbetrieb macht sich nicht zuletzt im Anspruch auf Qualitätsproduktion geltend. Dazu trugen die alten IG-Meister mit gutem Fachwissen und der Fähigkeit bei, die Beschäftigten so zu motivieren, daß sie den Betrieb als «ihren» begriffen und bereit waren, den «Laden am laufen zu halten». Die Meister führten zum Teil ein strenges Regiment: Das Zigarettenholen für den Chef oblag den Lehrlingen, und vor dem ritualisierten Rundgang der «weißen Kittel» mußte geputzt werden. Diesen Betriebsrundgang führte der Obermeister an, während der Betriebsleiter die Arbeiter begrüßte. Die Kragenlinie schien gewahrt. Grundeinstellungen von richtigem und qualitätvollem Arbeiten rechnete man vor allem dieser Lehrerfahrung zu. Den Erzählungen zufolge agierten die Meister innerhalb der betrieblichen Hierarchie der Chemiekombinate in einer Pufferzone zwischen «von unten getreten und von oben geschubst», das heißt sie waren beständig gezwungen, Kompromisse zwischen den Interessen der Belegschaft und den Anforderungen und Zumutungen der Produktion zu finden. In der Selbstwahrnehmung eines ehemaligen Meisters der Filmfabrik stellt sich dieser Drahtseilakt wie folgt dar: «Ich kenne keinen Meister, der beliebt ist. Wenn sie nicht allzu dolle meckern, dann ist es in Ordnung, aber über den Meister muß gemeckert werden, sonst ist er kein Meister.» Zugleich waren die Meister ein wichtiges Element innerhalb der fintenreichen improvisatorischen Praxis der Chemiebetriebe: Das Dauerthema Materialbeschaffung lösten sie an den «großen Chefs» vorbei, indem sie sich eigene Materiallager anlegten, die dann auch zum informellen Tausch mit anderen Bereichen genutzt wurden. Diese «schwarzen» Lager entstanden aus der Motivation, den eigenen «Laden» bei Störung, Ausfall von Anlagen oder Materialmangel weiterlaufen lassen zu können. Es ist dieses Ideal des «Überhaupt-produzierens» unter den Bedingungen unzureichender Arbeitsorganisation, zunehmend verschlissener Anlagen und permanenten Arbeitskräftemangels, für das manche Meister die wildesten Aktionen unternahmen, letztlich auch, um ihre Leute «bei der Stange zu halten».

Diese Fähigkeit wurde seit Anfang der achtziger Jahre in der Filmfabrik quasi überlebenswichtig. Folgt man den Rechenschaftsberichten der Generaldirektorin, so muß sich die Situation im Betrieb von diesem Zeitpunkt an massiv zugespitzt haben: Das betraf die Überalterung der Produktionsanlagen, ungenügende Instandhaltungskapazitäten, den Mangel an Ersatzteilen und Rohstoffen, ganz zu schweigen von dringend notwendigen, aber nicht vorhandenen Investitionsmitteln. Hiermit waren ständige Produktionsausfälle beziehungsweise Stillstände verbunden. Die Produktivität des Kombinats sank, und die Qualität der Produkte ließ immer mehr zu wünschen übrig. Bereits 1977 war die mangelnde Weltmarktfähigkeit der Produkte aufgrund fehlender technologischer Weiterentwicklung offensichtlich. Hinzu kam nicht nur ein Arbeitskräftemangel in allen Bereichen, auch die Fehlschichten und Produktionsausfälle durch subjektives Versagen mehrten sich. Die Situation der Chemie im Wolfen der achtziger Jahre ist exemplarisch für einen Wechsel innerhalb der Industriepolitik der SED. Die hohe politische Aufmerksamkeit, die dem Chemieprogramm in den sechziger Jahren geschenkt wurde, galt jetzt einem anderen Feld: den sogenannten Schlüsselindustrien. Mit enormem Aufwand versuchte die DDR seit diesem Zeitpunkt eine eigene, wiederum autarke mikroelektronische Industrie aufzubauen. An die Stelle der Aufmerksamkeit aus Berlin trat nun ein rigider Dirigismus, bei dem lediglich das Plansoll übermittelt wurde. Die Berichte der Generaldirektorin machen deutlich, daß die Gesamtselbstkosten in den achtziger Jahren massiv überschritten wurden, Verluste im Nettogewinn eintraten und die Reparaturkosten den bis dahin geplanten Fond überstiegen. Ähnlich der von Michael Hoffmann für die Kohlearbeiter von Espenhain beschriebenen Situation stellten in Wolfen jene Bausoldaten und Strafgefangene das «letzte Aufgebot des Sozialismus» dar, die vor allem in den mittlerweile unzumutbaren und gesundheitsschädigenden Bereichen der Faserherstellung eingesetzt wurden. (85) «Wir haben uns gegenseitig vergiftet», so beschreiben ehemalige Angestellte der Filmfabrik die fatale Kopplung mit der Faserproduktion, einem

Bereich, der Ende 1989, als man die Umweltbelastung der Region aufdeckte, stillgelegt wurde. Und ähnlich wie bei den ehemaligen Kohlearbeitern zeichnet sich in den Rückblicken von Arbeitern, Ingenieuren und Wissenschaftlern das Bild einer perfekten, qualitätsorientierten und anerkannten Filmindustrie der fünfziger Jahre ab, das auch als «Gegenhorizont zur alltäglich erlebten Flickschusterei» diente: «Ich meine, wie wir damals anfingen als Lehrlinge, das war halt '56, da haben sie uns ja so durch die einzelnen Betriebe gescheucht, so als Lehrlinge ,und da hatten wir noch so ein paar alte Meister, so Obermeister, die noch aus der IG-Zeit da waren, und die hatten natürlich noch ein strenges Regime, also da durften die Frauen und Mädchen an den Maschinen, wir hatten dann Perforiermaschinen, wenn die nicht die Haube, manche kamen dann an, hatten so wie ein Servierhäubchen oben drauf, na dann! Das mußte ja so umgebunden werden, damit die Haare nicht so rausguckten und Handschuhe – wehe, die hatten keine Handschuhe an, daß da keine Druckflecken und Fettflecken auf dem Film waren, ja, das war natürlich, da waren die wie die Habichte hinterher. Da hat sich aber auch, und das ist mit den Alten, wenn die dann aufhörten, ist dann alles so, ja, wahrscheinlich ins Schlampen gekommen, daß man sich dann eigentlich gefragt hat: Mensch, wie kann denn so was passieren, irgendwelche Staubpartikel auf dem Film? Und dann ist eben vieles in dieser Art und Weise vernachlässigt worden und dann eben nachher unter dem Druck dieser Planerfüllung, die ja nun immer kommen mußte, ist ja nun vieles unter den Teppich gekehrt worden, weil eben keine Zeit mehr dazu war. Die Maschinen waren ja auch nicht mehr so die allerneusten, die mußten ja hergeben, was das Zeug hielt.«

DIE WEISSEN KITTEL

Die oben beschriebene Doppelstruktur in den volkseigenen Betrieben der DDR brachte auch die wissenschaftlich technische Intelligenz in eine schwierige Lage. Der Anteil an Forschung und Entwicklung in der Filmfabrik war relativ hoch. In den Laboratorien der Chemiker herrschte anfangs eine strenge Hierarchie, die noch vom «IG-Stil» geprägt war. Die Chemiker arbeiteten in abgetrennten Boxen mit zwei Laborantinnen und einer Abwaschfrau. Untersuchungsergebnisse wurden untereinander kaum ausgetauscht, erzählen ehemalige Spezialisten der Filmfabrik, die Anfang der fünfziger Jahre dort ihre Arbeit aufgenommen hatten. Der Status der Betriebsintelligenz schien zu dieser Zeit noch sehr hoch, und die drohende Abwanderung der alten Spezialisten zwang die politische Führung zu einer Intelligenz-Politik, die sie zunächst gegen die eigenen Reihen durchsetzen mußte. Zugleich mehrten sich Stimmen, die die alte Intelligenz als «politisch indifferent» und in der «Konzern-Ideologie» befangen diffamierten. Eher moderat formuliert der Filmfunken 1950: «Die Betriebsgewerkschaftsleitung würde sich freuen am Ende des Jahres 1950 sagen zu können, daß die spürbare Zurückhaltung des anderen Teils unserer Intelligenz in grundsätzlichen Fragen zur neuen Arbeitseinstellung einer generellen Umstellung gewichen ist.» (86) Und ähnlich wie das mittlere technische Personal im produktionsnahen Bereich nutzte die Funktionärsebene des Betriebes die alte Kragenlinie, um selbst konfliktdämpfend wirken zu können. Wenn heute ehemalige Chemiker der

Filmfabrik über den zunehmenden Statusverlust der Forschung klagen und auf die Erfahrung einer permanenten Entmündigung vor allem durch die SED- und Gewerkschaftsfunktionäre verweisen, so war dies der fatalen Doppelstruktur in der betrieblichen Hierarchie geschuldet. Parallel zum wirtschaftspolitisch motivierten Balanceakt mit der alten Intelligenz sollte eine neue Intelligenz herangezogen werden, die vornehmlich aus den Reihen der Arbeiterklasse kam. Arbeiter- und Bauernfakultäten, Betriebsakademien, Delegierungen und Betriebsstipendien unterstützten diesen Prozeß. Erzählungen zufolge scheiterte jedoch selbst jene Intelligenz, die aus den eigenen Reihen kam, an der Ineffizienz der betrieblichen Doppelhierarchie – permanente weniger volkswirtschaftlich denn politisch motivierte innerbetriebliche Umstrukturierungen sind ein Beispiel dafür. Durch das Korsett der Planwirtschaft war der Konflikt zwischen Forschung und Produktion nachgerade vorprogrammiert, obwohl die Filmfabrik über einen ausgedehnten Forschungs- und Entwicklungsbereich verfügte. Der Kampf um neue Produkte, so schildert einer ihrer bedeutendsten Spezialisten, erwies sich als jahrzehntelanges Projekt, und «erst wenn das Wasser bis zum Hals stand, wurden die Spezialisten gerufen». Der Wert der Forschung innerhalb des Fotochemischen Kombinates sank, die Produktion hatte das Primat. «Klugscheißeraquarium» nannten die Arbeiter jenes Gebäude auf dem Gelände der Filmfabrik, in dem die Forschung untergebracht war. Die sozialkulturelle Demontage der Wissenschaftler war Bestandteil der SED-Egalisierungspolitik; in der betrieblichen Realität der Filmfabrik bewegte sich dieses politische Projekt allerdings immer auf einem schmalen Grat zwischen sozialer Entdifferenzierung und neuerlichen Abgrenzungsstrategien. Hier ist ein strukturelles Moment des staatssozialistischen Modernisierungsmodells zu berücksichtigen: Der Umbau der Sozialstruktur zu Lasten der bisherigen Bildungsschichten und zugunsten der Arbeiter und Bauern war auch ein Versuch, die Bedeutung traditionaler Institutionen wie etwa der Familie in der Sozialisation der Individuen zurückzudrängen und «den Lebenslauf in staatliche Regie» zu nehmen. (87) Dabei handelte es sich zweifellos um Modernisierungsprozesse innerhalb der DDR-Gesellschaft. Wolfgang Engler beschreibt die mit der Durchsetzung des Staatssozialismus und der «ursprünglichen sozialistischen Akumulation» verbundene «kulturelle Entwurzelung und Freisetzung», einen Prozeß, der ihn zur These von der «ungewollten Moderne» führt. (88) Zugleich jedoch nahm die soziale Mobilität, wie Studien zur Veränderung der Sozialstruktur innerhalb der DDR verdeutlichen, in den siebziger Jahren wieder merklich ab. Dieser Prozeß wird auf die «zunehmende Schließung der Chancenstruktur in der DDR im Zuge der historischen Generationenfolge» zurückgeführt. (89)

Die Drosselung im Hochschulsektor der DDR während der siebziger und achtziger Jahre war allerdings selektiv, und gerade die industrienahen Fachrichtungen warben angesichts der Anforderungen, die die Kombinate stellten, um Studenten. Vor diesem Hintergrund werden auch die Bemühungen der Filmfabrik in den siebziger Jahren verständlich, Absolventen zu gewinnen, wie sie die Generaldirektorin in ihrem Rechenschaftsbericht darlegte. Mit Delegierungen der «besten jungen Arbeiterkader und ausgezeichneter Lehrlinge» zum Studium in kombinatstypischen Fachrichtungen sowie mit Förderverträgen für Abiturienten, die sich für ein solches Studium an den Industrie-Instituten in Merseburg oder Dresden entschieden hatten, versuchte man, die unzureichende Anzahl sogenannter Hoch- und Fachschulkader aufzustocken. Selbst wenn es sich dabei um quasi «von der Pike auf», also über Delegierungen und Betriebsstipendien herangezogene Ingenieure und Chemiker handelte, wurde der Einsatz in der Filmfabrik abgelehnt. Als Ablehnungsgründe nannte man die Umweltsituation im Raum Wolfen, die Wohnbedingungen, mangelnde Stadtqualität und, einer der entscheidenden Punkte, der vier- bis sechsmonatige Einsatz in der Produktion: «Die Absolventen fühlen sich mit den vorkommenden Facharbeitertätigkeiten unterfordert. Sie empfinden es als diskriminierend, nach einem erfolgreichen Studienabschluß mit untergeordneten Tätigkeiten beschäftigt zu werden. Der Absolventeneinsatz sollte persönlichkeitsfördernd sein.» Der politisch motivierte Egalisierungsversuch, der mit diesem Produktionseinsatz verbunden war – «Die Absolventen sollten die Nase nicht hochhalten und die Arbeiterklasse erst einmal kennenlernen» – rieb sich an der zunehmenden Diskrepanz zwischen Struktur und Kultur in der DDR-Gesellschaft der siebziger und achtziger Jahre. Die «ungewollte Moderne» im Sinne einer Individualisierung der Gesellschaftsmitglieder zeitigte ihre Folgen: Gewachsene Ansprüche an die Lebensqualität, an Wohn- und Umweltbedingungen, an die eigene Qualifikation, und hiermit verbunden eine wachsende soziale Differenzierung. Detlef Pollack spricht in diesem Zusammenhang von einer «Ausweitung der Spielräume im alltagskulturellen Bereich, von einer tendenziellen Liberalisierung und Modernisierung». (90) Dabei handelte es sich allerdings um «wilde Räume» innerhalb des späten staatssozialistischen Disziplinarraumes, die sich wechselseitig durchdrangen und, dem ambivalenten Charakter der Brigadekonstruktion vergleichbar, im Spannungsfeld zwischen einem «eigenen Raum» der Abwehr von Kontrolle und systemstabilisierenden Effekten einzuordnen sind.

Die alljährlichen Betriebsfeste zum Tag des Chemiearbeiters etwa sind beispielhaft für die Ambivalenz und Reziprozität des wilden Raumes betrieblicher Hierarchien in der Filmfabrik. Nach einem bestimmten Schlüssel sollten Leitungspersonal und Schichtarbeiter bei einer solchen Veranstaltung nahezu paritätisch vertreten sein. Beabsichtigt war es zudem, die Sitzordnung so zu wählen, daß «weiße» und «blaue Kragen» miteinander am Tisch saßen. Ein ehemaliges Leitungsmitglied erzählt, daß es weniger bei den älteren als vielmehr bei den jüngeren Leitungsmitgliedern Berührungsängste gab: Ihnen sei es «peinlich» gewesen, «von einem Arbeiter belöffelt zu werden». Die Differenzen wurden hier deutlich markiert und auch durch die Sitzordnung zogen sich Gräben: «Es war nicht so, daß alle an einem Tisch saßen. Arbeiter sind doch bloß eine Handvoll dort gewesen. Ich war da mit einem alten Kollegen, mit dem ältesten Kollegen aus der Brigade, an einem Tisch, wir hatten den ganzen Tisch für uns alleine. Da haben wir uns den ganzen Abend unterhalten. Dort hat man die Klieken so richtig gesehen, wer mit wem verkehrt. Es war sehr aufschlußreich.»

Letztlich saß auch im «Kulturhaus der Werktätigen» jeder wieder bei seinesgleichen, scheinbar hatte sich nichts an dem Oben-unten-Modell geändert. Um so unglaubwürdiger mußten die Bemühungen der Funktionäre erscheinen, mit kumpelhaftem Auftreten und umgangssprachlicher Ausdrucksweise im Kontakt mit Arbeitern als den «blauen Kragen» zugehörig zu erscheinen. Für die Arbeiter zählten die politischen Funktionäre zu «denen da oben». Spätestens seit den siebziger Jahren wirft das Sittenbild Betriebsfest auch Licht auf einen Entwicklungsprozeß innerhalb der DDR-Gesellschaft, der für die späte DDR insgesamt prägend

und war eingangs mit der These von der «Erosion des Arbeitsparadigmas» angedeutet wurde. Orientierte die «Einheit von Wirtschafts- und Sozialpolitik» noch auf eine politisch zu sichernde Einheit zwischen wirtschaftlich-technischem und sozialem Fortschritt, so lassen sich in der politischen und sozialwissenschaftlichen Debatte über Leistungsorientierung, Intensivierung und Individualisierung seit dieser Zeit Positionen ausmachen, die auf einen Ausbau sozialer Ungleichheit setzen. Die beschriebene Schließung der Aufstiegskanäle in der DDR läßt sich in diese Entwicklung einordnen.
Hinter ihr verbirgt sich der sukzessive Abschied von Egalität und Homogenität, das heißt von normativen Vorstellungen, die das Arbeitsparadigma beinhaltete. Der legitimatorische Gehalt dieses Paradigmas begann ab dem Zeitpunkt zu bröckeln, als zunehmende Modernisierungstendenzen in der Industrie mit den tradierten, normativ besetzten Arbeitsvorstellungen in Widerspruch gerieten.
Und ähnlich wie man zunächst zähneknirschend die instrumentelle Arbeitseinstellung und damit verbunden eine subjektive Relativierung der Arbeit ideologisch akzeptiert hatte, wurden jetzt auch das Leistungsprinzip und entsprechend schärfere soziale Differenzierungen mit einem Verlust an gesellschaftlichem Sinn erkauft: Die eigene Arbeit, zumal in den Chemiekombinaten, konnte nun wohl kaum noch als Beitrag zur «Realisierung allgemein sinnvoller Ziele» erfahren werden. «Ich leiste was, ich leiste mir was» lautete ein Spruch, der die Wände der Kantinen und die Spindtüren zierte; die Arbeiter machten sich «ihren Reim auf die Dinge». In den achtziger Jahren kreiste die soziologische Debatte dann auch um eine Differenzierung innerhalb der Arbeiterklasse: zwischen un- oder angelernten und qualifizierten Facharbeitern auf der einen Seite und einer leistungsbezogeneren Differenzierung innerhalb der Intelligenz auf der anderen. (91) Man mag es als Ironie der Geschichte werten, daß gerade jene Arbeiter, welchen in den Anfangsjahren der DDR größte paternalistische Pflege und Aufmerksamkeit zuteil wurde, nun gleichsam vollständig von der Bildfläche verschwanden. Die künstlerische Darstellung dieser zur Bedeutungslosigkeit verurteilten Lebenswelten in Dokumentarfilm, Fotografie und Literatur galt in den achtziger Jahren als kritischer und nicht gern gesehener Impuls – im Gegensatz zu den sechziger Jahren, als sie eine Pflichtveranstaltung wurde –, machten die Künstler mit ihren Arbeiten nun doch auf die Tatsache aufmerksam, daß der Gesellschaft ihre Utopien abhanden gekommen waren. So rückten Mitte der achtziger Jahre, angeregt durch eine Erzählung von Angela Krauß («Das Versprechen»), Fragen des Alltags von Industriearbeitern ins Zentrum literaturwissenschaftlicher Debatten. Nicht den «Helden der Arbeit» galt das Interesse, sondern dem grauen, monotonen und entwicklungslosen Leben einer Industriearbeiterin zwischen den immer gleichen Gesichtern, denselben Handgriffen, denselben Wegen in einer Brikettfabrik nahe Leipzig – einer Lebenssituation, in der sich Fragen nach Selbstbestimmungsansprüchen und Entwicklungsvorstellungen im Sinne von «Das ist nichts für unsereinen» gar nicht mehr stellten.
Die Durchgängigkeit der Kragenlinie in den betrieblichen Hierarchien bestätigt sich in der späten DDR insofern auf eine äußerst ambivalente Weise: Der betriebliche Alltag gab den Arbeitern, die an dieser Konfliktlinie festhielten, trotz der politisch motivierten Egalisierungsversuche recht. Die Konstanz dieses Deutungsmusters wird, wie bereits erwähnt, in der Figur des

«kleinen Mannes» artikuliert. Eine Diskussion um den «kleinen Arbeiter und die Herren aus der dritten Etage» im Filmfunken Ende 1989 wiederholt diese Figur: «Die Maschinenfahrer gehen mit Kopfschmerzen nach Hause und nicht die Herren aus der 3. Etage.» Der Autor der Beschwerde definiert sich demgegenüber als «kleiner Arbeiter im Abschnitt Kleinbild, und daher hat er nicht viel zu verlieren». Wie reagiert ein Herr aus der dritten Etage auf diesen Vorwurf? «Das mit der dritten Etage verstehe ich nicht ganz. Ich habe mich vom Landarbeiter 1945 zum Schlosser qualifiziert, habe dann studiert, und heute noch bewege ich mich täglich an den Maschinen. Und ich wäre viel lieber noch öfter dort, wenn nicht der Berg an Verwaltungsarbeit und Berichtswesen wäre ... Trotzdem bin ich doch Arbeiter geblieben.» (92) Interessant an dieser, wohlgemerkt im November 1989 geführten Debatte ist folgendes: Sie zeugt von dem politisch motivierten Versuch des Umbaus der Sozialstruktur, der zumindest in den ersten Jahrzehnten der DDR den Zugang von Arbeitern und Bauern zu den Universitäten und Hochschulen privilegierte, von dem Anliegen also, eine neue, aus den Reihen der Arbeiterklasse stammende Intelligenz zu schaffen. Sie dokumentiert die hiermit verbundenen Ansprüche auf eine Egalisierung der Gesellschaft: Die kulturellen Folgen sind an der Konformität und Konventionalität, an der Suche nach dem Schutz der «anonymen Mitte» (die Figur des kleinen Mannes) ablesbar, die die Handlungsmuster und Deutungsweisen der Akteure bestimmen. (93) Der «kleine Mann» markiert aber auch die Kontinuität des Oben-unten-Modells. Aus diesem Blickwinkel wurden die Ingenieure und Technologen in der Produktion wahrgenommen. Mit feinem Gespür registrierte man, ob sie den Arbeitern die Hand gaben, ob sie die Kragenlinie wahrten oder nicht: «Man hat nicht gemerkt, daß das ein Studierter war, der war wie unsereiner». Für die mittleren technischen und wissenschaftlichen Fachkräfte in der Produktion bedeutete dies allerdings auch, «nicht was Besseres herauszukehren, denn dann ging nichts». Sie waren mit dem mittlerweile den Arbeiter- und Bauernstaat durchdringenden Argument konfrontiert, sie hätten «auf unsere Kosten studiert». Wie weit dieses Argument in der Industriearbeiterschaft der Chemie verankert war, wird auch in Erzählungen über die sozialen Beziehungen in den ABM-Gruppen nach der Wende deutlich. Der Zwang zur Unterordnung unter die Gruppennorm der Arbeiter richtete sich vor allem auf das technische und Verwaltungspersonal der Filmfabrik, die in den Arbeitsbeschaffungsmaßnahmen dieselben Abrißarbeiten realisierten wie die Arbeiter. Der hohe Konformitätsdruck und die zum Teil rigiden Mechanismen sozialer Kontrolle, die Umgangssprache und die Art der Witze lagen insbesondere für Frauen aus den Verwaltungsbereichen an der Grenze des Zumutbaren: «Ich bin, weil ich nur im Büro gearbeitet habe, nie mit Frauen zusammengekommen, die eben drei Schichten gearbeitet haben. Wie die sich schon früh belöffelt haben, schon im Umkleideraum, also das war das Schlimmste für mich, die Arbeit selber noch nicht mal, bloß der Umgang. Die das eben nicht kannten aus dem Büro oder die im Labor gearbeitet hatten, das habe ich öfter beobachtet, daß da noch die Tränen rollerten, denen ging es genauso wie mir, und zeigen durfte man es ja nicht. Um Gottes willen! Da mußten sie immer so tun, als wenn sie es nicht hörten. Wenn die erfahren haben, daß man aus dem Büro kommt, naja, dann ... dann haben sie gestichelt und es noch schlimmer getrieben.»
Man ist geneigt, diese Verhaltensweisen als Ausdruck der ganzen Misere, in der sich die Chemiearbeiter in Wolfen Ende der achtziger Jahre befanden, zu interpretieren: Verlust der pater-

nalistischen Aufmerksamkeit, miserable Arbeitsbedingungen, Normerfüllung um jeden Preis, während diejenigen, die das anordneten, sich die Hände nicht mehr schmutzig machten. Und es existierte für die angestaute Ohnmacht und Frustration kein Raum der Artikulation mehr, abgesehen von der eigenen Gruppe beziehungsweise Brigade. Hier wurden dann die eigenen Deklassierungsängste kompensiert, hier wurden Konflikte, die eigentlich ins Feld politischer Interessenartikulation gehören, als «individuelle Politiken des Privaten» ausgetragen. Ein Dilemma, das in den zum Teil anomischen Reaktionen der Bewohner von Wolfen-Nord auf Aussiedler seine Fortsetzung findet.
Trotz der Egalisierungsbestrebungen – und die betrieblichen Hierarchien können als Modell der DDR-Sozialstruktur gelesen werden – blieb das Wissen um soziale Differenzen im Alltag verankert und erfuhr in den siebziger und achtziger Jahren eine Verstärkung. Die geschilderten Fälle verweisen damit eher auf die ambivalenten Effekte von Differenzierung auf der einen und Egalisierung auf der anderen Seite.
Die Perspektive des «kleinen Mannes» blieb durchgängig: Das betrifft den kulturellen Raum der DDR als «Land der kleinen Leute» mit dem Syndrom zur Normalität, das betrifft aber auch die Konstanz des alltagsweltlichen Wissens um soziale Unterscheidung in Redeweisen wie: «Das ist nichts für unsereinen». «Unsereiner» – mit dieser Zuschreibung bestätigten die Akteure ihre eigene Lage in der Selbstwahrnehmung. (94) Und aus dieser Perspektive befanden sich die betrieblichen Eliten immer auf der anderen Seite. Insofern verteidigten die Industriearbeiter auf spezifische Weise die Kragenlinie, letztlich benötigten sie diese nicht nur als Orientierungsrahmen, sondern auch, um sich von den Zumutungen «von oben» abzugrenzen, um ihre wilden Räume vor Zugriffen zu schützen. Die Ambivalenz dieser Konstruktion läßt sich vielleicht am ehesten als Spannungsfeld von Rückzug, Konformität und Eigensinn beschreiben. Wenn heutige Arbeitnehmer, befragt zu ihrem Eindruck über die Veränderung innerhalb der betrieblichen Hierarchie nach der Wende, ironisch antworten: «Man sieht sie öfter«, sind die widersprüchlichen Einstellungen zur Kragenlinie zu spüren: «Auf Arbeit brauche ich keinen Chef zu sehen, wenn ich Probleme habe. Ich halte mich nach dem alten Spruch: Gehe nicht zu deinem Chef, wenn du nicht gerufen wirst.» Für die Produktionsarbeiter war es scheinbar am günstigsten, die «Chefs» tauchten in der Produktion kaum auf. Was zu tun war, wußten diejenigen, die an den Maschinen standen, immer noch am besten. Das schloß nicht aus, daß die fachliche Kompetenz der Vorgesetzten von den Arbeitern anerkannt wurde, insbesondere von denen, die quasi im Betrieb ihren Meister gemacht beziehungsweise sozialen Erfolg hatten. Parallel zur Kragenlinie wird zudem eine Grenze des «Duzens» markiert, die oberhalb des Meisters beginnt und bereits im Kombinatsalltag der DDR gängige Praxis war, zumindest im Verhältnis zur technischen und wirtschaftlichen Leitung.

SITTENBILD EINER ARBEITSGESELLSCHAFT

Die Darstellung der Alltagsgeschichte der Filmfabrik bewegt sich eher in kreisförmigen Linien um Felder des betrieblichen Binnenraumes, in denen die Struktur des Raumes in der Praxis der Akteure, gleichsam in Reichweite, behandelt wird: Das sind die Arbeits- und Organisationsstrukturen, die Sozial- und Kulturarbeit, die sozialen Hierarchien des Betriebes in einer staatssozialistischen Gesellschaft. Der soziale Raum der Filmfabrik kann als «Sittenbild» der Arbeitsgesellschaft DDR gelesen werden, einer Gesellschaft, die sich als lebensweltlicher Arbeitszusammenhang darstellt. (95) Deren Struktureigentümlichkeiten schlagen sich in den wesentlich von industriegesellschaftlichen Traditionen geprägten Einstellungsmustern der Arbeiterschaft nieder. Die SINUS-Studien zum ostdeutschen Milieugefüge machen auf die großen traditionalen Arbeitermilieus in der Mitte der ostdeutschen Gesellschaft aufmerksam. Dahinter ist die zahlenmäßig starke Facharbeiterschaft der ehemaligen DDR zu vermuten, deren Lebensweise und Mentalität dem Arbeiterhabitus entspricht. (96)

Das Arbeits- und Notwendigkeitsethos war in den sozialen Praxen der Chemiearbeiter fest verankert, und so muß es kaum verwundern, daß sich noch im Dezember 1989, als die Stillegung der Filmfabrik bereits beschlossene Sache war, folgende, wohlgemerkt letzte Eintragung im Tagebuch einer Brigade der Faserherstellung findet: «In den letzten Wochen haben sich die Ereignisse förmlich überschlagen. Von unseren Kollegen sind alle in der DDR verblieben und leisten einen großen Beitrag, um die Pläne zu erfüllen. Wir werden auch weiterhin bemüht sein, eine gute Arbeit zu leisten, egal, wie sich das noch entwickeln wird.» (Brigadetagebuch Schichtbrigade Müller)

Unter dem Stichwort «Enttraditionalisierung» wurde in der sozialwissenschaftlichen Debatte über die ostdeutschen Arbeitermilieus wiederholt auf den Verlust von Traditionen und Mustern der Arbeiterkultur in der betrieblichen Praxis der DDR hingewiesen. Milieuorientierte Ansätze arbeiteten ein explizit traditionsloses Milieu, das «Klientel der sozialistischen Großindustrie», als paternalistisch orientiertes Milieu heraus. Die wesentlich mit dem Aufbau der strategisch bedeutsamen Grundstoffindustrien in den fünfziger und sechziger Jahren entstandene Belegschaft rekrutierte sich, wie auch in der chemischen Industrie, vor allem aus Un- und Angelernten. Diese Arbeiter wurden besonders versorgt, ihr Status wurde aufgewertet. Das machte sich etwa in der schnellen Bereitstellung von Wohnraum, zusätzlichen Sozialleistungen oder an den hohen Löhnen in der Chemie bemerkbar. In dieser Zeit waren – ähnlich den paternalistischen Modellen einer Steuerung der Industrie im Nationalsozialismus – «Werkgefolgschaften» entstanden, deren sozialer Zusammenhalt erst in den siebziger Jahren zu bröckeln begann, als sie von der Berliner Zentrale vernachlässigt wurden. Zwar mögen die für die «Klientel der sozialistischen Großindustrie» herausgearbeiteten Merkmale auch auf die Chemiearbeiter der Region Bitterfeld/Wolfen zutreffen, doch scheint mir eine derart scharfe Grenzziehung zwischen den traditionsorientierten Arbeitern und den eher paternalistisch orientierten Milieus, wie Hofmann und Rink sie vornehmen, problematisch. (97) Dagegen habe ich bei der Darstellung der sozialen Praxis Filmfabrik versucht, die ambivalenten Effekte zu diskutieren, die der strukturelle Umbau des sozialen Raumes Betrieb auf die Einstellungen und Muster der Arbeiter hatte. Diese Effekte artikulierten sich im Spannungsfeld von Rückzug, Konformität und Eigensinn, das die sozialen Praxen der Chemiearbeiter im Kombinatsalltag bestimmte. Mit der «Transformation traditioneller kultureller und politischer Reproduktionsformen der Arbeiterklasse zur Staatskultur» wurde die Arbeiterschaft in der DDR letztlich sozial und kulturell enteignet. (98) So agierten die Brigaden unter den Bedingungen einer mangelnden Interessenvertretung der Chemiearbeiter und können als «hybride Räume» der Artikulation eigener Interessen verstanden werden: Syndikalistische Tendenzen der Ausschließung und Abgrenzung gegenüber anderen Gruppen, konformistische Arrangements zwischen den Konfliktlinien des Betriebes, aber auch Verweigerung und Rückzug gegenüber den Zumutungen von oben machen diese spezifischen Basisstrukturen ostdeutscher Arbeiter aus. Letztlich boten die Brigaden als Gelenkstelle zwischen betrieblichen Anforderungen und lebensweltlichen Vorstellungen den Raum, die zum Teil unzumutbaren Arbeitsbedingungen, die Enge und Entwicklungslosigkeit, die an die ewig gleichen Handgriffe im Dunkelraum gekoppelt war, etwas annehmbarer zu gestalten.

Und es ist Peter Hübner zuzustimmen, wenn er die Brigaden als Orte der spezifischen Interessenartikulation von Arbeitern beschreibt, als Orte einer Artikulation «jener Interessen, die Arbeiter in der DDR nicht anders als die Generationen vor ihnen verfolgten; Existieren und Durchkommen unter möglichst erträglichen Bedingungen. Die hierzu erforderlichen Anpassungsleistungen und Arrangements ... waren Ergebnis alltäglicher Lebenstüchtigkeit oder von individuellen Politiken des Privaten.» (99) Sie knüpfen an frühe Formen der Klassenbildung an. Die soziale Integrationserfahrung über die Brigaden stellt sich insofern als schwieriges Feld dar. Letztlich mag es dem hybriden Charakter der Basisstrukturen zuzurechnen sein, daß diese sozialen Netze sich bei den Zerreißproben der Deindustrialisierung nach 1990 als wenig haltbar erwiesen. Es handelt sich dabei weniger um eine Enttraditionalisierung als vielmehr um eine «Rekorporierung»: einen Rückzug auf frühe Traditionen der Arbeiterkultur. (100) In welches Spannungsfeld diese Erfahrungen innerhalb der «flexibilisierten Arbeitswelten» der neuen Chemie nun geraten, wurde bereits deutlich.

Man sollte allerdings nicht den kulturellen Gehalt ignorieren, den Arbeiter den Brigaden zumaßen. «Durchkommen» hieß eben auch «Überhaupt-produzieren». Die Klage über den Qualitätsverlust im Kontext des Planerfüllungsdirigismus seit den siebziger Jahren hat ihren kulturellen Hintergrund in eigenen Qualitätsansprüchen und Vorstellungen von guter Arbeit. Die Brigaden waren letztlich der Raum, in dem dies verhandelt wurde.

Die Rekonstruktion der betrieblichen Hierarchien in der Filmfabrik sollte Einblick in die zwiespältigen Erfahrungsräume der Arbeiter zwischen Egalisierung, Konformismus und Entmündigung geben. Gerade im «Arbeiter- und Bauernstaat» scheint die Perspektive des «kleinen Mannes» auf fatale Weise bestätigt worden zu sein; und das Oben-unten-Modell blieb trotz politisch motivierter Egalisierungsversuche erhalten und erfuhr spätestens in den achtziger Jahren noch eine Zuspitzung. Anlässe für solche Zuordnungen gab es hinreichend: Beim Betriebsfest blieb man unter sich, und am Ende konnten die Arbeiter sich des Eindrucks nicht erwehren, nur noch den sogenannten «Kartenschlüssel» zu bedienen. Die Verfestigung der Kragenlinie gehörte inzwischen zur Zurücknahme von Egalisierungsansprüchen des sozialistischen Projektes einer Arbeitsgesellschaft, einer Zurücknahme, die in der Leistungs- und Individualisierungsdebatte begann. So verschwanden die «Helden der Arbeit» zunehmend aus dem Zentrum politischer Aufmerksamkeit; nur noch in ihrer Praxis des Umgangs mit den katastrophischen Zuständen innerhalb der Produktion waren sie präsent – zu der «die da oben» immer weniger beitragen konnten, angefangen beim ständigen Material- und Rohstoffmangel bis hin zu den immer rigideren Plansollvorgaben aus Berlin. Die Probleme blieben an den «Schichtern» unten hängen, die noch am ehesten wußten, wie man zum zigsten Mal eine völlig verschlissene Anlage flickt.

Die Arbeiter in der Chemieregion gehörten zu den Besserverdienenden in der ehemaligen DDR; hier bekam man schneller als anderswo eine der begehrten Neubauwohnungen, und auch ein FDGB-Ferienplatz an der Ostsee war ab und zu mal drin. Die sozialpolitische Überversorgung hatte allerdings auch eine Kehrseite: Sie entmündigte die Arbeiter politisch und kulturell. Sie konnten auf die Vernachlässigung in den siebziger und achtziger Jahren und auf das Scheitern der Hoffnungen, die in eine Neuauflage des sozialistischen Paternalismus mit dem Wohlfahrtsstaat der alten Bundesrepublik gesetzt wurden, nahezu folgerichtig nur noch mit Resignation, Enttäuschung und dem Gefühl, mißbraucht worden zu sein, reagieren. So drängte sich vielen die radikale Einsicht auf, daß es bei fortschreitender Deindustrialisierung keine «blühenden Landschaften» zwischen Bitterfeld und Wolfen geben wird. Doch der Ruf nach «Lösungen von oben» und der Glaube an den großen Investor auf dem Gelände der Filmfabrik, der kräftig von der Politik genährt wurde und noch lange vorhielt, obwohl die Weichen bereits in eine andere Richtung gestellt waren, sind Ausdruck dieser paternalistischen Dispositionen der Industriearbeiter.

Mit dem Satz «Das können die doch nicht mit einem machen» wird immer wieder die Kragenlinie angerufen: allerdings aus der Erfahrung des Ausgeliefertseins und der Ohnmacht. Hinzu kommt, daß «wer oben war, auch heute oben ist», nur mit dem feinen Unterschied, daß er das die anderen auch noch spüren lassen kann.

In den letzten Jahren wurde ein großer Teil der Produktionsstätten auf dem Gelände der Filmfabrik abgerissen, Neuansiedlungen sind eher spärlich, und überall gähnen leere Flächen. Den Abriß haben die von den großen Sanierungs- und Beschäftigungsgesellschaften nach der Wende zunächst aufgefangenen Chemiearbeiter besorgt und so quasi ihre eigenen Arbeitsplätze demontiert. In Anbetracht ihrer zum Teil jahrzehntelang währenden Arbeitsverhältnisse, oft an ein und derselben Maschine, mußten sie diese Tätigkeit als disqualifizierend und entwürdigend empfinden. Sie mußten mit ihr auch eine Gewißheit demontieren, die den Sinnhorizont der Arbeitsgesellschaft aus der Perspektive ihrer Mitglieder ausmachte: «Der eine alte Kollege, der ist '36 in die Firma hier eingestiegen, in die AGFA, und ist als Rentner wieder rausgegangen, und so habe ich gedacht: ‹Ach, bist du bei der Film, und dann, wenn du Rentner bist, gehst du wieder heim›.»

III

NACHHOLENDE MODERNISIERUNG – RÜCKWEG IN DIE ZUKUNFT

VOM ÖKOLOGISCHEN ZUM SOZIALEN NOTSTANDSGEBIET

Am 17. Dezember 1990 fand sich in der Mitteldeutschen Zeitung unter der Überschrift «Treuhand: Kaum Chancen für die Chemie» eine Randnotiz zur Zukunft der großen Chemiekombinate in Bitterfeld und Wolfen: «Von den Chemiebetrieben der ehemaligen DDR ist nach einem internen Vorstandspapier der Berliner Treuhandanstalt kaum ein Unternehmen in seiner bestehenden Form und in seiner Ganzheit überlebensfähig, berichtet das Hamburger Abendblatt heute. So müsse die Treuhandanstalt allein für das erste Halbjahr 1991 eine halbe Milliarde Mark Liquiditätsbürgschaften nur für die chemische Industrie leisten. Wie es in dem Papier heißt, müsse der Industriezweig ‹sowohl aus wirtschafts- als auch aus sozialpolitischen Gründen› erhalten bleiben. Die desolate Lage der ostdeutschen Chemieindustrie berge erheblichen sozialen Zündstoff. Besonders in den Regionen Bitterfeld/Wolfen und Halle/Leipzig drohe Massenarbeitslosigkeit.» Im Sommer 1990 hatte die Zeitung bereits über den massiven Arbeitskräfteabbau in den zu Aktiengesellschaften umgewandelten Chemiebetrieben berichtet: «Die Chemie AG in Bitterfeld klagt über einen starken Umsatzrückgang, die Filmfabrik in Wolfen bleibt auf ihren Produkten sitzen, weil die Fotofreunde in der DDR lieber westliche Fabrikate kaufen. Monatlichen Kosten von 60 Millionen DM stehen derzeit Einnahmen von 30 Millionen DM gegenüber. Beide Betriebe, in denen schon jeweils mehr als 2.000 Mitarbeiter zu Kurzarbeitern wurden, sehen drastische Personaleinsparungen vor. In der Chemie AG sollen von derzeit 16.400 Chemiewerkern noch knapp 10.000 übrigbleiben, die Filmfabrik Wolfen, in diesem Jahr schon von 15.500 auf 13.500 geschrumpft, will im Lauf des nächsten Jahres bei 8.000 Beschäftigten anlangen.»
Nach der Wende avancierte die Region in den Medien zum ökologischen Notstandsgebiet. Die Stillegung oder wirtschaftliche und ökologische Sanierung der größten «Giftküchen» zog den sozialen Notstand nach sich. Von 1989 bis 1992 verloren zwei Drittel der Beschäftigten ihren Arbeitsplatz: in der Chemie AG (Bitterfeld) blieben von 17.495 Beschäftigten noch 5.500 übrig, in der Filmfabrik (Wolfen) von 14.531 noch 1.300. (101)
Die Reorganisation der ostdeutschen Industrie oblag nach der politischen Wende im Herbst 1989 der Treuhandanstalt, die auf eine schnelle Privatisierung der ehemaligen Staatsbetriebe setzte, in der Absicht, Ökonomisierungszwänge zu etablieren, die eine erfolgreiche Marktwirtschaft sichern. Ihre Anweisung zum Umbau der DDR-Großbetriebe im Sinne einer «Sanierung durch Privatisierung», die letztlich die Sanierungsaufgaben an die potentiellen Käufer delegierte, ließ sich allerdings im Chemiedreieck nicht verwirklichen. Die zitierte Zeitungsnotiz macht auf die im Juni 1990 sich durchsetzende Einsicht aufmerksam, dieses Verfahren in der chemischen Industrie nicht anzuwenden: Es gab keine Interessenten für den kompletten Erwerb der Kombinate; die westdeutsche Chemie beabsichtigte ihren Bedarf mit den vorhandenen Produktionskapazitäten zu decken. Die veranschlagte Höhe der Sanierungskosten schreckte mögliche Investoren eher ab, und vollständige Stillegungen waren wegen der sozial unbeherrschbaren Folgen von Massenentlassungen nicht opportun. Die absehbare Deindustrialisierung einer ganzen Region und das damit drohende politische Konfliktpotential zwangen die Treuhand, ihren bisherigen Kurs entlang harter betriebswirtschaftlicher Kriterien auf-

zugeben. Mit der Rede vom «Erhalt industrieller Kerne» kündigte sich dann Anfang der neunziger Jahre eine Alternative zur aktiven Sanierung ehemaliger ostdeutscher Industriestandorte an, verstanden als staatliche Aufgabe. Die Probleme eines staatlichen industriepolitischen Engagements waren hinlänglich bekannt: «Was die neuen Bundesländer angeht, machen wir, bezogen auf die industriellen Kerne, Industriepolitik. Eine Industriepolitik, die, an ordnungspolitischen Maßstäben gemessen, bedenklich ist», konstatierte der damalige Bundeswirtschaftsminister Rexrodt in der «Neuen Zeit» vom 9. März 1993. Die Gründung des Chemie-Lenkungsausschusses bei der Treuhand, in dem Vetreter der Wirtschaftsministerien des Bundes und des Landes, der Gewerkschaften, des Finanz- und Umweltministeriums sowie die Vorstandsvorsitzenden der betroffenen Unternehmen mit den Beraterfirmen an einem Tisch saßen, signalisierte die politische Absicht. Erarbeitet wurde ein Restrukturierungskonzept, das in seinen Grundzügen folgende Entwicklung für Bitterfeld und Wolfen vorsah: «Die Chemie AG Bitterfeld-Wolfen, wegen ihres breiten Produktsortiments als ‹Apotheke der DDR› apostrophiert und als Ganzes unverkaufbar, sollte durch Veräußerung einzelner Geschäfte sowie Stillegung und Sanierung des übrigen Werksgeländes in einen Industriepark umgewandelt werden. Die Filmfabrik Wolfen sollte durch Teilverkäufe und Ausgliederungen auf die Filmproduktion als Kerngeschäft schrumpfen und Wolfen selbst zu einem diversifizierten Industriestandort entwickeln.» (102) Gewerkschaften und Betriebsräten kam in diesem Sanierungs- und Privatisierungsprozeß die Rolle zu, maßvolle Tarifabschlüsse und eine kooperative Beteiligung beim Personalabbau zu sichern. Mit Alters- und ausgedehnten Vorruhestandsregelungen sowie der Einrichtung von sogenannten MEGA-ABM, die auf ökologische Sanierung ausgerichtet waren, konnte der drastische Personalabbau zunächst sozial abgefedert werden.

Wie sah die für Wolfen und Bitterfeld strategisch vorgesehene industrielle Restrukturierung in der Realität aus? Die bereits zitierte Untersuchung zum Transformationsprozeß der chemischen Industrie in Sachsen-Anhalt weist auf folgende Entwicklungslinien der beiden ehemaligen Chemiekombinate hin: Für die Chemie AG wurde relativ früh das Konzept einer komplexen Privatisierung durch Investoren aufgegeben; neben der Stillegung von etwa vierzig Anlagen verfolgte man eine Strategie der Teilprivatisierung unter Erhaltung von Kerngeschäften. Ziel dieser Strategie war die Entwicklung eines Chemieparkes, in den eigene Kernbereiche, ausgegründete Unternehmen, Dienstleistungen und neue Investoren integriert werden sollten, um die vorhandenen Standortvorteile zu nutzen. Nachdem Bayer und Heraeus Interesse signalisierten, besaßen die Hochrechnungen auf mögliche 5.000 Arbeitsplätze am Chemiestandort einen gewissen Realitätsgehalt. Die Filmfabrik Wolfen GmbH verfolgte neben der Stillegung von zwanzig unproduktiven und besonders umweltbelastenden Anlagenkomplexen eine Konzentration auf den Kernbereich des ehemaligen Kombinates, das Filmgeschäft. Die im Chemie-Konzept vorgesehene zügige Privatisierung des Kerngeschäftes kam nicht zustande, die zeitige Abkopplung des erhaltenswürdigen Kerns hatte allerdings fatale Folgen: Bis zum Herbst 1992 sank die Beschäftigtenzahl des Unternehmen auf neun Prozent seines ursprünglichen Personalbestandes. Im Zuge der Konzentration auf den Kernbereich war es zu einer frühen Segmentierung innerhalb der Belegschaft gekommen: zwischen denen, die bleiben und denjenigen, die schon aus Kostengründen das Unternehmen verlassen sollten.

Inwieweit das Ausbleiben einer erfolgreichen Privatisierung dem Konzept einer «Paket-Privatisierung», das die Geschäftsführung vertrat, geschuldet war oder aber den mangelnden Investitionsmitteln zur Modernisierung auf seiten der Treuhand, ist nicht eindeutig auszumachen. Die Hoffnung auf den großen Investor motivierte offenbar auch dann noch die Bemühungen der Geschäftsleitung, als bereits lange klar war, daß kein Marktführer der Branche einsteigen würde. Vom angestrebten Kernbereich des Filmgeschäfts ist nur der Konfektionsbetrieb mit 150 Beschäftigten übriggeblieben, in dem nach erfolgter Privatisierung Filme unterschiedlicher Hersteller unter dem Firmennamen ORWO konfektioniert und verpackt werden. Auch in Wolfen entschied man sich schließlich für ein Industriepark-Konzept auf dem Gelände der ehemaligen Filmfabrik, mit Standorten für Maschinenbau, Umwelttechnik, Dienstleistungen sowie einer Glasfabrik. (103)

Die Erfolge dieser Sanierungs- und Privatisierungskonzepte zur industriellen Restrukturierung der ehemaligen Chemiekombinate nehmen sich allerdings neun Jahre nach der deutschen Vereinigung recht bescheiden aus. Trotz einiger modernisierter Inseln der neuen Chemie war die Deindustrialisierung der Region kaum aufzuhalten, innovative Industriezweige sind nicht auszumachen. Eine sich selbst tragende wirtschaftliche Entwicklung scheint vor diesem Hintergrund nicht in Sicht. Die symbolische Politik der «blühenden Landschaften» im ökologischen Notstandsgebiet Bitterfeld büßte mit wachsender Deindustrialisierung und sozialer Fragmentierung ihren Legitimationsgehalt ein. Der massive Beschäftigungsabbau führte unter anderem zu einer problematischen Verschiebung der Alters- und Qualifikationsstruktur: Angesichts fehlender Perspektiven verließen von 1990 bis 1992 jüngere, leistungsfähigere und mobilitätsbereite Beschäftigte im Alter von zwanzig bis vierzig Jahren die Region. In diesen Jahren sind 15.000 Erwerbspersonen abgewandert, hinzu kommen noch 7.500 Pendler. (104) Damit gehen den ehemaligen Chemiestandorten langfristig Ressourcen für eine innovative Entwicklung verloren.

Tatsächlich handelt es sich bei der Restrukturierung der ostdeutschen Chemie, die zunächst als «großes industriepolitisches Experiment» (105) eingeschätzt wurde, um eine klassische, auf Subventionen abgestellte Strukturerhaltungspolitik. Mit hohem publizistischem Aufwand erfolgte im Oktober 1992 die Grundsteinlegung für die Bayer-Bitterfeld GmbH, Tenor: «Bayer zeigt Kreuz und Flagge und gibt für Ostdeutschland ein Signal für den Aufbau.» Politikprominenz und Medienpräsenz garantierten den symbolischen Wert des Ereignisses. Nach der Zurückhaltung vieler westdeutscher Chemiekonzerne gegenüber der Übernahme ostdeutscher Betriebe mußte der Bau des Bayer-Werkes – nicht auf dem kontaminierten Gelände des ehemaligen Chemiekombinates, sondern auf der grünen Wiese unweit eines Naturschutzgebietes – wie ein Signal für die Region wirken. Angesichts der lauten Begleitmusik der Medien bietet es sich hier an, von einer «symbolischen Industriepolitik» zu sprechen. (106) Damit verbindet sich die Frage nach den Chancen und Risiken einer staatlich regulierten Industriepolitik überhaupt. Zudem wäre zu diskutieren, in welche Richtung die Weichen für den regionalen Strukturwandel mit einer auf diese Weise initiierten Unternehmensansiedlung gestellt sind.

Wenn Kritiker von den «verlängerten Werkbänken» im Osten reden, so sind mehrere Problemfelder angesprochen. Diese Metapher steht zum einen für ein Modell betrieblicher Rationalisierung, das in den westeuropäischen Gesellschaften unter dem Stichwort «Reduzierung der Fertigungstiefe» zu einer Veränderung der zwischenbetrieblichen Arbeitsteilung geführt hat. Die Verschlankung der Unternehmen gliederte bestimmte Bereiche aus, etwa Forschung und Entwicklung, Produkt- und Prozeßentwicklung sowie Verfahrensverbesserung. Neue, im Osten angesiedelte Unternehmen wie Bayer Bitterfeld sind in diese Arbeitsteilung integriert, ihnen kommen innerhalb des Unternehmenverbundes nur bestimmte Aufgaben zu. Und daran knüpft sich der zweite Problemkomplex. Bayer produziert in Bitterfeld Pharmaka, Lackharze, Methylzellulose, Heraeus stellt synthetisches Quarzglas her, Guardien in Wolfen liefert Flachglas in die Welt – um nur einige zu nennen. Fraglich bleibt der innovative Charakter dieser Industriezweige für das Ziel einer selbsttragenden und «eigenständigen» Entwicklung der Region.

Hier zeigt sich, wie problematisch ein Modernisierungsverständnis ist, daß einerseits im Rückgriff auf «fordistische» Regulierungsformen traditionelle Strukturen erhält, andererseits jedoch mit der radikalen und raschen Privatisierung auf die heilsamen Kräfte des Marktes setzt.

INDUSTRIELLE RESTRUKTURIERUNG ALS NACHHOLENDE MODERNISIERUNG

Offenkundig führt die Neuauflage des Modernisierungsmodells der westeuropäischen Nachkriegsgesellschaft in der ehemaligen Chemieregion in ein Dilemma: Modernisierung erweist sich hier als Spaltung der regionalen Wirtschaft in Sektoren hochqualifizierter, sozial abgesicherter Arbeitsplätze, in eher marginale Sektoren von Dienstleistung, Handwerk und Baugewerbe und die zunächst als arbeitsmarktpolitisches Instrument eingesetzten Beschäftigungsgesellschaften, welche die steigende Arbeitslosenquote immer wieder nach unten korrigieren. Damit korrespondiert eine massive Verschlankung der Arbeitnehmerschaft, in deren Folge die sozialen Disparitäten wachsen. Der Traum von einer raschen Herstellung gleicher Lebensverhältnisse, für den die Metapher der «blühenden Landschaften» steht, scheint ausgeträumt.

Entpuppt sich der nahezu beruhigende Rückgriff auf die modernisierungstheoretischen Implikationen, die die politischen Strategien der Akteure ebenso prägten wie die Sichtweisen der Interpreten, als Konstruktionsfehler der Transformation? Die Massenproteste um 1989 als «nachholende Revolution» (J. Habermas) zu deuten lag vor dem Hintergrund einer Interpretation nahe, die den Staatssozialismus als blockierte oder konservative Modernisierung verstand. Das Diktum von der nachholenden Modernisierung stand politischen Optionen nahe, «die ihr Erfolgsversprechen aus der Rhetorik der großen politischen Nachkriegsprogramme bezogen, indem sie die ‹Rückkehr des Ostens nach Europa› mit Währungsreformen, mit einem Marshallplan für Osteuropa, verfassungspolitischer Aufbauhilfe, einer schrittweisen gesamteuropäischen Integration ... verknüpften». (107) Das Vertrauen, das hier in die ostdeutsche Wirklichkeit gesetzt wurde, gründete auf modernisierungstheoretisch geprägten Erwartungen. Weitergehende Modernisierung hieß dann: «Transformation und Transition sind Modernisierungsprozesse, die sich vor den offenen Modernisierungsprozessen evolutionärer Innovation dadurch auszeichnen, daß das Ziel bekannt ist: die Übernahme, Errichtung, Inkorporation von modernen, marktwirtschaftlichen, rechtsstaatlichen Institutionen.» (108)

Konkurrenzdemokratie, Marktwirtschaft, Wohlstandsgesellschaft mit Massenkonsum und Wohlfahrtsstaat lauten die erfolgversprechenden Stichworte. Technische und soziale Innovation, Wertegeneralisierung, Differenzierung und Statusanhebung galten als Mechanismen zur Durchsetzung des westeuropäischen Modells.

Der stark normative Gehalt dieses Ansatzes steht schon länger und nicht erst, seit das Modernisierungsmodell westeuropäischer Gesellschaften in die Krise geraten ist, unter Druck. An diesen, in der Tradition von Parsons stehenden klassischen Ansatz anzuknüpfen bedeutet, eine grundsätzliche Voraussetzung für den Erfolg des westeuropäischen Modells auszublenden: Ökonomische Prozesse sind nur dann erfolgreich, wenn sie sich in einem Geflecht von außerökonomischen Verhältnissen, Institutionen und Beziehungen vollziehen. Die «Nachkriegsprosperität» der westlichen Welt war in ein solches Netz politischer Regulierungen der Arbeits-, Kapital-, Finanz- und Rohstoffmärkte eingebunden. Die Neuauflage dieses Modells im «Vereinigungskeynesianismus» schien diesen Zusammenhang allerdings fast vollständig zu ignorieren. In der Rhetorik der deutschen Einheit war sie im wesentlichen auf den einfachen Mechanismus von Wirtschaftswachstum und Wohlfahrtsmehrung, von sozialem Wandel und Modernisierung beschränkt, auf einen Mechanismus, der in der Trias von Marktwirtschaft, Rechtsstaat und Sozialstaat auch für Ostdeutschland als Erfolgsrezept funktionieren sollte. Burkart Lutz macht darauf aufmerksam, daß in diesem Modernisierungsverständnis eine Entwicklung unberücksichtigt blieb, die für den Erfolg der westeuropäischen Gesellschaften entscheidend war, auf die Tatsache nämlich, «daß die Dynamik von wachsendem Wohlstand und gesellschaftlichem Fortschritt ... immer weniger im blinden Wirken von Marktkräften, in rücksichtsloser Maximierung der Gewinne und in davon erzwungener fortschreitender Unternehmenskonzentration ..., sondern zunehmend in einem immer komplexeren Gefüge von Institutionen, Normen und Organisationen begründet ist». (109) Diese Leerstelle in der Konstruktion der nachholenden Modernisierung hat allerdings Gründe: Unter dem Stichwort «Krise des Fordismus» debattiert man zumindest seit den achtziger Jahren über die Erosion der industriegesellschaftlichen Regulationsmuster und wohlfahrtsstaatlichen Sicherungssysteme, eine härtere Gangart bei der Bearbeitung gesellschaftlicher Konflikte und deren Regulierung über den Markt. (110) Der Blick auf die Prozesse in Osteuropa war dann durch die Perspektive einer neoliberalen Entwicklungstheorie geprägt, eine Perspektive, die schließlich auch die Strategien der Treuhand für die Chemieregion prägte. Damit hat sich zugleich ein «stillschweigender Bedeutungswandel des Modernisierungsbegriffs, dem folgend ‹modernization› mit ‹marketization›, Reform mit Privatisierung identifiziert wird, durchgesetzt». (111) Das Muster einer «marktinduzierten Modernisierung» definiert zudem die Aufgaben der Politik nur negativ im Sinne eines Rückzugs aus der Gesellschaft. Dieser Konstruktionsfehler der nachholenden Modernisierung scheint im Widerspruch zur hoch subventionierten Industriepolitik in Sachsen-Anhalt zu stehen. Doch das Gegenteil ist der Fall: Das industriepolitische Engagement des Staates in der Chemie ist letztlich eine Reaktion auf die politische Unhaltbarkeit der marktinduzierten Modernisierung in Bitterfeld und Wolfen. Denn mit der Einführung der D-Mark am 1. Juli 1990 waren die ehemaligen Chemiekombinate quasi ungeschützt mit der Konkurrenz auf dem nunmehr geöffneten Weltmarkt konfrontiert, eine Situation, die von November 1989 bis Oktober 1990 einen schlagartigen Rückgang der Produktion auf 48 Prozent mit sich brachte. Da das Personal zunächst gehalten wurde, sank die Arbeitsproduktivität weiter. Zu den schwachen Wettbewerbspositionen der nun in Kapitalgesellschaften umgewandelten Kombinate kamen der Zusammenbruch der traditionellen osteuropäischen Märkte – ab Januar 1991 wurde der Handel mit Osteuropa in konvertibler Währung abgewickelt – sowie eine sich spätestens seit 1991 abzeichnende weltweite Konjunkturkrise der Chemiebranche verschärfend hinzu. Die Stillegung der Zellstoffproduktion in der Filmfabrik Anfang 1991 steht in diesem Zusammenhang: «Durch das große und kostengünstigere Angebot auf dem Weltmarkt war bald kein Absatz mehr vorhanden, und die Lagerbestände wuchsen an. Eine fieberhafte Tätigkeit zur Absatzerschließung brachte nicht den erwünschten Erfolg, obwohl die Produktion bis Dezember noch aufrechterhalten wurde ... Da auf dem Weltwirtschaftsmarkt riesige Zellstoffkapazitäten vorhanden sind, konnte nicht geklärt werden, ob der in Wolfen produzierte Zellstoff abgesetzt werden kann ... Mit dem derzeitigen ORWO-Preis für eine Tonne Zellstoff, produziert auf eben diesen uneffektiven Anlagen, ist man nicht weltmarktfähig und somit ‹raus aus dem Geschäft›.» (112) Weil innerhalb kürzester Zeit die Dämme in der ostdeutschen Wirtschaft brachen, war bei der Treuhand ein strategischer Kurswechsel von der «Sanierung durch Privatisierung» hin zur Industriepolitik notwendig.

Um welche Art von Industriepolitik handelte es sich? Die grundsätzliche Konzentration der Treuhand auf Privatisierung in Verbindung mit einer «investorneutralen Sanierung» führte letztlich zu einer konservativen beziehungsweise defensiven Restrukturierungspolitik. In den Unternehmenskonzepten der Treuhand für die chemischen Großbetriebe wurden «überlebensfähige Geschäftsfelder und der investive Aufwand für eine Sanierung» definiert: «Dieses mittelfristige Konzept schreibt im wesentlichen vorhandene Produktlinien fest, Zukunftsfelder werden nicht aufgezeigt.» (113) Gesichert wurde damit zwar der gleichwohl stark reduziert laufende Betrieb des Unternehmens, der jedoch bei Absatzschwierigkeiten des traditionellen Produktspektrums weiter zurückgefahren wurde. Investitionen in Prozeß- und Produktinnovationen fielen der Sparlinie der Treuhand zum Opfer. Eine strukturelle Neuorientierung der Betriebe konnte damit kaum in Gang gesetzt werden. (114) Im Hintergrund der Formel vom «Erhalt der industriellen Kerne» steht letztlich eine defensive Handlungsorientierung, bei der ein nüchternes Kalkül aussschlaggebend war: Der Erhalt der Chemiestandorte in Sachsen-Anhalt war nur deswegen angestrebt worden, «weil die volkswirtschaftlichen Opportunitätskosten (also die Kosten der Arbeitslosigkeit und der Stillegung) ähnlich hoch, ja höher lägen als die Erhaltung und Sanierung der betroffenen Unternehmen». (115) Das Dilemma einer solchen Restrukturierungspolitik für die ehemaligen Chemiestandorte machen Fischer und Weißbach am Beispiel der Forschungs- und Entwicklungskapazitäten deutlich. Der Erhalt der ostdeutschen Chemie war vor allem regional- und sozialpolitisch motiviert und folgte eben nicht einer betriebswirtschaftlichen Logik. Innovative Forschungspotentiale sind für die bloße Fortführung bisheriger Produktionslinien nicht notwendig, und nur darauf zielte die Restrukturierung. Setzt ein innovativer Chemiestandort Forschungs- und Entwicklungskapazitäten voraus, so mußte die parallel zum Beschäftigungsabbau verlaufende Reduktion solcher Potentiale – insbesondere jener Bereiche, deren Aufgabe es ist, neue Produkte, neue Verfahren und damit auch neue Geschäftsfelder zu eröffnen – diese Perspektive kappen. Neben versuchten Ausgründungen und sogenannten Forschungs-ABM gelang eine Reallokation dieser Kapazitäten kaum. Die Hoffnung auf eine Eingliederung in die Service-Einrichtungen der Industrieparks scheiterte, unter anderem mit der Begründung, daß Neuankömmlinge wie Bayer in ihren Zentralen eigene Forschungskapazitäten hätten und nicht auf die vor Ort angesiedelten zurückgreifen würden.

Der Ausgliederung von Forschungs- und Entwicklungsbereichen aus den ehemaligen Kombinaten vergleichbar vollzog sich unter dem Stichwort «Entflechtung» ein Umbau der großbetrieblichen Strukturen in der ostdeutschen Industrie. Diese Strukturen waren durch ein hohes Maß an Konzentration nicht nur produktionsorientierter Bereiche, sondern auch reproduktiver Dienst- und Sozialleistungen gekennzeichnet. Die Gründung der Kombinate als «vertikal integrierte Großunternehmen» ab den siebziger Jahren setzte zudem eine weitere Vergesellschaftung der Produktion in Gang. Sie erfolgte zu einem Zeitpunkt, als sich in den kapitalistischen Industrieländern die stabile Ehe zwischen industrieller Massenproduktion und vertikal integrierten Großunternehmen auflöste und die Fertigungstiefe der Produktion reduziert wurde. In der Praxis bedeutete dies, daß die Chemiekombinate Bereiche der technischen Dienstleistungen, des sogenannten «Rationalisierungsmittelbaus», der Forschung und Entwicklung ebenso integrierten wie soziale Leistungen vom Kindergarten bis zum Urlaubsplatz. Darüber hinaus verfügten die Kombinatsstammbetriebe über große Infrastruktur- und Baubereiche, die für die regionale Energieversorgung über die Kraftwerke oder für den Wohnungsbau in der Region lebenswichtig waren. Diese eher sekundären Kapazitäten waren Bestandteil der Kombinate, was dazu führte, «daß die Wirtschaftsstandorte nicht nur vom jeweiligen Großbetrieb geprägt, sondern Standort und Großbetrieb nahezu identisch waren». (116) Eine in den achtziger Jahren durchgeführte Kampagne zur «territorialen Rationalisierung» machte diese Verflechtung sichtbar. In Wolfen sollten die Kombinate zusammen mit den Kommunen Infrastrukturmaßnahmen übernehmen, als «sinnvolle Zusammenführung geplanter Einzelmaßnahmen verschiedener Betriebe». (117) Das betraf komplexe Wohnungsbauvorhaben, die Errichtung von Verkaufseinrichtungen, von Kinder-, Dienstleistungs- und Betreuungseinrichtungen, die im Zusammenwirken der Kombinate, Betriebe und Genossenschaften in sogenannten territorialen Interessengemeinschaften realisiert werden sollten. «Das Interesse der Betriebe für die gesellschaftliche Entwicklung hört nicht am Betriebszaun auf», schrieb die «Freiheit» im Januar 1989, «sondern deren Engagement für die Entwicklung des Territoriums nimmt zu. Fühlen sich die Werktätigen dort wohl, wo sie wohnen, profitiert schließlich der Betrieb davon.» (118) Mit der Reorganisation ostdeutscher Chemiebetriebe nach 1989 wurden unter dem Stichwort «Entflechtung» die einzelnen Produktionseinheiten organisatorisch verselbständigt: Eine Unternehmenssanierung, die in erster Linie Kosten reduzieren sollte, führte allerdings dazu, technische und soziale Dienstleistungskapazitäten, Forschungs- und Entwicklungsabteilungen sowie Verwaltungsbereiche abzustoßen. Angleichung an die westlichen Produktionsstrukturen bedeutete auch hier eine massive Reduktion der Fertigungstiefe. Die Strategien der Akteure und die Sichtweisen der Interpreten waren von der Vorstellung bestimmt, betriebliche Transformationsprozesse nach dem Vorbild westlicher Rationalisierungsmechanismen abzuwickeln. Was dem Blick sowohl der westdeutschen Experten, Berater und Manager als auch der Forscher entging, war die institutionelle und soziale Bedeutung, die Betriebe im Reproduktionszusammenhang der DDR-Gesellschaft besaßen. Die Mißachtung dieser Dimension bei der «nachholenden Modernisierung» der ostdeutschen Industrie hatte problematische Auswirkungen auf den Verlauf der industriellen Restrukturierung. Das betraf die mit dem Wegfall des Betriebes als «Lebensraum und Basisinstitution» verbundenen sozialen Folgen ebenso wie die wirtschaftlichen Weichenstellungen, die unter Ignoranz der spezifischen Potentiale ostdeutscher Betriebe vorgenommen wurden.

Angesichts dieser Schwierigkeiten verschärft sich mittlerweile die Kritik an Praxis und Erforschung der ostdeutschen Transformation: «Die ‹Grundsanierung› und die weitere organisatorische und arbeitsprozessuale Rationalisierung der verbleibenden Teile der ehemaligen DDR-Industrie waren und sind ja keine bloß betriebsinternen Vorgänge, sondern bedeuten tiefe, oftmals weit über den Arbeitsplatzverlust hinausreichende Eingriffe in die Lebensverhältnisse sehr vieler Menschen. Die westlichen Effizienzstandards, die von Treuhand, Westberatern oder neuen Besitzern auf die Produktions- und Organisationsstrukturen aus der DDR übertragen wurden und immer noch werden, setzen selbstverständlich eine große Zahl von kompensatorischen und komplementären Diensten, Leistungen und Ressourcen voraus, zu denen keineswegs nur die Aktivitäten der Bundesanstalt für Arbeit gehören und die nicht denkbar sind ohne effiziente, eingespielte Verwaltungen, funktionierende soziale Netze und die seit langem eingeübte Fähigkeit der Menschen, sich dieser Leistungen und Ressourcen effektiv zu bedienen.» (119) Im Feld betrieblicher Restrukturierung verstellte diese Perspektive unter anderem den Blick für die Besonderheiten der DDR-Industrie, die lediglich als Ausdruck von Rückständigkeit interpretiert wurden. Bluhm, Voskamp und Wittke arbeiten in ihrer Untersuchung zur Umstrukturierung der großchemischen Industrie die Potentiale der technischen Dienstleistungen in den ehemaligen Kombinaten heraus, Potentiale, die zum Teil einer schnellen Restrukturierung zum Opfer fielen. (120) Mit ihrer Ausgliederung aus den Mutterunternehmen erhofften sich die Akteure einerseits eine Kostenentlastung, andererseits eine rasche Marktanpassung, da in dieser Branche zweifellos Potentiale zur Entwicklung einer mittelständischen Infrastruktur vorhanden waren. Mit der Orientierung auf externe Märkte wurde allerdings ignoriert, daß vor allem der Rationalisierungsmittelbau, neben den Forschungs- und Entwicklungsbereichen eines der innovationsträchtigen Ressorts der DDR-Industrie, bisher auf die Bedürfnisse der Großchemie ausgerichtet war. Erwies sich der Entzug des innerbetrieblichen Marktes nicht als «Begräbnis erster Klasse» für die nun verselbständigten Betriebe? Bluhm, Voskamp und Wittke beschreiben in ihrer Studie für Wolfen und Bitterfeld zwei unterschiedliche Szenarien, in denen die Potenzen der kombinateigenen Dienstleistungen zumindest partiell als Ressource genutzt beziehungsweise die Chancen, aus den Besonderheiten neue Stärken zu entwickeln, vertan wurden.

Unterschiede in den Restrukturierungslinien dieser Bereiche gründen letztlich in den differierenden Sanierungskonzepten der Chemie AG und der Filmfabrik. Die im Chemiekonzept vorgenommene frühe Bestimmung des überlebenswichtigen Kerns, nämlich des Filmgeschäfts, brachte den gerade für die Filmproduktion sehr ausgedehnten technischen Bereich in eine schwierige Lage. Die schnelle Abkopplung vom Mutterunternehmen erfolgte zu einem Zeitpunkt, da neue Märkte für die angebotenen Dienstleistungen nicht in Sicht waren. Insofern waren Ausgründungen äußerst riskant, ein Industriepark-Konzept existierte erst in Umrissen. Damit war eine Situation entstanden, in der der Abbau dieser Kapazitäten sich eben nicht mit einer Übergangsperspektive beziehungsweise einem Umbau verknüpfte. Infolgedessen ist dem Standort ein erheblicher Teil der Kompetenzen verlorengegangen, die in den technischen Werkstätten vorhanden waren. Anders dagegen verlief die Restrukturierung in Bitterfeld. Hier gab es Konzepte und auch Mittel, um Teile der noch ans Unternehmen gebundenen technischen Dienstleistungen auf eine Ausgründung vorzubereiten, neue Märkte und Kooperationsbeziehungen waren in Sicht. Voskamp, Wittke und Bluhm schildern für 1992 eine Konstellation, in der außerhalb der beiden Restunternehmen neue Firmen mit dem Schwerpunkt technische Dienstleistungen entstanden waren, die ihre Perspektive nicht mehr aus dem Mutterunternehmen entwickelten, sondern auf den Standort als Chemiepark bezogen.

Standortentwicklungskonzepte, wie das des ChemieParkes in Bitterfeld, eröffneten diesen Bereichen neue Perspektiven. Ziel der Konzepte war es, so Voskamp und Wittke, «durch Ausgliederung und Neuansiedlung attraktive Standorte zu schaffen, bei denen die chemische Grundstoffproduktion und die allgemeine wie chemiespezifische Infrastruktur» so aufbereitet wurden, daß ein zwischenbetriebliches Netzwerk von Produktions- und Dienstleistungsangeboten mit geringer Fertigungstiefe und schmalen indirekten Bereichen entstehen konnte. Die Autoren machen darauf aufmerksam, daß diese Konzepte unter dem Stichwort «Lean Production» einem Trend innerhalb des Umbaus industrieller Beziehungen folgen, der «in Richtung auf arbeitsteilige Zuliefernetzwerke in regionaler Nachbarschaft des Endproduktherstellers» gehe. (121) Eine «schlanke Produktion» in der Chemie läßt sich in Ostdeutschland gut ausprobieren; die ausgegründeten technischen Bereiche stellen dafür als «komplexe Instandhaltungsfirmen» die notwendige Infrastruktur bereit. Dieser Trend stellt eine Antwort der Unternehmen auf die zunehmende Ausdifferenzierung der Märkte dar, die zur «Formierung und schärferen Konturierung regionaler Ökonomien, zu räumlichen Bündeln von Firmen oder operativen Einheiten mit unterschiedlichen Spezialitäten ... führt, die in verschiedenartigen Kombinationen daran mitwirken, gemeinsam Märkte zu beliefern». (122)

Betrachtet man die Entwicklung des ChemieParkes in Bitterfeld, so scheint die Schaffung dezentraler vernetzter Industriestrukturen, in denen Neuansiedler mit vorhandenen Potentialen und Ressourcen der ehemaligen Kombinate neu zusammengesetzt wurden, der erfolgreichere Weg zu sein. Die grundsätzliche Differenz zwischen beiden Restrukturierungskonzepten liegt nach Ansicht der Autoren gerade in ihrer unterschiedlichen Definition des «industriellen Kerns» begründet. Im Gegensatz zu Wolfen verließ man in Bitterfeld die Unternehmensgrenzen und setzte auf den Standort. Für die allmählich aus den Strukturen des Großbetriebes herausgelösten technischen Bereiche sind neue Märkte in Gestalt neuer Ansiedler mit schlanken Produktionsstrukturen in Sicht, für die wiederum die ersten einen interessanten Standortvorteil darstellen. (123)

Dieses Modell ist aus einem weiteren Grund interessant: Hier werden in einer zunächst als

Überlebensstrategie angelegten Konzeption bestehende Potentiale der ehemaligen DDR-Industrie, wie die technischen Dienstleistungsbereiche, nicht unter dem Verdikt der Rückständigkeit vernichtet, sondern umgebaut und dabei entfaltet. Wenn Voskamp, Bluhm und Wittke in diesem Kontext davon sprechen, «den Westen (zu) überholen, ohne ihn einzuholen», so zielt die Neuauflage dieses Slogans auf die auch gegenüber der westdeutschen Großchemie innovativen Potentiale eines solchen Industriestandortes. (124)

TRANSFORMATION ALS STRUKTURWANDEL

«Es scheint«, schreibt der polnische Soziologe Piotr Sztompka, «als wenn die westlichen Gesellschaften just in dem Augenblick vom Zug der Moderne abspringen, in dem der postkommunistische Osten verzweifelt versucht aufzusteigen». (125) Offensichtlich ist die Orientierung der osteuropäischen Länder am Entwicklungsmodell westeuropäischer Industriestaaten mittlerweile von Zweifeln durchsetzt, wird eine Aufholbewegung zu einem immer aussichtsloseren Unterfangen. (126) Der seit Mitte der achtziger Jahre mit den Stichworten Globalisierung, Flexibilisierung und Deregulation angezeigte Übergang Westeuropas zur postindustriellen Gesellschaft hat das Gesicht des Kapitalismus grundlegend verändert. Die Auflösung der Systemkonkurrenz seit 1989 und der damit verbundene Wegfall der äußeren Gegenmächte dynamisierten diese Entwicklung.
Es handelt sich um einen Prozeß, in dem Staatsinterventionismus und institutionelle Regulierung tendenziell zugunsten einer Koordination über den Markt abgebaut werden. In die Krise geraten ist ein Regulationsmuster, das Massenproduktion, Massenkonsum durch höhere Löhne und damit einen gesicherten Absatz von Waren miteinander verzahnte. Der moderne Sozialstaat trug nicht nur zur Durchsetzung des Konsummodells bei, sondern sorgte zudem für die «Einpassung, Disziplinierung und Segmentierung der Lohnabhängigen». (127) Ein komplexes Netz institutioneller Formen und Regelungen war entstanden, das auch die Marginalisierungstendenzen der tayloristischen Massenproduktion kompensieren sollte. Spätestens seit den siebziger Jahren gilt dieser «kurze Traum immerwährender Prosperität» (B. Lutz) als ausgeträumt: Zu dieser Zeit bereits setzt eine Erosion wohlfahrtstaatlicher Standards ein, ebenso ein Rückbau sozialer Gestehungskosten und die Deregulierung kollektiver Verhandlungs- und Sicherungssysteme. Das Ende des Taylorismus zeichnet sich in einer Flexibilisierung der Produktion ab, in einer durch Technisierung und Automatisierung irreversiblen Entkopplung von Produktions- und Arbeitsprozessen, die es erlaubt, immer mehr durch immer Wenigere zu produzieren. Ist von der «Rückkehr der Ökonomie» (Piore/ Sabel) die Rede, so impliziert dies die Auflösung eines Modells gesellschaftlicher Integration, eines Geflechts sachlicher und sozialer Interdependenzen.
«Mit der sinkenden Machtrate der Erwerbsarbeit leistenden Schichten verringert sich der gesellschaftliche Zwang, der auf den Eliten lastet und diese zu Zurückhaltung ... und sozialer Voraussicht nötigt. ... Massenentlassungen, früher eher ein Krisenzeichen und rechtfertigungsbedürftig, beweisen jetzt Stärke und Entschlußkraft». (128) Der Ton ist nicht nur in den

Betrieben rauher geworden, und der enger werdende Handlungsspielraum von Gewerkschaften und Betriebsräten offenbart, daß eingespielte Mechanismen der Krisen- und Konfliktbewältigung nur noch unzureichend greifen. Gegenüber den freigesetzten Marktkräften gerät die Politik ins Hintertreffen, «die naturwüchsige Selbstorganisation verdrängt tendenziell kollektive Koordinations- und Aushandlungssysteme». (129)

Mit dem Wegfall der Sozialstaatskonkurrenz zwischen den Systemen läßt der Druck zur institutionellen Selbsttransformation des demokratischen Kapitalismus nach. Offensichtlich ist aber die Gesellschaft nicht in der Lage, diesen Fremdzwang in den Selbstzwang einer Reform der Basisinstitutionen umzuwandeln. Denn das Modernisierungsmuster, das der gegenwärtigen Politik zugrundeliegt, ist vor allem durch das Primat der Ökonomie gekennzeichnet. Zeitdiagnosen, die dem Gegenwartskapitalismus den Rückweg zur reinen Wirtschaftsgesellschaft attestieren, scheinen zuzutreffen. (130) Die am klassischen Ansatz orientierte Modernisierungstheorie begriff Modernisierung noch als politisches Projekt, das die in einer Gesellschaft vorhandenen Bedürfnisse und Interessen im Rahmen normativer kultureller Bindekräfte vermitteln und in durchsetzungsfähige Ziele transformieren sollte. (131) Damit verbanden sich ein Zuwachs an politischer Steuerungskapazität und rationaler Planung, die Ausweitung der öffentlichen Nachfrage und der Ausbau sozialstaatlicher Institutionen. Dem gegenwärtigen Modernisierungsmodell fehlt diese Perspektive. Der Institutionentransfer in die neuen Bundesländer, der mittlerweile eher als «imitative Übertragung» (B. Lutz) bewertet wird, ist ebenso Anzeichen dieser institutionellen Leerstelle wie die Befürchtung einiger Sozialwissenschaftler, daß die alte Bundesrepublik ihre gesellschaftliche Innovationsfähigkeit einbüße: «Es könnte sein, daß die Gesellschaft nicht mehr in der Lage ist, die zusätzlichen Kräfte, die ihr aus der Systemkonfrontation zuwuchsen, jetzt aus ihrem Inneren, aus ihrer eigenen Substanz zu generieren ... Auf uns bezogen hieße das: Die DDR rächt sich an der Bundesrepublik dadurch, daß sie nicht mehr existiert.» (132)

Ein interessantes Beispiel für die Schwierigkeiten, die eine Übertragung des westdeutschen Institutionensystems aufwirft, stellen die Gewerkschaften dar. Die Strategie einer bloßen Anpassung der Akteure an die veränderte Institutionenlandschaft ließ eine nahezu klassische Frage der Soziologie außen vor: inwiefern nämlich ein struktureller Modernisierungsschock «eo ipso von entsprechenden sozialmoralischen Umorientierungen und ‹inneren› wirtschaftsethischen Modernisierungsprozessen begleitet sein werde». (133)

INDUSTRIELLE BEZIEHUNGEN IM UMBRUCH

Im Beispiel der Gewerkschaften treffen beim Umbau der industriellen Beziehungen in der ehemaligen DDR drei Problemfelder aufeinander. Erstens: die mangelnde Erfahrung der ostdeutschen Industriearbeiter mit einer eigenen Interessenvertretung in der Arbeitsgesellschaft DDR. Ihre Strategien des Rückzugs auf frühe Formen der Klassenbildung wurden im zweiten Kapitel diskutiert. Zweitens: die Erosion der traditionellen industriegesellschaftlichen Regulationsmuster im Zuge von Flexibilisierung und Deregulierung, einem Wandel des Unternehmensbildes, der durch technologische Veränderungen, steigende Qualifikation der Arbeitnehmer und durch veränderte Marktkonfigurationen ausgelöst wurde. Drittens: die spezifischen Bedingungen für die Transformation der ostdeutschen Wirtschaft, die in hoher Arbeitslosigkeit und Deindustrialisierung ihren Ausdruck finden. Es kann sich vor diesem Hintergrund weniger um Probleme einer Anpassung der Akteure an dieses Institutionensystem handeln, als vielmehr zugleich um dessen Modifikation und Veränderung. Denn hier überlagern sich Wandlungsprozesse, die sich sowohl aus dem gesellschaftlichen Strukturwandel der alten Bundesrepublik als auch aus der Transformation der ostdeutschen Gesellschaft ergeben. Zunächst wäre zu fragen: Um welche Strukturen der Interessenvertretung handelt es sich bei den bundesrepublikanischen Gewerkschaften und auf welche mentalen Dispositionen, Routinen und Netzwerke treffen sie? Das duale System industrieller Beziehungen in der alten Bundesrepublik geht von einem prinzipiellen innerbetrieblichen Interessengegensatz zwischen Arbeitnehmern und Arbeitgebern aus. Diesen gilt es durch Mechanismen zu regulieren, die mit dem Organisationsziel des Unternehmens kompatibel sind. Zusammengesetzt ist das duale System aus Gewerkschaften, Arbeitgeberverbänden, der durch diese besetzten Tarifautonomie sowie der Betriebsverfassung. Ausgefüllt wird es durch das Handeln formal gewerkschaftsunabhängiger Betriebsräte und des individuellen Unternehmensmanagements. Als dual erweist sich dieses Modell aber auch deshalb, weil in dieser Konstruktion Verteilungskonflikte aus dem Unternehmen herausgenommen und überbetrieblichen Interessenvertretungsorganisationen überantwortet werden, während innerbetriebliche Interessenkonflikte in die Zuständigkeit des Betriebsrates fallen.

Die industriellen Beziehungen in der ehemaligen DDR hingegen sind durch die ideologisch motivierte Illusion geprägt, daß sich «betriebliche Konflikte mit der Aufhebung des Grundwiderspruchs zwischen Kapital und Arbeit auf individuelle Streitfälle und persönliche Animositäten reduziert haben, und dafür war die Betriebsgewerkschaftsleitung zuständig«. (134) Eine institutionalisierte Interessenvertretung existierte in der betrieblichen Realität der DDR nicht. Die Ambivalenzen der informellen und unterhalb der Strukturen entstandenen Netzwerke und Spielräume ostdeutscher Arbeiter wurden bereits erörtert. (Vgl. Kapitel 2) Die als «Stillhalteabkommen» innerhalb der planwirtschaftlichen Produktionsstrukturen entstandenen mißmutigen Arrangements der Arbeiterschaft mit der Kragenlinie, Arrangements, die auf einer arbeitsrechtlich starken Stellung basierten, prägen den Erfahrungshorizont der mittlerweile zu Arbeitnehmern transformierten Arbeiter Ost. Mit dieser Rollendefinition kommen sie jedoch, pauschal gesagt, nicht zurecht. Dafür bietet sich nun ein Paket von Erklärungen der ostdeutschen Mentalität dieser Klientel an, das seine Substanz aus der Debatte um Enthierarchisierung, Entdifferenzierung und Enttraditionalisierung bezieht. Aber so einfach ist es nicht. Denn mit dem Rollenwechsel vom «Werktätigen» zum «Arbeitnehmer» werden die ostdeutschen Arbeiter einer spezifischen und eigensinnigen Arbeitspraxis enteignet, die für ihr Selbstbewußtsein grundlegend war. Hinzu kommt: Sie werden zu Arbeitnehmern in einer Situation, in der – zumindest für Bitterfeld und Wolfen – dieser Status eher die Ausnahme, denn die Regel ist und daher auf den wenigen Arbeitsplätzen ein immenser Druck lastet. Hiermit zerbrechen Grundsolidaritäten, und seien es die aus informellen Netzen stammenden gemeinsamen Routinen und Gewißheiten. Und sie geraten in diese Rolle in einem gesellschaftlichen Umbauprozeß, für den die übertragenen Institutionen keine oder mangelhafte Problem- und Konfliktlösungsansätze bereitstellen.

Schon das Einstiegsszenario der bundesdeutschen Gewerkschaften in die Restrukturierung der ostdeutschen Wirtschaft liefert dafür Anhaltspunkte: In der komplizierten wirtschaftlichen Situation Ostdeutschlands gelang es den Gewerkschaften insgesamt nicht, auf die Privatisierungspolitik der Treuhand Einfluß zu nehmen, obwohl Einzelgewerkschaften wie die IG Metall schon früh die Konzentration der Treuhand auf Privatisierung kritisierten und in Sachsen den Versuch unternahmen, gemeinsam mit politischen Akteuren eine aktive Sanierungspolitik in Gang zu setzen. (135) Auch die Beteiligung der IG Chemie-Papier-Keramik am Chemie-Lenkungsausschuß zeigt an, daß die Gewerkschaften als «intermediäre Organisationen» die Neustrukturierung der industriellen Beziehungen politisch mitzubestimmen beabsichtigten.

Daß dies nicht glückte, hatte zum einem mit dem eher traditionellen Selbstverständnis der Gewerkschaften zu tun. Zum anderen scheint der vorherrschende Strukturkonservatismus, der sich in dem auf rasche Privatisierung setzenden Reorganisationsmodell artikulierte, ihren Spielraum massiv eingeschränkt zu haben. Obwohl die Probleme des wirtschaftlichen Umbaus und des drastischen Personalabbaus reflektiert wurden – so forderte die IG Chemie-Papier-Keramik energisch den Erhalt der Chemiestandorte und unterstützte dies mit einer eigenen industriepolitischen Studie sowie umweltpolitischen Aktivitäten der «Stiftung Arbeit und Umwelt» –, agierte sie vor allem auf den klassischen Themenfeldern. (136) Den Gewerkschaften und Betriebsräten fiel die Rolle zu, für ein ruhiges soziales Klima zu sorgen und durch angemessene Tarifabschlüsse sowie eine kooperative Beteiligung am Personalabbau den Sanierungs- und Privatisierungsprozeß zu unterstützen. Damit befanden sie sich im Chemiedreieck zumindest mit den Unternehmen auf einer kooperativen Linie. Das Instrumentarium des Arbeitsrechts, mit dem die Gewerkschaften und Betriebsräte den Restrukturierungsprozeß der Arbeitsbeziehungen – und das hieß in Ostdeutschland vor allem Personalabbau – durchsetzen sollten, erwies sich, zu diesem Schluß kommen mittlerweile viele Studien, als zu restriktiv. Für ostdeutsche Unternehmen und Geschäftsleitungen führte zum Beispiel das «Gebot der Sozialauswahl» tendenziell zum Verlust der leistungsfähigsten Mitarbeiter, für die Belegschaften und deren Interessenvertreter stellten sich die von der Treuhand immer weiter nach unten korrigierten Sozialpläne zunehmend als Farce dar. Handelte es sich doch um politische Sozialpläne, die nicht unter den Bedingungen einer funktionierenden marktwirtschaftlichen Ordnung entwickelt worden waren und denen sonst niemand so zugestimmt hätte, sondern um Abfindungen eines Konkursunternehmens. Eine gemeinsame Erklärung von Treuhand, DGB und DAG im April 1991 zur Beschränkung des Sozialplanvolumens auf 5.000 D-Mark pro Arbeitnehmer fand nur aufgrund der darin festgeschriebenen Sicherung der Beschäftigungsmöglichkeiten Zustimmung bei den Gewerkschaften. Der IG Chemie-Papier-Keramik gelang es bis zum September 1991, die Abfindung auf 6.250 D-Mark pro gekündigtem Arbeitnehmer zu erhöhen. Zu noch radikaleren Einschnitten führte die 1992 getroffene Vereinbarung, daß betriebsbedingte Aufhebungsverträge nicht mehr aus den Mitteln der Sozialpläne bedient werden dürfen. Als die Treuhand aufgrund der weiterhin niedrigen Produktivität ostdeutscher Unternehmen den für 1993 vorgesehenen Personalstand durch Massenentlassungen schon für 1992 einforderte, war wohl auch die Loyalität der Betriebsräte erschöpft. (137) Und aus der Perspektive der Belegschaft drohte den Betriebsräten mit ihrer Strategie der Kooperation der Legitimationsverlust. Gleichzeitig gab es jedoch, wie Gilles und Hertle in ihrer Studie zur Rolle der Gewerkschaft im Restrukturierungprozeß zeigen, kaum Alternativen zu einer solchen Politik der Kooperation. Denn die Gewerkschaft war mit dem Ziel in die Kooperation eingetreten, die Beteiligten, vor allem die Treuhand, auf den Erhalt der Chemiestandorte zu verpflichten. Für die Entscheidung, dieses Ziel nicht mit einer auf Protestmaßnahmen setzenden Konfliktstrategie zu verfolgen, sondern eher im Versuch einer industriepartnerschaftlichen Regulierung, war ein Grund ausschlaggebend: «Unter dem Damoklesschwert der Stillegung der Unternehmen sind gewerkschaftliche und betriebliche Interessenvertretung auf politischen Flankenschutz bei der sozialen Absicherung der Beschäftigten angewiesen und müssen im Gegenzug entsprechend defensiv, konsensorientiert und kooperativ ausgerichtet sein.» (138) Die im Rahmen einer Vereinbarung zwischen IG Chemie-Papier-Keramik und Treuhandanstalt 1993 errichteten sogenannten MEGA-ABM in den großen Sanierungs- und Beschäftigungsgesellschaften sind sicherlich als Erfolg dieser Strategie zu verbuchen, aber die Deindustrialisierung der Region konnte damit kaum aufgehalten werden. Angesichts dieses Beispiels aus der Chemie verwundert es kaum, daß sich im Osten die Austritte aus der Gewerkschaft häufen. Aus der Sicht ihrer Mitglieder war sie bei den ständigen Entlassungswellen und bei der Aushandlung von Sozialplänen ebenso machtlos wie bei den Tarifrunden für die wenigen noch in der Chemie verbliebenen Arbeitnehmer. Den ostdeutschen Arbeitnehmern wird in der Debatte um die Rolle der Gewerkschaften im betrieblichen Transformationsprozeß oft ein instrumentelles Verhältnis zu dieser Organisation zugesprochen: Ihre Bereitschaft zu persönlichem Engagement sei eher gering, und Gewerkschaften würden von ihnen vornehmlich als Servicestellen für Information, Beratung und Rechtsbeistand begriffen. Zudem ist die Rationalität des dualen Systems zwischen Betriebsräten und Gewerkschaften für die ostdeutschen Arbeitnehmer kaum durchschaubar. Und die besondere Rolle, in die Betriebsräte im Zuge der Restrukturierung der ostdeutschen Industrie geraten sind, mag dies unterstützen. Mittlerweile konstatieren verschiedene Studien in diesem Feld einen Bruch zwischen Betriebsräten und Gewerkschaftsspitze. Die Gründe für den Bruch sind in der besonderen Rolle der ostdeutschen Betriebsräte zu finden, die auf der einen Seite die Existenzsicherung des Unternehmens unterstützen und auf der anderen als soziale Interessenvertretung agieren. Darüber hinaus ist vor allem bei Treuhandunternehmen eine Art neuer «Notgemeinschaft» zwischen Geschäftsleitung, Betriebsräten und Belegschaft gegen die «Plattmacher» aus dem Westen entstanden. Innerhalb der ostdeutschen Unternehmen existiert demnach ein hohes Kooperationspotential: Angesichts der schwierigen ökonomischen Situation ziehen Geschäftsleitungen, Belegschaften und Betriebsräte an einem Strang. (139) Dieses Potential auf die mangelnde Differenzerfahrung ostdeutscher Arbeitnehmer und Arbeitgeber zurückzuführen, reicht jedoch als Erklärung nicht aus. Wenn in Untersuchungen zum Wandel der industriellen Beziehungen in Ostdeutschland vom «Co-Management als Überlebenspakt» die Rede ist, beschreibt dies eine für ostdeutsche Unternehmen spezifische Konstellation, in der Betriebsräte in ihrer Verantwortung für den Erhalt des Betriebes bereit sind, Bündnisse mit dem Management einzugehen. (140) Sind diese Beziehungsgeflechte zunächst vor allem der prekären wirtschaftlichen Lage ostdeutscher Betriebe geschuldet, so gibt es allerdings auch Tendenzen auf seiten der Unternehmensleitungen, Formen des Co-Managements als «Unternehmenskultur» zu inkorporieren. Diese Entwicklung ist nicht neu, im Zuge des Nachdenkens über die Rolle der Gewerkschaften im Strukturwandel der Wirtschaft sind solche Veränderungen im Verhaltensstil seit längerem im Gespräch: Den Gewerkschaften wird damit nahegelegt, «die Angebote des sogenannten partizipativen Managements aufzugreifen und im Mitmachen die Kompatibilität mit den eigenen Interessen herzustellen». (141) Aus der Not der wirtschaftlichen Lage scheint zumindest hier eine Tugend zu erwachsen, eine Tugend allerdings, die sich lediglich im betrieblichen Rahmen Geltung verschafft.

Die Konfliktlinien zwischen Gewerkschaften und Betriebsräten verschärfen sich zum einen durch ostdeutsche Ressentiments, zum anderen durch die generelle wirtschaftliche Situation in der Bundesrepublik, mit der auch die Gewerkschaften unter Druck geraten. Empirische Untersuchungen in diesem Feld konstatieren überzogene Erwartungen der Mitglieder gegenüber den Gewerkschaften: Diese erschienen als «letzter Hoffnungsträger», Vorstellungen einer «Regelung von oben» und mangelndes Engagement zur Durchsetzung eigener Forderungen in Aktionen herrschen vor. Diese Resignation und Enttäuschung angesichts unerfüllter Ansprüche werden allerdings durch die institutionelle Praxis der westdeutschen Gewerkschaften selbst gestützt. Aus der Perspektive der ostdeutschen Arbeiter erscheinen deren Verfahren als extrem verregelt und verrechtlicht: «Die Interessenvertretung wird an gewählte Beauftragte delegiert, die Interessenvermittlung ist abstrakt, die involvierten Handlungsketten sind lang, und der Erfolg ist nur im Betrieb hinreichend, im Falle der überbetrieblichen Interessenvertretung nur schwer kontrollierbar.» (142) Den ostdeutschen Arbeitnehmern sind die westdeutschen Institutionen fremd und undurchschaubar, eine Differenz, die in ihren Interpretationen immer wieder auftaucht. Die «politische Rhetorik betriebsferner Funktionäre», die mangelnde innergewerkschaftliche Demokratie, die Organisationskultur innerhalb derselben – all das erinnert die ostdeutschen Betriebsräte und Mitglieder zugleich fatal an die Praktiken des FDGB.

Hinzu kommt der Eindruck, daß diese Praktiken der schwierigen wirtschaftlichen Situation in Ostdeutschland oft nicht angemessen sind. Der Streik der IG Metall ist hier ein interessantes Beispiel: Wenngleich zunächst relativ erfolgreich, was die Mobilisierung der Gewerkschaftsmitglieder anbelangte, war die Aktion für die ostdeutschen Betriebsräte und Arbeitnehmer ein eher schwieriger Balanceakt. Sie waren sich der Widersinnigkeit eines Lohnkampfes angesichts der Wirtschaftslage bewußt; ihr Lohnverzicht zugunsten der Überlebenssicherung des Unternehmens und ihres Arbeitsplatzes stieß angesichts der gewerkschaftlichen Strategie, den Lohn-Gewinn-Konflikt zu verschärfen, kaum auf Verständnis. Der Streik verlangte von den Betriebsräten einen Spagat zwischen Organisationsloyalität und Betriebsinteressen. Das schloß auch, unter Verweis auf die prekäre Situation, die Verweigerung ein, zum Streik im Betrieb aufzurufen. Nicht zuletzt bestärkten die eher mageren Ergebnisse der Tarifverhandlungen das Gefühl, von westdeutschen Verbandsstrategien instrumentalisiert worden zu sein, für die der Streik letztlich ein Test zur Auslotung eigener Einflußsphären war. Das Mißtrauen ostdeutscher Arbeitnehmer gegenüber den Gewerkschaften fand seine Bestätigung in der Diskrepanz zwischen «markigen Klassenkampfparolen» und faktischem Handeln. (143) Dieser Trend zur «Verbetrieblichung» industrieller Beziehungen in Ostdeutschland zeichnet sich auch in den von mir untersuchten Unternehmen ab. Nur wenige Arbeitnehmer der ORWO AG beziehungsweise der Bayer Bitterfeld Gmbh sind überhaupt Gewerkschaftsmitglieder. Insbesondere bei der ORWO AG – einem privatisierten, aus der Filmfabrik hervorgegangenen Unternehmen mit etwa 100 Arbeitnehmern – speist sich der Bruch mit der Gewerkschaft aus der Erfahrung ständiger Entlassungswellen innerhalb der Filmfabrik im Zuge des schwierigen Sanierungsprozesses. Die Filme, die hier verpackt werden, ziert nur noch auf der Hülle der Name ORWO. Der neue Eigentümer des Treuhandunternehmens konnte den für die damalige Filmfabrik modernsten Betriebsteil 1996 mit der Zusage zur befristeten Subventionierung übernehmen. Die Führungsriege des geschrumpften Betriebes rekrutiert sich aus ehemaligen Betriebsleitern. Auffällig ist, daß in der Wahrnehmung der Arbeitnehmer der Unterschied zwischen Kombinat und Unternehmen eher als marginal erscheint, die Interessen von Belegschaft und Betriebsleitung kaum differieren. Und das, obwohl die Leute untertariflich bezahlt werden. Doch Mann und Frau sehen hier ein, daß das Unternehmen doch erst einmal in die schwarzen Zahlen kommen muß. Die langjährigen Beziehungen zwischen allen Beteiligten stützen ein Betriebsklima, in dem die Belegschaftsinteressen im gemeinsamen Interesse am Erfolg des Unternehmens aufzugehen scheinen. Der «Überlebenspakt» kommt hier nahezu ohne Betriebsrat aus; der fühlt sich ohnmächtig und hat auch kaum Rückhalt in der Belegschaft. Die Gefahr einer solchen Regulation innerbetrieblicher Beziehungen besteht in der Entwicklung eines «Betriebspartikularismus» beziehungsweise «Betriebssyndikalismus», auf sie weisen verschiedene Studien hin. Auch bei Bayer Bitterfeld spielen die Gewerkschaften eine eher marginale Rolle, obgleich die Tarife der IG Chemie-Papier-Keramik für die Arbeitnehmer zur Anwendung kommen. Erst spät wurde ein Vertrauensleutekörper installiert, allerdings zu einem Zeitpunkt, als die meisten Eingruppierungen schon erfolgt waren. Auch die Einführung der Gruppenarbeit in der Tablettenproduktion verlief ohne Betriebsrat. Und dieser klagt nun, wie bei ORWO, über die Mühen, die Arbeitnehmer überhaupt zum Engagement für ihre eigenen Interessen zu mobilisieren. Themen wie Arbeitszeitregelung, Erschwerniszulagen, Eingruppierungen bestimmen die Arbeit des Betriebsrates. Das Klima bei Bayer kommt, nicht nur aus der Perspektive der Betriebsleiter, dem «Co-Management als Unternehmenskultur» nahe: Man orientiert sich in Bitterfeld an dem vielerorts stattfindenden Wandel im Unternehmensbild. Kooperativität, flache Hierarchien, Gruppenarbeit lauten die Stichworte, mit denen hier «eine Produktion als Dienstleistung» in Gang gesetzt wurde. Eine Entfrachtung der Produktionsorganisation durch Delegation von Verantwortung nach unten, durch kürzere Entscheidungswege und bessere Nutzung der Humanressourcen findet statt. Vor dem Hintergrund von Technisierung, Automatisierung und wachsender Qualifikation der Arbeitnehmer scheinen, dies legt zumindest die Debatte über die Flexibilisierung der Arbeitswelt nahe, Kontrollmechanismen zugunsten von Vertrauensmechanismen abgebaut zu werden. (Vgl. Kapitel 1) Bayer gehört zu jenen neu angesiedelten Unternehmen im Osten, in denen, folgt man der Typologie von Paul Windorf, neue Produktionskonzepte getestet werden: Lean Production sowie autonome Arbeitsgruppen können hier im Vakuum des Bruchs mit bisherigen betrieblichen

Traditionen besser erprobt werden als in Westdeutschland. Denn in den westdeutschen Betrieben existieren gewachsene Strukturen, deren Schutz etablierte Mitbestimmungsorgane gewährleisten. Diese «Barrieren» müssen in ostdeutschen Betrieben nicht überwunden werden, deshalb bieten sie sich als Experimentierfeld an. (144) Mit dem neuen Modell flacher Hierarchien entfallen viele Strukturen, die im Mutterunternehmen in Leverkusen noch vorhanden sind: Vorarbeiter und Meister wurden in der Tablettenproduktion zugunsten der Gruppenarbeit eingespart. Das bedeutet mehr Verantwortung und größere Spielräume für die Arbeitnehmer, nur der Lohn im Osten entspricht dem kaum. Für den Geschäftsführer sind die niedrigen Löhne ein Standortvorteil. Daß dies keinen Protest hervorruft, meint der Betriebsrat, habe mit der Arbeitslosenquote von 25 Prozent zu tun. Bei den Arbeitnehmern hat die Enttäuschung über den Chemietarif das Desinteresse und die Resignation gegenüber der gewerkschaftlichen Praxis nur noch verstärkt. Denn weder in die «Einstellungsspielchen» bei Bayer noch bei den 1993/94 erfolgten Eingruppierungen am unteren Ende der Einkommensskala des Chemietarifs hat sich die Gewerkschaft eingemischt, und den Betriebsrat gibt es erst seit November 1995. Langsam und vorsichtig wächst bei der Belegschaft das Vertrauen in die Handlungsspielräume des Betriebsrates, der sich in der Balance zwischen «Wir bei Bayer in Bitterfeld» und sozialer Interessenvertretung für die Arbeitsnehmer bewegt. Aus seiner Perspektive zeichnet sich bei Bayer die Kehrseite tariflicher Bindung im Osten ab – denn diejenigen, denen es besser geht, und dazu gehört das Unternehmen, können sich dahinter verstecken. Kleinere Unternehmen, die nach Aus- beziehungsweise Neugründung oder Privatisierung entstanden und gar nicht erst in den Arbeitgeberverband eingetreten sind, unterschreiten den Tarif sowieso. Und: «Wenn Bayer schon so billig ist, was soll dann ein Arbeitnehmer in so 'ner kleinen Klitsche kriegen?»
Die Frage scheint berechtigt. Jüngere Untersuchungen in diesem Bereich signalisieren eine dramatische Erosion des Tarifvertragssystems. Der Grund: Der Organisationgrad der Arbeitgeberverbände ist rückläufig, die Nichtbeachtung geltender Tarifverträge in Mitgliedsfirmen wird von den Verbänden toleriert. Und die Gewerkschaften nehmen Tarifunterschreitungen mehr oder weniger passiv hin. Angesichts der prekären wirtschaftlichen Lage ist es ebenso unsinnig Betriebe mit Streikdrohungen unter Druck zu setzen wie Arbeitnehmer zu Arbeitsgerichtsklagen anzuregen. Und Löhne unter Tarif müssen, wie bei ORWO, von den Betriebsräten gebilligt werden. (145) In dieser Situation ist es kaum erstaunlich, daß sich ein ostdeutscher Betriebsrat beim Gewerkschaftskongreß vollkommen deplaziert und mißverstanden fühlte, als Gewerkschafter sich beim gemeinsamen «Brüder, zur Sonne, zur Freiheit» vereint an den Händen hielten. Er meinte, im «falschen Film» gelandet zu sein. Sein Eindruck ist exemplarisch für die Erfahrung der ostdeutschen Arbeiter mit dem Umbau der Industrie im Zuge des Einigungsprozesses: Die Diskrepanz zwischen den Erwartungen und Versprechen, die mit der Übertragung von Institutionen verbunden wurden, und der eher von Rezession, denn von Aufschwung geplagten ökonomischen Wirklichkeit der neuen Bundesrepublik korrespondiert mit ihren Erfahrungen im betrieblichen Alltag in der ehemaligen DDR. Kaum verwunderlich, daß sie in ähnlicher Form darauf reagieren. Wenn für den Osten eine Entwicklung hin zu einem anderen Verständnis gewerkschaftlicher und betrieblicher Interessenvertretung konstatiert wird, einem Verständnis, das ein «moderneres, entmoralisiertes beziehungsweise entideologisiertes Verhältnis zu den

Gewerkschaften impliziert», so geraten hier ostdeutsche Kombinatserfahrungen mit der Gegenwart des wirtschaftlichen Strukturwandels in eine eigenartige Gemengelage. Das Ganze ist allerdings mit Vorsicht zu genießen, denn die stärker auf einem nüchternen Kosten-Nutzen-Kalkül basierende Interessenvertretung verschafft sich vor allem im betrieblichen Rahmen Geltung. Damit geraten nicht nur Gewerkschaften mit einem eher tradierten, am Klassengegensatz von Kapital und Arbeit orientierten Selbstverständnis unter Druck, sondern eine Gewichtsverschiebung zugunsten betriebsnaher Arbeitnehmerpolitik insgesamt deutet sich an. (146) Die ostdeutschen Arbeitnehmer können auch hier an ihre Erfahrungen des Betriebes als sozialem Ort anknüpfen; die Praxis informeller Beziehungen ist für die neue Situation wiederum funktional. Allerdings leistet dieser Trend einer bereits in Gang befindlichen Entwicklung hin zur Verbetrieblichung, zur Dominanz von Defensivstrategien und zur Deregulierung industrieller Beziehungen Vorschub. Anzeichen dafür sind die bereits erwähnte Erosion des Tarifvertragssystems, die Öffnung von Gestaltungsspielräumen in den Arbeitsbeziehungen innerhalb der Unternehmen und die Intensivierung arbeitspolitischer Verhandlungen im Betrieb. Tendenzen hin zu einem neuen Betriebspartikularismus beziehungsweise Betriebsyndikalismus – bei Bayer spricht man von der Betriebsgemeinschaft – und damit verbundene Entsolidarisierungseffekte zeichnen sich ab. Die Gewerkschaften bleiben dabei immer mehr außen vor. Verstärkt wird diese Entwicklung durch die Deindustrialisierung in Ostdeutschland: Es existieren kaum noch Großbetriebe, und in den Klein- und Mittelbetrieben sind die Arbeitsbeziehungen eher durch ein kooperatives und kompromißbereites Verhältnis zum Management geprägt. Die Potentiale des dualen Systems zur «funktionalen Differenzierung der Konfliktverarbeitung» drohen hierbei verloren zu gehen. (147) Die übertragenen Institutionen scheinen zudem nicht «sonderlich sensibel für neue Situationen oder rasche Veränderungen der Rahmenbedingungen» zu sein. (148) Es handelt sich dabei allerdings weniger um «negative Rückwirkungen der deutschen Vereinigung auf die Funktionsfähigkeit der bereits in der alten Bundesrepublik unter Druck geratenen institutionellen Formen der Regulation». (149) Vielmehr hatte das Zusammentreffen von Strukturwandel und Transformationsprozeß einen Verstärkungseffekt auf dieses in die Krise geratenen institutionellen Systems. Denn schon seit längerem müssen sich die Gewerkschaften angesichts der Absenkung und Auflösung tariflicher Normen die Frage gefallen lassen, ob sie nicht mit dem Rücken zur Wand stehen. Sie geraten in diese Position, so Kern, wenn sie weiterhin eine Politik der stereotypen Entgegensetzung von Gewerkschaften einerseits und Management andererseits verfolgen. Eine «intelligente Regulierung» ziele dagegen auf ein verändertes Rollenverständnis der Gewerkschaften. Sie sollten sich in die dringend gebotene Erneuerung des Produktionsmodells als politischer Akteur einbringen und damit aktiv den Strukturwandel befördern. Das setzt voraus, daß sie sich als Organisation selbst erneuern: Stichworte wie Co-Management und kooperatives Lernen stehen für andere Formen der Interessen- und Konfliktregulation. Zwang und Konfrontation scheinen in einer Situation der kooperativen Suche nach Lösungswegen wenig hilfreich, sie blockieren die Entwicklung neuer Ideen. Diese «Flucht nach vorn» anzutreten, darin besteht nach Kern der einzige Weg für die Gewerkschaften, den vorherrschenden Strukturkonservatismus, der einen Umbau des bisherigen Modus ökonomischer Regulierung mit Lohnsenkung und Erosion des

Tarifvertragssystems begründet, durch einen industriepolitischen Umbau zu ersetzen. (150) Inwiefern die im Zuge der Transformation entstandenen ostdeutschen Strukturen betrieblicher Interessenvertretung und Regulation einen Modernisierungsimpuls in diese Richtung geben oder aber im Kontext vorherrschender Deregulation eher funktional wirken, diese Frage zu klären, bleibt der weiteren sozialwissenschaftlichen Debatte vorbehalten. Im Sinne der Janusköpfigkeit einer «doppelten Modernisierung» hätte auch hier der Osten den Westen «überholt, ohne ihn einzuholen».

LEBENSWELT BETRIEB – RÜCKBAU INS SYSTEM?

Betriebe besaßen in der DDR, wie bereits ausführlich diskutiert, einen besonderen Stellenwert im gesellschaftlichen Reproduktionszusammenhang. Als Vergesellschaftungskerne innerhalb der DDR-Gesellschaft kamen ihnen innerhalb der Städte und Regionen Funktionen zur Entwicklung der Infrastruktur zu; als soziale Orte integrierten sie nicht nur soziale Dienstleistungen, sondern stellten für die Menschen jene Sphäre dar, aus der sie soziale Bindung, Anerkennung und Identität beziehen konnten. Der Umbau der Betriebe nach 1989 zielte neben der Restrukturierung der Produktion darauf, diese umfassenden sozialen und territorialen Funktionen abzustoßen. Daß gerade in Regionen wie dem ehemaligen Chemiedreieck, die massiv durch die Großbetriebe geprägt waren, die mit der Industrie gewachsene Infrastruktur ernsthaft beschädigt wurde und die entstandenen Defizite auch von den Kommunen nicht ausgeglichen werden konnten, gehört zu den «Nebenwirkungen» dieses Prozesses.
Unter dem Begriff «Verzweckung der Betriebe» wird die Transformation der ostdeutschen Betriebe als Prozeß der Systemdifferenzierung verstanden. Er stammt eigentlich aus der industriesoziologischen Debatte und wurde ursprünglich von Goetz Briefs um 1930 als «Verzweckung des Betriebsraumes» benutzt, um den Prozeß der funktionalen Bereinigung und Rationalisierung des Betriebes zu beschreiben, das heißt die «Entlastung» von allen Funktionen, die nicht der unmittelbaren Produktion, sprich Gütererzeugung, dienen. Dieser Prozeß ging auch in der westdeutschen Industrie der Nachkriegszeit vonstatten.
Nach Burkart Lutz führte die betriebliche Rationalisierung zu einer Reduzierung der Fertigungstiefe und einer Bereinigung der Produktionslinien hin zu dem Produkt, von dem sich der Betrieb die beste Marktposition erhoffte. (151) Dieser Prozeß der «Verzweckung» im Sinne einer Restrukturierung der Produktionsstrukturen zeitigte in den ostdeutschen Betrieben nach der Wende allerdings äußerst ambivalente Effekte.
«Verzweckung» als notwendige Systemdifferenzierung der ostdeutschen Gesellschaft zielt auf einen umfassenderen Zusammenhang: Die ostdeutschen Betriebe stellen für diese Debatte ein Paradebeispiel der Überlagerung und Vermischung von System und Lebenswelt in einem «integrierten Modell» dar. (152) Die Denk- und Interpretationsfigur einer «lebensweltlichen Überformung von Arbeit» faßt die den staatssozialistischen Gesellschaften in der Transformationsdebatte unterstellten Struktureigentümlichkeiten der Entdifferenzierung, Entökonomisierung und Entfunktionalisierung zusammen. Die Debatte folgt der Habermasschen These, daß

moderne Gesellschaften durch einen Differenzierungsvorgang zwischen System und Lebenswelt gekennzeichnet sind, der die Rationalität der Lebenswelt steigert, während zugleich die Systemkomplexität zunimmt. Der strukturellen Differenzierung der Lebenswelt korrespondiert hierbei eine funktionale Spezifikation der Reproduktionsprozesse. (153) Staatssozialistischen Gesellschaften wird auf der Ebene struktureller Differenzierung ein «Modernisierungsdefizit» unterstellt, gleichzeitig aber betont man ihren Rationalisierungsgrad in der systemischen Durchdringung der Lebenswelt, der gleichsam eine «ungewollte Moderne» (W. Engler) hervorbringe. Ohne hier umfassend auf die Habermassche Konstruktion einer Bändigung des Systemfunktionalismus durch die Lebensweltanalyse eingehen zu können, ist doch festzuhalten, daß beide Begriffe oft als Deutungsansätze für die Umbruchsdynamik der ostdeutschen Gesellschaft aufgegriffen werden. So zielt etwa die Rede von einer «Neuzuschneidung des Verhältnisses von System und Lebenswelt» im Zuge der Transformation auf zwei Prozesse: Zum einen auf eine «Rückbettung» in die Lebenswelt, verstanden als Rücknahme der für staatssozialistische Gesellschaften eigentümlichen «Drapierung des Systems als Lebenswelt». (154) Zum anderen geht mit der Systemdifferenzierung und Rationalisierung von Subsystemen eine «Entbettung» von Systemen einher. (155) Ersichtlich wird dies an der Trennung von Ökonomie und Politik innerhalb der Betriebe als einer Spielart der «Verzweckung». Rückwirkungen dieser Differenzierung des Betriebsraumes sind offensichtlich an den Schwierigkeiten der Ostdeutschen mit dem Arbeitnehmerstatus abzulesen. Die innerbetrieblichen Erwartungen gegenüber den Beschäftigten gehorchen stärker einer ökonomischen Logik als zuvor, das Anforderungsspektrum ist reduzierter als in den «wilden Räumen» der Kombinatsproduktion. (156) In der hier skizzierten Lesart der Transformation des betrieblichen Raumes wird dies zumindest angenommen.
Ein Blick in die Praxis eines privatisierten Unternehmens des ehemaligen Chemiekombinates scheint die klare strukturelle Perspektive eines solchen Zugangs allerdings zu trüben: Wenn Ökonomisierung im Zuge der betrieblichen Transformation eine «Rigidisierung traditioneller Konzepte der Arbeitspolitik» meint, dann müssen die ostdeutschen «Modernisierungsblockaden», das weisen Voskamp und Wittke nach, zu «Abwärtsspiralen» führen. (157) Bei AKZO Nobel in Bitterfeld markieren die Chefs jetzt nicht nur symbolisch eindeutig die Kragenlinie und signalisieren so, daß sie den Arbeitern nicht mehr ausgeliefert sind, um die Produktion voranzubringen. Die Freigiebigkeit bei Abmahnungen («Für dich stehen draußen zehn andere») und bei sogenannten Fersen, das heißt an einzelne Arbeiter gerichteten Anmerkungen im Schichtbuch zu begangenen Fehlern, kündet von einer Renaissance rigider Kontroll- und Disziplinierungsmechanismen. (158) Was ist daran modern? Steigende Arbeitslosenzahlen und die Erosion traditioneller industriegesellschaftlicher Regulationsmuster bestärken diesen Trend, nicht nur im Osten. Die Perspektive einer Systemdifferenzierung hat «den normalen evolutionären Gang der westlichen Dinge im Rücken», den Gang einer westlichen Gesellschaft, «deren Handlungsfelder strukturell harmonieren und in der eine Sphäre die andere stützt und rechtfertigt. Wirtschaft ist nicht gleich Recht, Politik oder Wissenschaft». (159) Dieses Modell scheint mit dem Strukturwandel zur postindustriellen Gegenwart aus den Fugen geraten zu sein, mittlerweile «spielt die Konkurrenzgesellschaft Schicksal». (160)
Ein anderer Trend in ostdeutschen Betrieben sei hier nochmals erwähnt. Bei Bayer herrschen,

wie gesagt, flache Hierarchien, der Personalchef spricht von einer Betriebsgemeinschaft, und innerhalb der Arbeit in autonomen Gruppen ist die Selbständigkeit, Verantwortung und Kreativität der Mitarbeiter viel stärker gefordert als bisher. Damit liegt das Unternehmen im Trend einer «subjektiven Modernisierung» der Arbeitswelt: Diese bedeutet zunächst eine Abkehr von dem «industriegesellschaftlichen Muster formal geregelter, hierarchisch koordinierter, bürokratisch verwalteter und tayloristisch zergliederter Arbeit». An die Stelle dieses Musters tritt eine Arbeitsorientierung, die sich durch Eigeninitiative, Problemlösungskompetenz, Selbststeuerungs- und Reflexionsfähigkeit auszeichnet. (161) Ostdeutsche Arbeitnehmer bei Bayer sind weniger mit einer Reduktion des Anforderungsspektrums im «spezialisierten Subsystem» Betrieb konfrontiert als vielmehr mit einer Komplexitätszunahme. Daß sie sich darin relativ virtuos bewegen, spricht dafür, daß ihr «Vermögen zur spontanen kollektiven Selbstorganisation, das den wirtschaftlichen Kollaps Mal um Mal abwendete», mit den neuen Effizienzanforderungen wie Selbstverantwortung, flache Hierarchien und Teamwork durchaus kompatibel ist. (162) Diese Entwicklung hat allerdings auch eine Kehrseite: Von den circa 12.000 Bewerbern bei Bayer haben 500 einen Arbeitsplatz erhalten. «Handverlesen» ist nicht nur eine Redeweise innerhalb der Belegschaft, die ihren Besonderheitsstatus markiert. Eine Verschlankung der Arbeitnehmerschaft, mit der nur noch wenige einer hochqualifizierten, sozial abgesicherten Tätigkeit nachgehen, ist ein wesentliches Element des Strukturwandels. Die soziale Fragmentierung innerhalb der Arbeiterschaft der Region wächst; diejenigen die hier arbeiten, gehören zu den Gewinnern. Und sie führen dies auf ihr individuelles Arbeitsvermögen und ihre Qualifikation zurück. Es ist die Perspektive des «Nahkämpfers» (W. Engler) der «entdifferenzierten» staatssozialistischen Gesellschaft, die mit der individualisierten neuen Arbeitswelt zweifellos harmoniert. Die Betriebsgemeinschaft Bayer Bitterfeld läßt sich mit Anthony Giddens durchaus als eine «posttraditionale Form der Sozialintegration» verstehen; «Enttraditionalisierungs- und Retraditionalisierungstendenzen» hinsichtlich industriegesellschaftlicher Regulationsmuster befinden sich hier in einer eigenartigen Balance. (163) Das solchermaßen reformulierte Verständnis des Betriebes als Ort der Vergemeinschaftung, als «subjektiv gewählte Denk- und Deutungsgemeinschaft» (164), trifft bei den ostdeutschen Arbeitnehmern auf offene Ohren.

Die Neuzuschneidung des Verhältnisses von System und Lebenswelt – aus der sozialwissenschaftlichen Perspektive ein für die Transformation der ostdeutschen Betriebe, und nicht nur für diese, notwendiger Prozeß der Systemdifferenzierung – bringt vor dem Hintergrund der Strukturwandels hybride Strukturen hervor, die wiederum einer Vermischung von System und Lebenswelt nahekommen. Offensichtlich ist der zeitdiagnostische Gehalt dieses sozialwissenschaftlichen Zugangs eher gering, will man den doppelten gesellschaftlichen Umbruch in den Blick bekommen, für den die Restrukturierung der ostdeutschen Betriebe nur ein Fallbeispiel darstellt. Gestützt wird diese Vermutung durch die Fragwürdigkeit eines weiteren, diesen Diskurs prägenden Stichworts: der Sozialisationshypothese. Sie behauptet, die Ostdeutschen seien notorisch langsam, was ihre Anpassungsfähigkeit an die institutionellen Strukturen der alten Bundesrepublik betrifft, und geht von einer evolutionären Differenzierung von System und Lebenswelt aus. Konstatiert wird ein «Zurückbleiben der Individuen ange-

sichts der dramatischen institutionellen Veränderungen, die sich um sie herum ereignen». Autoritarismus, Obrigkeitshörigkeit, Unselbständigkeit gelten als mentale Dispositionen Ost, als Dispositionen, die den Akteuren den Zugang zum ausgeklügelten institutionellen System westlicher Demokratie erschweren. Und auch diese gelte es nachholend zu modernisieren. Mindestens zwei Zusammenhänge bleiben in dieser Perspektive unberücksichtigt. Eine systemtheoretische Betrachtungsweise des Staatssozialismus mag dessen strukturelle Defizite offenlegen können und auch Aussagen über Struktureigentümlichkeiten der DDR-Gesellschaft gestatten, die sich in Einstellungen niederschlagen. Sie verstellt allerdings den Blick auf die «Binnensicht der Subjekte», aus der diese Strukturen letztlich bearbeitet und modifiziert werden und die insbesondere für die späte DDR-Gesellschaft angesichts einer «wachsenden Diskrepanz zwischen Struktur und Kultur» als äußerst relevant erscheint. (165) Zweitens bietet sich ein systemtheoretischer Zugang zwar an, «wenn Gesellschaften auf der Makro- wie Mikroebene stabilisierte soziale Beziehungsgeflechte darstellen, die sich innerhalb einer langsamen Drift relativ gleichgewichtig reproduzieren ... Wenn hingegen jene systemischen Beziehungen in beziehungsweise nach Krisen ... nachdrücklich aufgebrochen, ja auseinandergerissen werden, kommt der Systemtheorie der Gegenstand abhanden.» (166)
Die Transformation der ostdeutschen Gesellschaft, ihr Übergang hin zu einer modernen Industriegesellschaft, bewegt sich auf einem Entwicklungspfad, dessen Ende Stichworte wie «Krise des Wohlfahrtsstaates», «Krise der Arbeitsgesellschaft» oder «Risikogesellschaft» signalisieren. Vor diesem Hintergrund erscheinen die Aussichten des ostdeutschen Transformationsprozesses als ziemlich unsicher. Das Problem mangelnder Orientierungen und Zielvorstellungen konnte auch das übertragene bundesdeutsche Institutionensystem kaum lösen, befinden sich doch traditionelle industriegesellschaftliche Regulationsstrukturen, wie das Beispiel der Gewerkschaften zeigt, in einem Erosionsprozeß. Der Versuch, neuartige Probleme und Sachverhalte, die mit dem Zusammentreffen von Strukturwandel und Systemtransformation plötzlich auf der Tagesordnung standen, in den alten Institutionen der Bundesrepublik zu lösen, mußte fehlschlagen. Deren mangelnde Innovationsfähigkeit ist Bestandteil jener Hypothek der Sozialintegration, die den Vereinigungsprozeß nach wie vor belastet.
Die sozialen Folgen einer eher neoliberalen denn nachholenden Modernisierung der ehemaligen ostdeutschen Chemieregion schlugen sich in den Ergebnissen der Landtagswahlen in Sachsen-Anhalt nieder. «Protest wählen» hieß hier: gegen die Ferne von Politik überhaupt zu votieren. Denn die Entfesselung der Marktkräfte als Transformationsszenario neoklassischer Ökonomien läßt «das Wirtschaftssystem ungehemmt in Biographien eingreifen und wirkt buchstäblich existenziell». (167) Der Legitimationsverlust einer solchen Vereinigungspolitik, die ihre Entscheidungen letztlich als ökonomische Sachzwänge ausgibt, ist hier offenkundig. Bei dem Umbau der ostdeutschen Gesellschaft ging es eben nicht nur um eine Neuorganisation der Ökonomie, sondern auch um die Aushandlung neuer Formen von gesellschaftlicher Kohärenz: «Neu zu schaffende Institutionen aber können nicht importiert werden, sondern müssen an die vorhandenen Ressourcen, Netzwerke und Routinen anknüpfen.» (168)
Im Umbau der ostdeutschen Betriebe bündeln sich alle Probleme: Deren radikale Sanierung nach den Prinzipien der Wirtschaftlichkeit löste auch die soziale Institution Betrieb auf. Hier

fand vormals soziale Kohäsion und Integration statt, soziale Leistungen und Einrichtungen hatten im Betrieb ihren Ort. Sozialität und Selbstgefühl definierten sich über Arbeit und Arbeitswelt. Der Rückbau fand exakt zu einem Zeitpunkt statt, «zu dem der politische und ökonomische Umbruch einen besonders großen Bedarf an Informations-, Steuerungs- und Unterstützungsleistung erzeugte». (169) Und folgt man der Logik einer liberalistischen Wirtschaftsverfassung, so existieren für die durch Privatisierung entfallenen sozialintegrativen Leistungen der Betriebe gar keine Märkte. Zudem ist die Lebenswelt Betrieb kein ostdeutsches Phänomen. Das betrifft weniger die strukturelle Entwicklung des betrieblichen Raumes, die, wie gezeigt wurde, zwischen Ost und West nahezu konträr verlief, als vielmehr die Tatsache, daß wir nach wie vor in einer Arbeitsgesellschaft leben und ein Großteil der Bevölkerung soziale Bindungen, Anerkennung und Identität aus der Arbeitssphäre bezieht. (170) Die Rede vom «Ende der Arbeit» signalisiert wohl, daß der Gesellschaft mit Flexibilisierung und Globalisierung die Arbeit ausgeht. Ob allerdings «freiwillige Bürgerarbeit» oder «Job-Nomaden im neuen Wagnis Arbeit» (171) Auswege aus dem Dilemma weisen, daß einem wachsenden Teil der Bevölkerung die Teilhabe am gesellschaftlichen Leben vorenthalten wird, ist eine dringliche Frage für die zukünftige Integrationsfähigkeit moderner Gesellschaften.

Aus der Perspektive einer «Lebenswelt Betrieb» wird der Blick auf die eher unsichtbaren integrativen Netze einer Gesellschaft gelenkt, deren Substanz aus der Arbeitssphäre stammt. Denn: «Menschen greifen im Horizont ihrer Arbeitserfahrungen mehr oder minder bewußt auf fraglos gegebene Handlungs-und Wissensressourcen zurück, die keineswegs allein am Arbeitsplatz Bedeutung haben.» (172) Alheits Deutung gesellschaftlicher Modernisierung im Kontext seines Lebensweltbegriffes geht nicht von einer diese Rationalisierungsprozesse begleitenden «Überwindung bloß symbolischer nicht-reflexiver Wir-Haltungen» aus. (173) Er unterzieht Habermas' These einer «Kolonialisierung der Lebenswelt«, die eine Erosion und Veródung des präreflexiven impliziten Wissens annimmt, einer Korrektur hin zur Reformulierung und Rekombination dieser Präskripte alltäglicher Lebenspraxis mit «modernen» Routinen und Einstellungen. (174) Der gegenwärtige Wandel der Arbeit stützt diese Position, dem Faktor Subjektivität kommt mittlerweile eine immer stärkere Bedeutung zu. Arbeit ist nach wie vor mehr als bloße Subsistenz; sie bestimmt psychosoziale Befindlichkeiten, konstituiert Subjektivität und bleibt, auch wenn sie zeitlich abnimmt, der Fokus sozialer Orientierung. (175) Nimmt man den zwar ambivalenten, aber zweifellos vorhandenen subjektiven Bedeutungszuwachs von Arbeit ernst, so ist ein Ausstieg aus der Arbeitsgesellschaft noch lange nicht in Sicht. Um so fataler muß die steigende Zahl von Arbeitslosen im Zuge der neoliberalen Modernisierung erscheinen. Die Reorganisation der ostdeutschen Wirtschaft entläßt die Betriebe aus ihrer sozialen Funktion als Lebensraum, und als Arbeitgeber sind sie nur noch spärlich vertreten. Mit der radikalen Einsparung von Arbeit, dafür sind die ostdeutschen Betriebe nur Beispiele, erodieren Wissensbestände und «Ressourcen an Kommunitarität«, entfallen Lebenschancen und subjektive Entwicklungsmöglichkeiten, die immer noch allein über die Arbeit zu haben sind. Der Zusammenhalt der Gegenwartsgesellschaft ist offensichtlich einer Zerreißprobe ausgesetzt: Viele führen ein Leben am Rande des Existenzminimums, es herrscht tiefe Mutlosigkeit. Grundsolidaritäten lösen sich auf, an ihrer Stelle offerieren rechtsradikale Bewegungen das einzige noch «funktionierende» Sozialsystem. Daß Menschen an Arbeitslosigkeit zerbrechen können, ist eine Tatsache; die Marienthalstudie hat sie bereits in den dreißiger Jahren beschrieben. Vor dem Hintergrund der noch symbolisch verstärkten Macht wirtschaftlicher Realitäten im gegenwärtigen «Radikalkapitalismus» (P. Bourdieu) erscheint die lebensweltliche Bedeutung von Arbeit als Marginalie. Chancengleichheit gehört zu den verabschiedeten Errungenschaften einer mit dem Sozialstaat verbundenen Zivilisation, und unter denjenigen, die noch Chancen haben, wird das Klima rauher. Zu erodieren droht, was als «Common Culture«, als Prozeß der Produktion und Reproduktion von Gewißheiten, Routinen und Kommunitarität über die Arbeitswelt hinaus die unhinterfragten und verläßlichen integrativen Strukturen der Gesellschaft bestimmte.

Der Strukturwandel der ostdeutschen Chemieregion mag als Laboratorium einer solchen Entwicklung gelten. «Westeuropa liefert«, so Vaclav Klaus über die osteuropäische Transformation, «kein optimales Modell, Freiheit und Regulation auszubalancieren. Die Thatcher- (oder anti-keynesianische beziehungsweise liberale) Revolution wurde im Westen nur halbherzig durchgeführt und wartet noch darauf, zu Ende gebracht zu werden». (176) Im Osten hingegen findet eine radikale Liberalisierung statt, allerdings mit Modernitätsverlusten. (177)

Denn ein Modernisierungsverständnis, das sich auf die Fiktion selbstorganisierter Märkte reduziert und sich mit einer symbolischen Industriepolitik verbindet, um letztlich den «normalen Gang der Dinge» zu suggerieren, führt zu einem sich verstetigenden Mangel an Sozialintegration. Die Gefahr, daß die ökonomische Desorganisation die Etablierung politischer und konstitutioneller Strukturen unterläuft, wird unter anderem am Beispiel der betrieblichen Regulationsbeziehungen deutlich. Der Legitimationsverlust der bisherigen Transformationspolitik macht sich auch bei der EXPO Sachsen-Anhalt geltend: in ihrer Selbstinterpretation als «staatlich organisierte Bewegung gegen Politikverdrossenheit». Fraglich scheint allerdings, ob dieser Rückgriff auf alte Vorstellungen von Politik als Steuerung nicht einem Demokratieverständnis weichen sollte, in dem «staatliche Routinen stärker auf kooperative und verhandlungsorientierte Verfahren setzen». (178)

NACHHOLENDE MODERNISIERUNG – EINE GANZ NORMALE FAHRT

«Stinkende Grüße aus Bitterfeld» betitelte die Mitteldeutsche Zeitung am 26. April 1990 folgende Pressenotiz: «Männer und Frauen in weißen Overalls, mit Schutzbrillen und -helmen entrollten gestern vormittag auf den Stufen vor der Volkskammer ein weißes Transparent. Zu lesen war: ‹Zur Erinnerung an Abgeordnete und Regierung – Ohne Umwelt läuft gar nix.› Sekunden später ergossen sich über das makellose Weiß dunkle stinkende, den Atem nehmende Dreckbrühen. Die ‹Liebesgrüße› kamen aus Kanistern, die den Abwasserrohren des Fotochemischen Kombinates Wolfen, des Chemiekombinates Bitterfeld…und weiteren an der Elbe liegenden Betrieben entnommen wurden. Eingeholt hat die Proben das Greenpeace-Laborschiff ‹Beluga›.» In den Medien avancierte die Chemieregion 1990 zum ökologischen Notstandsgebiet par excellence. Die schwarze Flut, die sich über das weiße Transparent ergoß, die weiß gekleideten

Figuren, das Boot auf dem stinkenden Silbersee – was hier im Bild zusammentraf, glich den Metaphern, mit denen der Prozeß der deutsch-deutschen Vereinigung medial reflektiert wurde. Den Fall der Mauer assoziierte man mit der Öffnung einer Schleuse, durch die sich nun nicht nur eine Flut von Übersiedlern ergoß, sondern auch soziale, wirtschaftliche und ökologische Katastrophen drangen, die man so nicht erwartet hatte. Öffnung der Schleußen bedeutete auch: Entlassung der DDR-Betriebe in den Weltmarkt durch möglichst zügige Privatisierung. Kurz vor dem Versinken der chemischen Industrie in den entfesselten Fluten des Marktes nahm man das Steuer allerdings wieder in die Hand, schließlich war ein Zurückschwellen in Gestalt einer Arbeitslosen- und Protestwelle zu befürchten. Dabei schien der beruhigende Rückgriff auf das für die westeuropäischen Gesellschaften der Nachkriegsära so erfolgreiche Modernisierungsmodell in der Trias von Marktwirtschaft, Rechtsstaat und Sozialstaat eine ganz «normale Fahrt» in die geeinte Bundesrepublik zu verbürgen. Die Sicherheit der Akteure und Interpreten bei der Wiederauflage dieses Modells speiste sich aus der Erfahrung eines «ganz normalen evolutionären Ganges der westlichen Dinge». Die in die Höhe schnellende Arbeitslosenzahl, der rasche Konkurs vieler ausgegründeter kleiner Unternehmen, das waren Übergangs- und Anpassungsschwierigkeiten, die der Markt schon richten würde.

Inzwischen haben sich die Probleme, nicht nur in Ostdeutschland, verstetigt, und auch die Euphorie über das erhoffte heilsame Wirken der Marktkräfte in Ostdeutschland ist angesichts der wachsenden sozialen Disparitäten und einer Arbeitslosenquote von 25 Prozent verhaltener geworden. Die «Normalität», mit der im Diktum der nachholenden Modernisierung die Steuerungsfähigkeit in den Turbulenzen der Transformation behauptet wurde, verkannte vollständig, daß diese unter den Bedingungen von Globalisierung und Neoliberalismus so nicht mehr zu haben war. Dagegen hatte den Akteuren der Nachkriegszeit ein «Netz von politischen Regulierungen der Arbeits-, Kapital-, Finanz- und Rohstoffmärkte» den Rücken gestärkt. (179) Die gesellschaftlichen Unwägbarkeiten einer «reinen Ökonomie» ereilten seit den achtziger Jahren die westeuropäischen Gesellschaften und wurden unter dem Stichwort «Krise des Fordismus» sozialwissenschaftlich reflektiert. Warum also eine Neuauflage des Modernisierungsmodells, die sich in der Praxis eher als dessen neoliberale Reformulierung erwies? Zwar gab es einen «Vereinigungskeynesianismus», doch worum handelte es sich? Das Steuer wurde ergriffen, als die Arbeitslosenwellen, die das Prinzip «Sanierung durch Privatisierung» auslöste, nicht mehr ohne politische Regulation zu bewältigen waren: Die MEGA-ABM sind ein Beispiel dafür, der Chemie-Lenkungsausschuß mit einem starken Engagement seitens des Bundes ein anderes. Aber die eingeleitete Restrukturierungspolitik zielte lediglich auf einen Erhalt der bisherigen Produktionslinien. Die Reorganisation der Produktionstrukturen verlief nach dem klassischen Muster betrieblicher Rationalisierung und mußte damit die Ressourcen und Modernisierungspotentiale der DDR-Industrie zwangsläufig übersehen; bisherige Forschungs- und Entwicklungskapazitäten wurden rückgebaut und neue sind bei den an Lean Production orientierten Unternehmen nicht in Sicht. Bei einer solchen defensiven Restrukturierungspolitik, deren nüchternes Kalkül durch die «volkswirtschaftlichen Opportunitätskosten» bestimmt war, ist es fraglich, ob eine «eigenständige» innovative Entwicklung der Region überhaupt in Gang kommen kann. Der ChemiePark in Bitterfeld, der auf eine Integration unterschiedlicher Branchen, Unternehmen und Dienstleistungen setzt, stellt hier zumindest einen Silberstreif am Horizont des Transformationsprozesses dar. «Normalisierung» sollte allerdings nicht nur durch eine solche Industriepolitik gesichert werden, darüber hinaus sollte der Transfer der für die Gesellschaft der Bundesrepublik funktionalen und in langen Zeiträumen ausdifferenzierten Institutionenlandschaft den Umbau stützen. Am Beispiel des dualen Systems industrieller Beziehungen wurde deutlich, wie schwierig der sogenannte Anpassungsprozeß von Institutionen verlaufen mußte, bezieht man Strukturwandel und Transformation der ostdeutschen Gesellschaft in der Argumentation aufeinander. Sind die ostdeutschen Akteure zu langsam und zu unmodern, oder handelt es sich dabei eher um ein Defizit der übertragenen Institutionen?

Diesen kam innerhalb der tiefgestaffelten bundesrepublikanischen Gesellschaft eine Entlastungsfunktion zu: Die Menschen in der Bundesrepublik «konnten sich in der Verfolgung ihrer beruflichen und privaten Interessen auf ein ausgebautes Netz gesellschaftlicher Leistungen verlassen, dessen Angebote sie nur abzurufen brauchten». (180) Die Funktionsdefizite des Staatssozialismus mußten in den «wilden Räumen» der DDR stets kompensiert werden; die Leute konnten sich auf das System kaum verlassen. Die hierbei antrainierte Alltags- und Improvisationskompetenz gehört zu den oft gescholtenen «Persistenzen» der Ostdeutschen: Sie meiden den Gang durch die Institutionen. In Anbetracht dessen, daß das Institutionensystem nur schwerfällig oder gar nicht auf die veränderte Situation reagiert, feiert diese Kompetenz inzwischen einen Sieg in allerdings, das Beispiel «Betriebsgemeinschaft» zeigt es, äußerst ambivalenten Vergemeinschaftungsformen.

Die «Angst vor der Denormalisierung», die nach Jürgen Link strukturell jedem Normalismus innewohnt, mag denn auch das zweifelhafte Vorhaben gestützt haben, das westliche Institutionensystem an einem anderen Ort zu imitieren: «Es handelt sich offenbar um den Versuch», so Claus Offe, «planmäßig ein Gebäude nachzubauen, für das der Bauplan verlorengegangen ist». (181) Die Leerstelle, die im Zuge der Transformation mit dem Wegfall der Betriebe als Lebenswelt entstanden war, konnten diese Institutionen kaum füllen.

Wenn angesichts steigender Arbeitslosigkeit, wachsender sozialer Fragmentierung und Perspektivlosigkeit immer noch «Normalität» behauptet und dargestellt wird, so muß das einen Legitimationsverlust von Politik überhaupt nach sich ziehen, der sich dort artikuliert, wo «die verdrängten Fluten plötzlich zum Beispiel als neorassistische Progrome hochschäumen». (182) Die Wahlergebnisse in Sachsen-Anhalt mit einem überdurchschnittlichen DVU-Anteil von siebzehn Prozent im April 1998 sprechen hier Bände.

Um das Steuer, das schon lange aus der Hand geglitten ist, wieder in den Griff zu bekommen, bliebe vielleicht der folgende, von Link vorgeschlagene Ausweg: «Zuerst einmal wäre bekanntzumachen, daß die Fahrt seit geraumer Zeit aus dem Ruder der Normalität gelaufen sei, daß die Piloten selber nicht weiterwüßten, und daß hiermit alle Fahrgäste zum gemeinsamen Brainstorming eingeladen seien.» (183)

**ANDREAS WEINAND
KLEINE LEUTE, BASTLER, PFADFINDER**

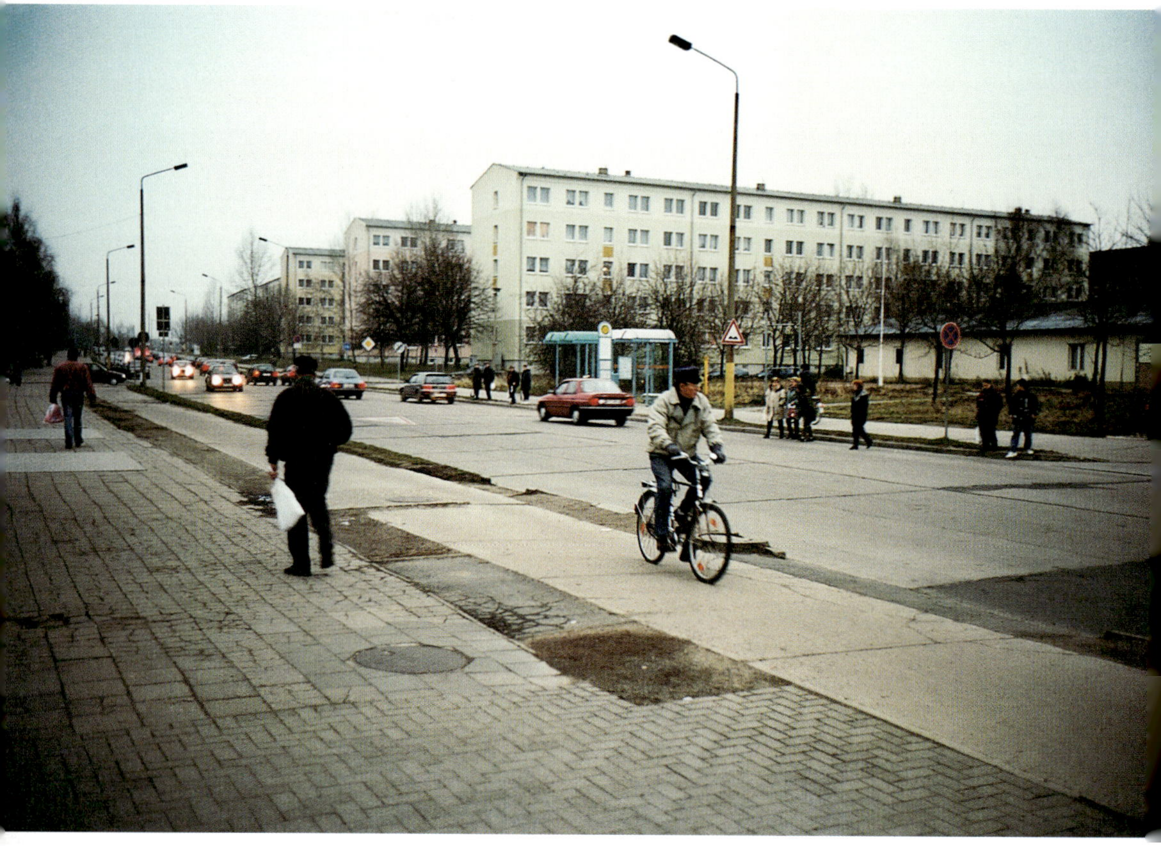

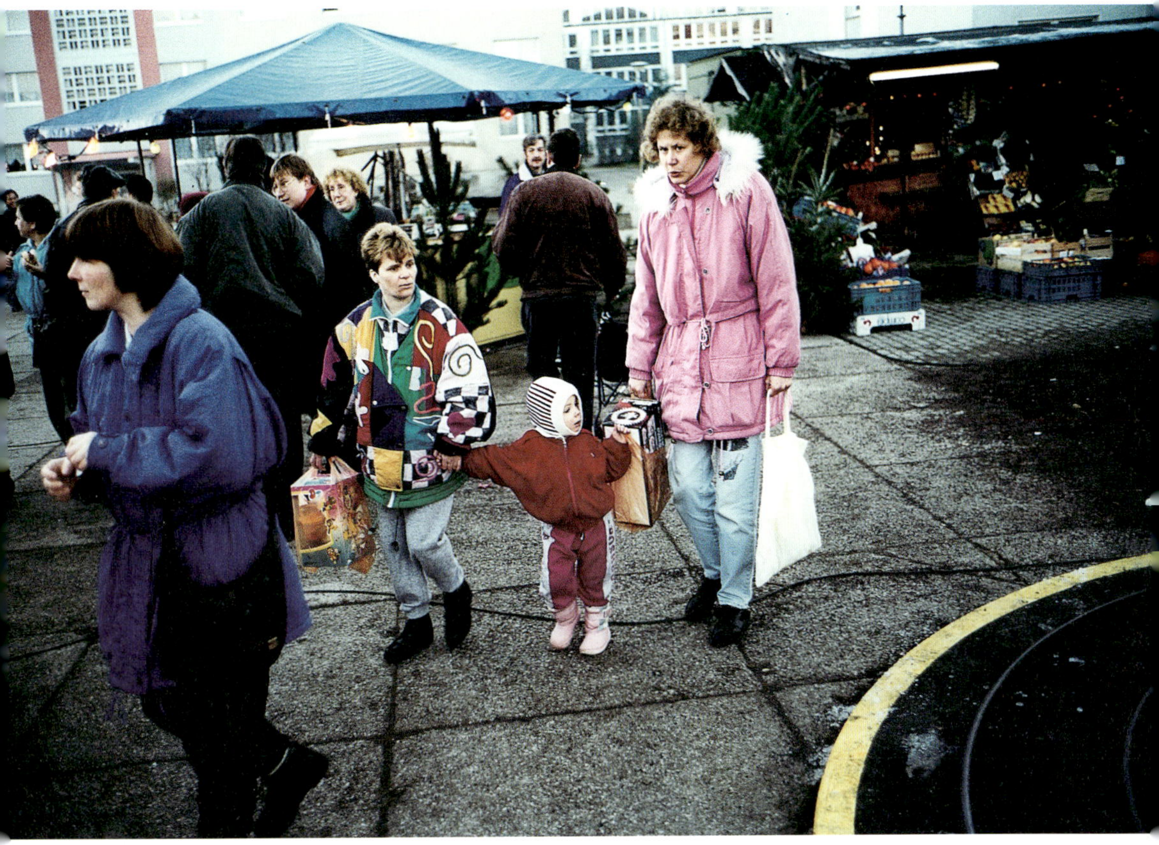

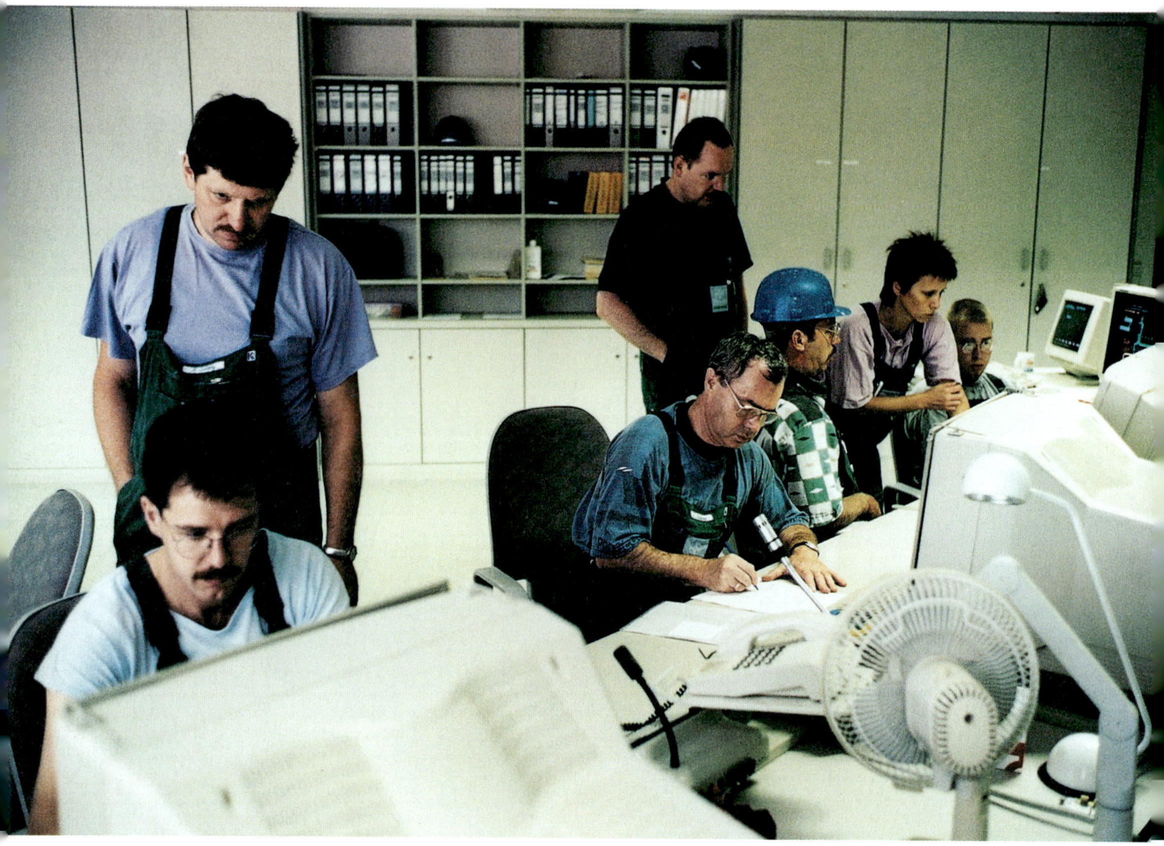

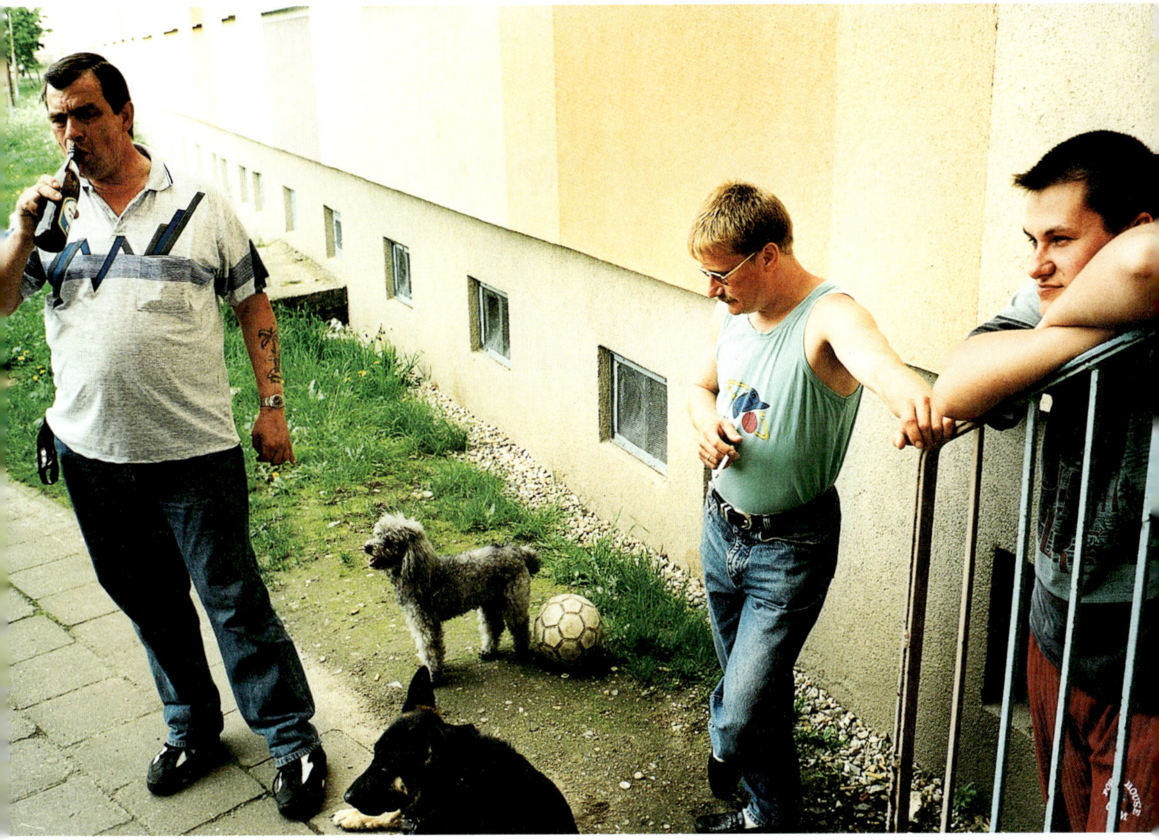

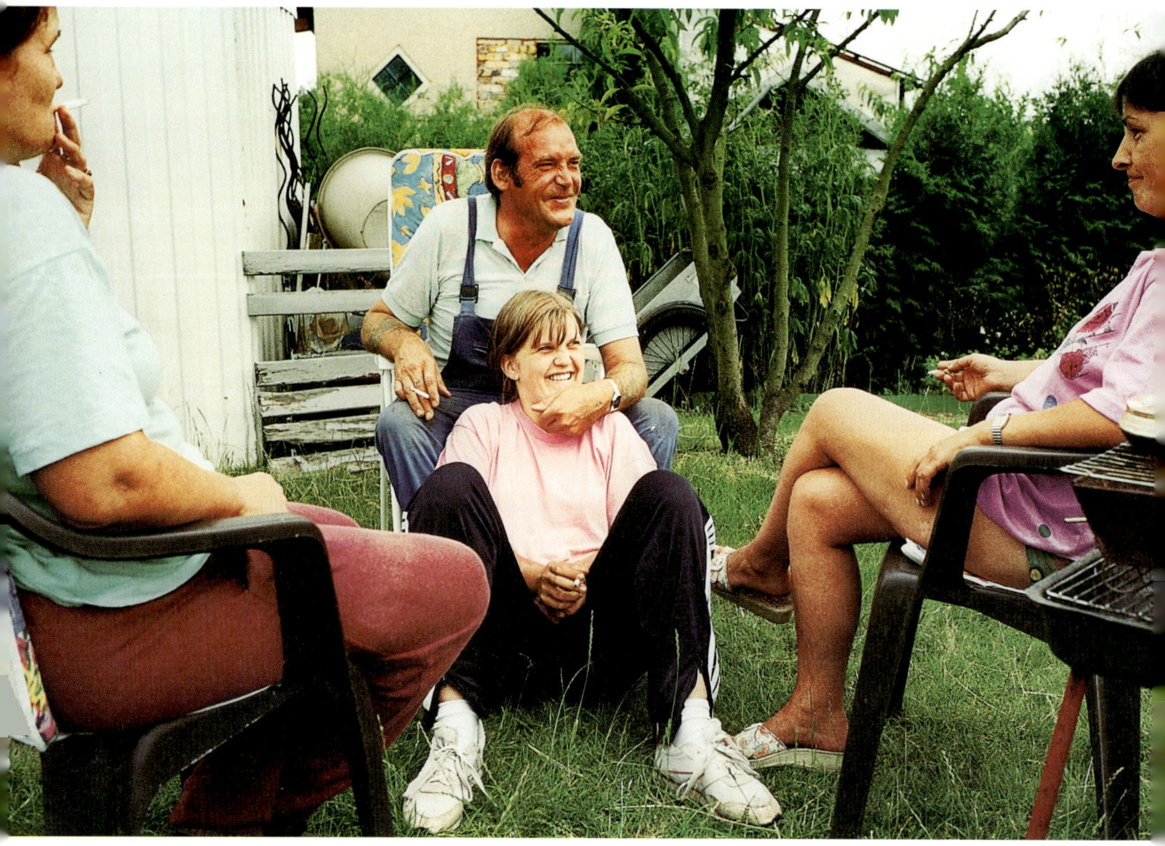

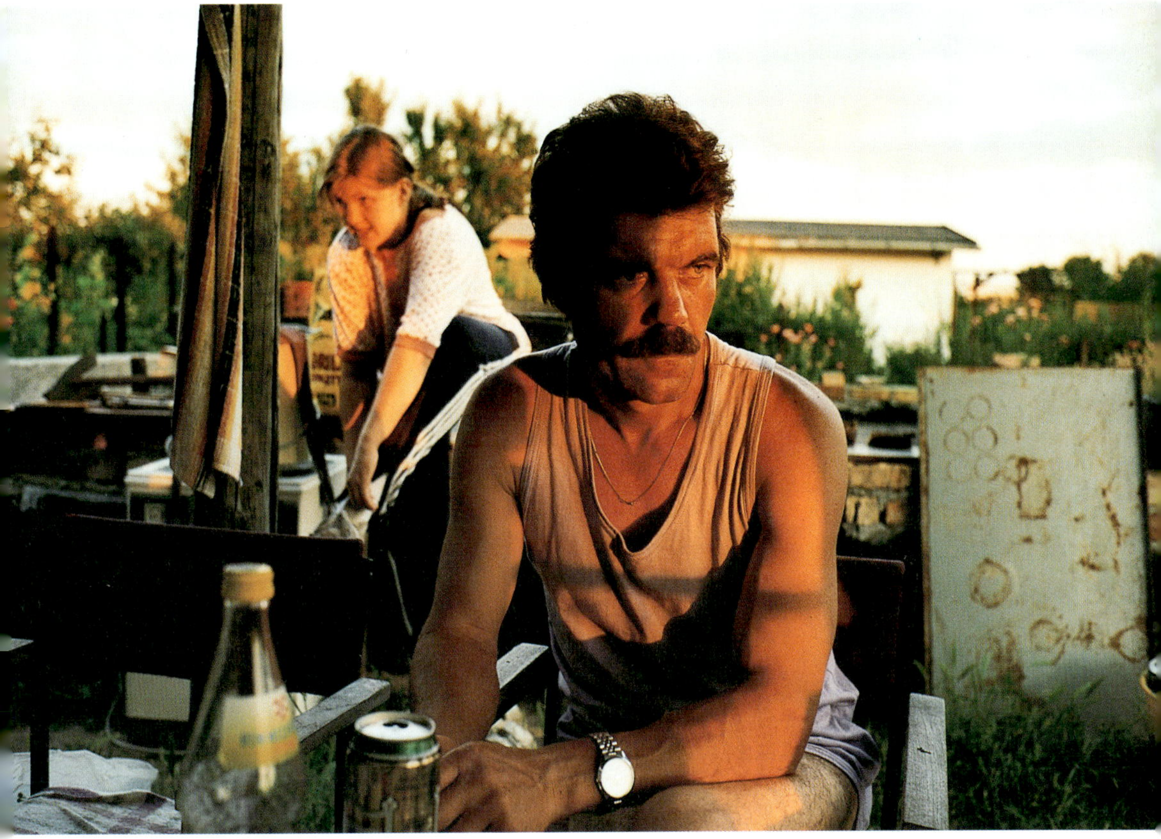

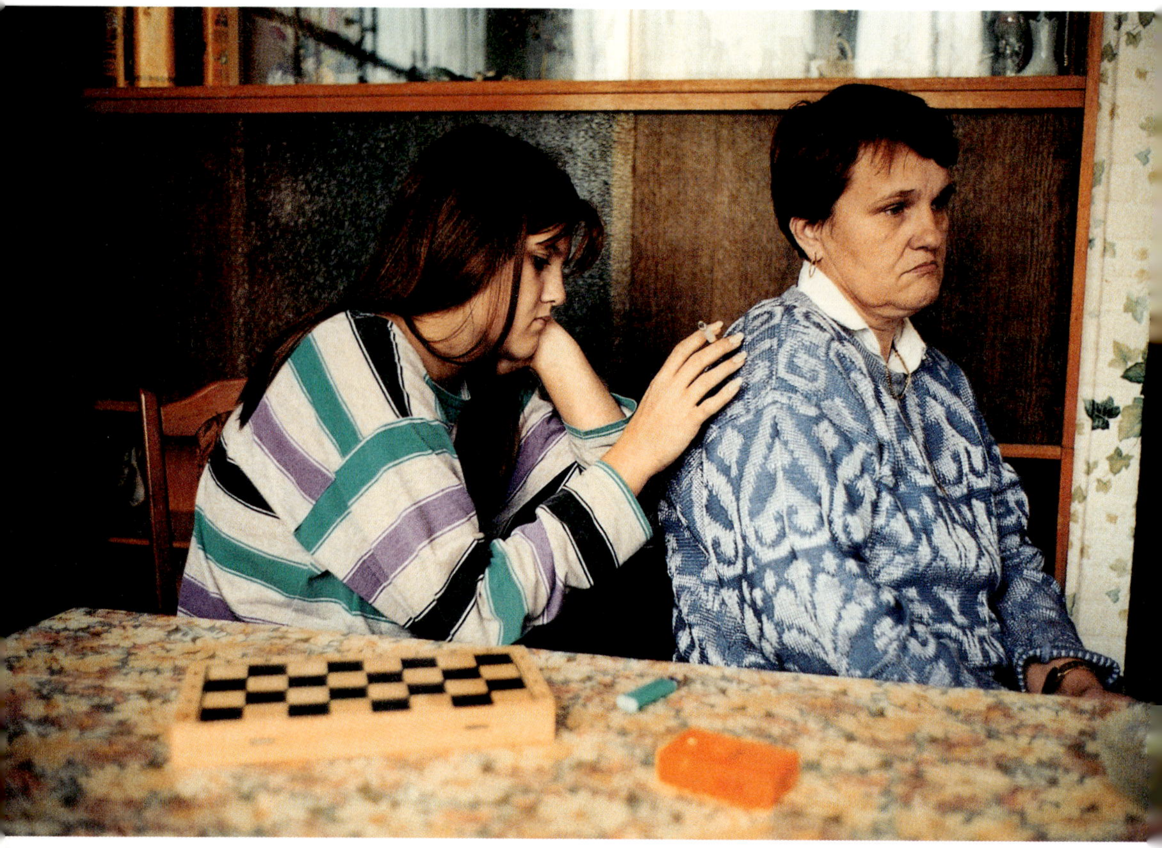

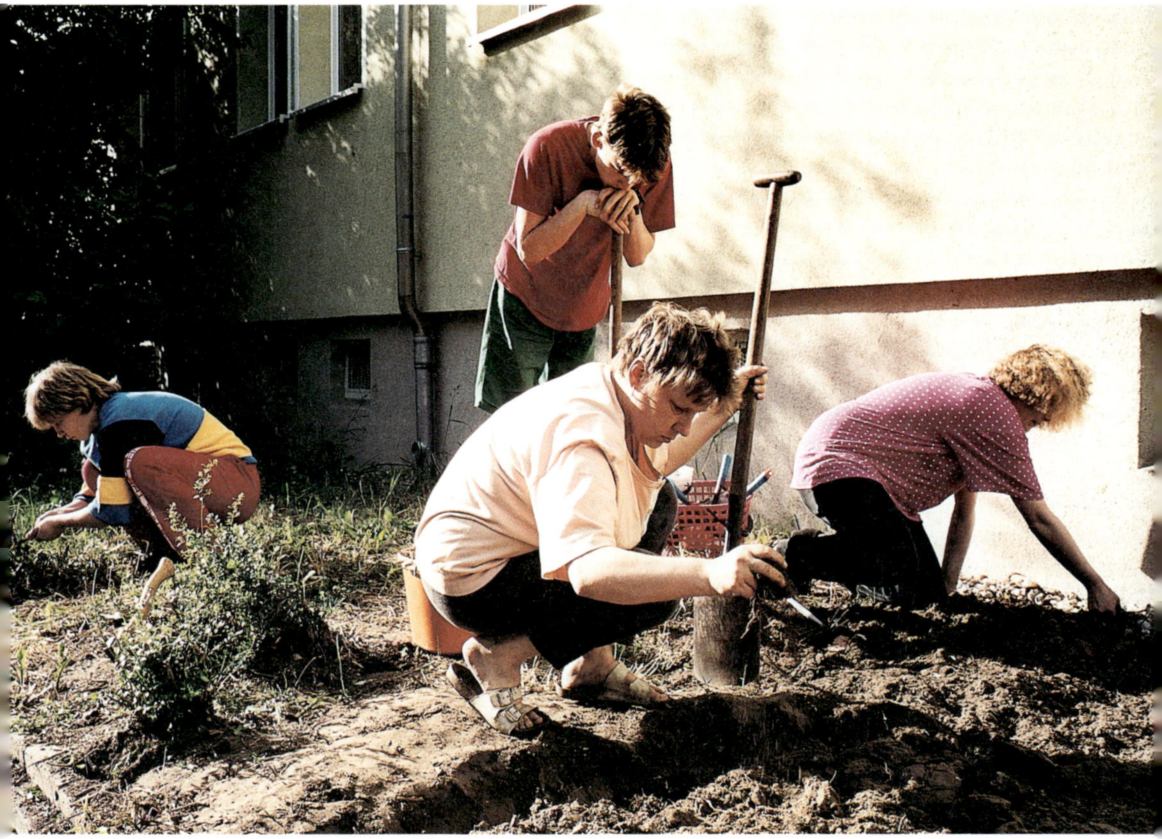

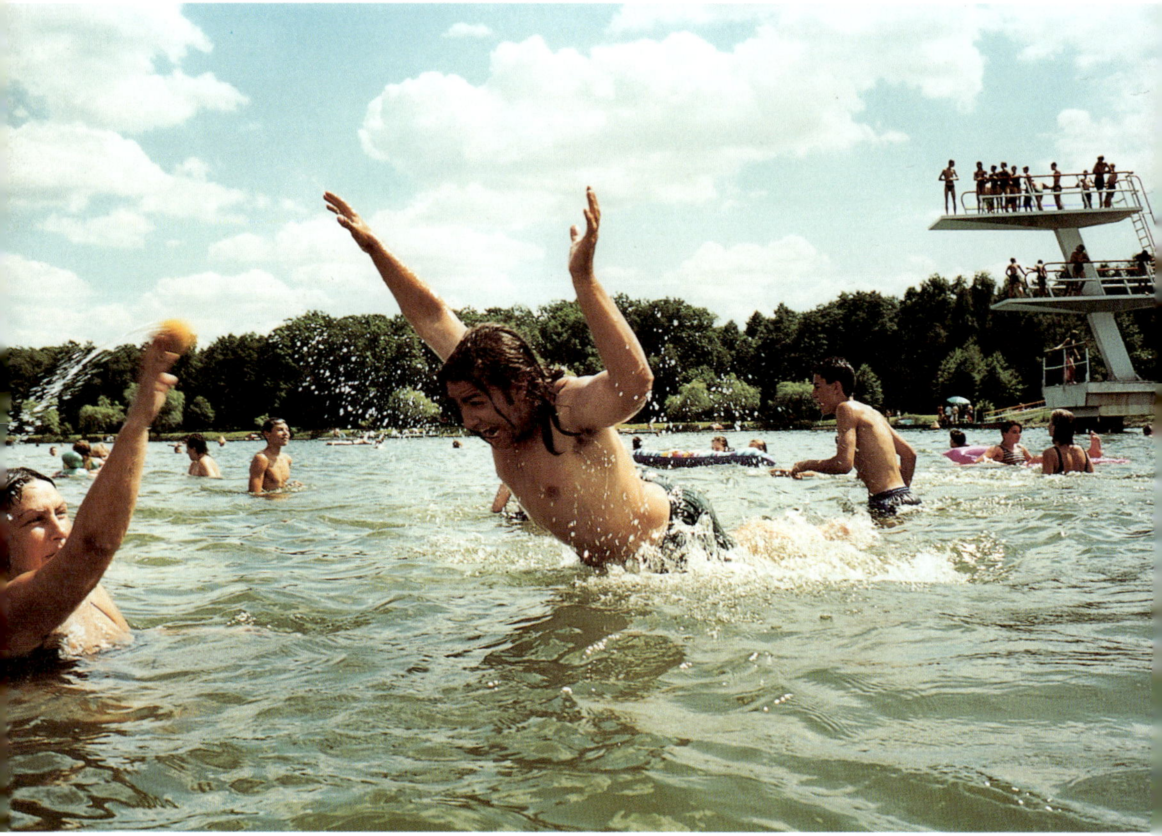

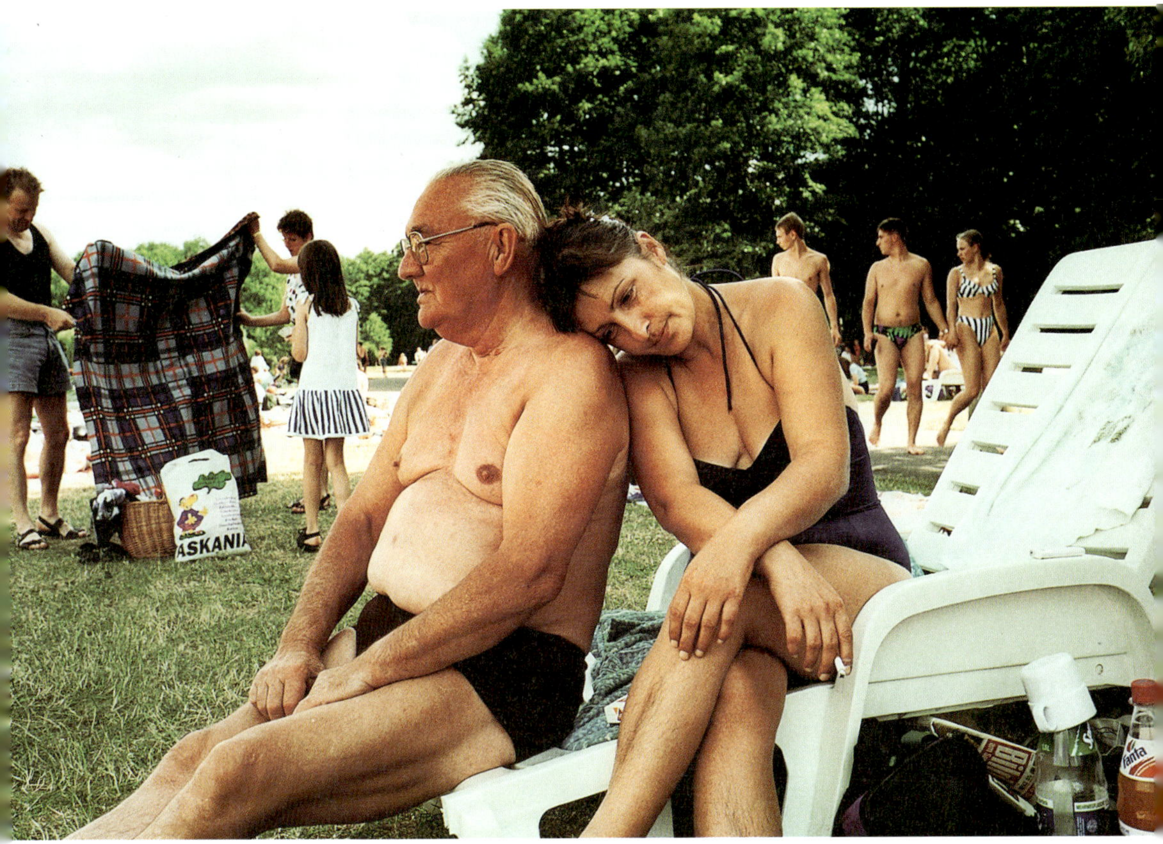
ASKANIA
Fanta

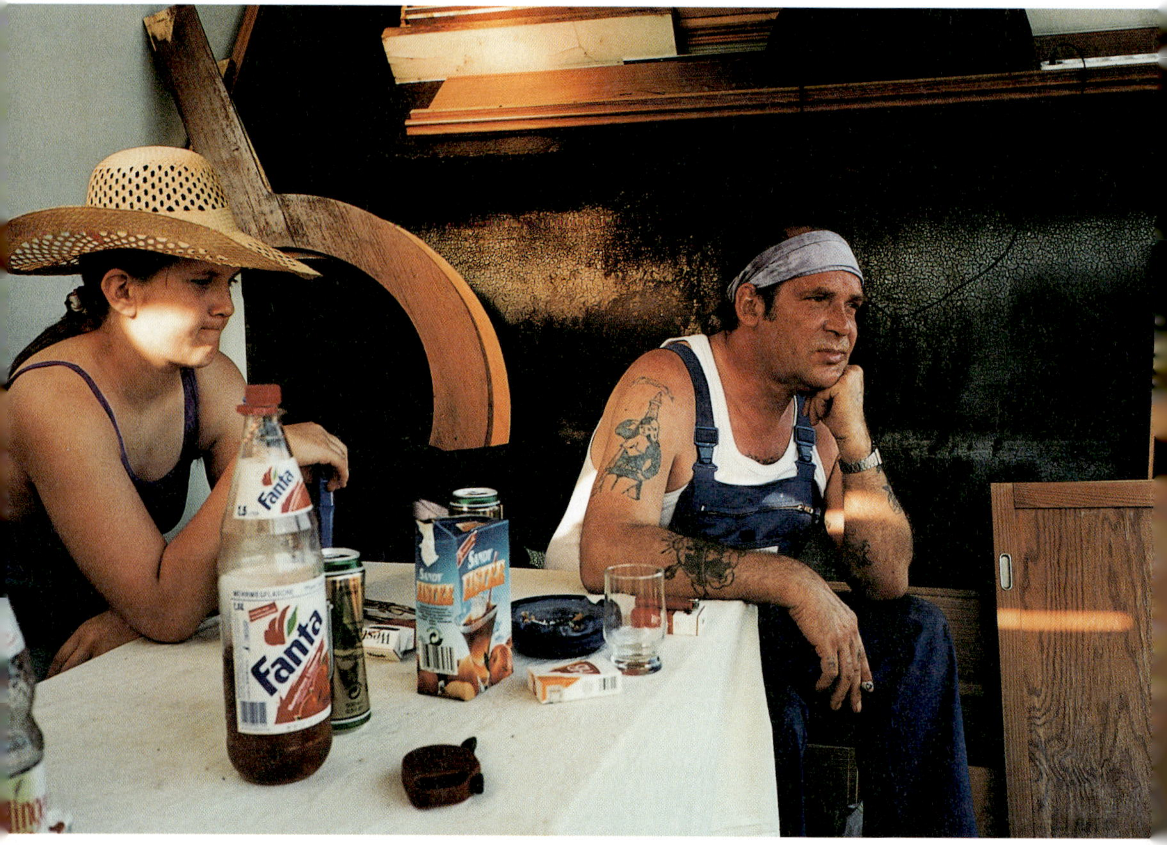
Fanta
Fanta

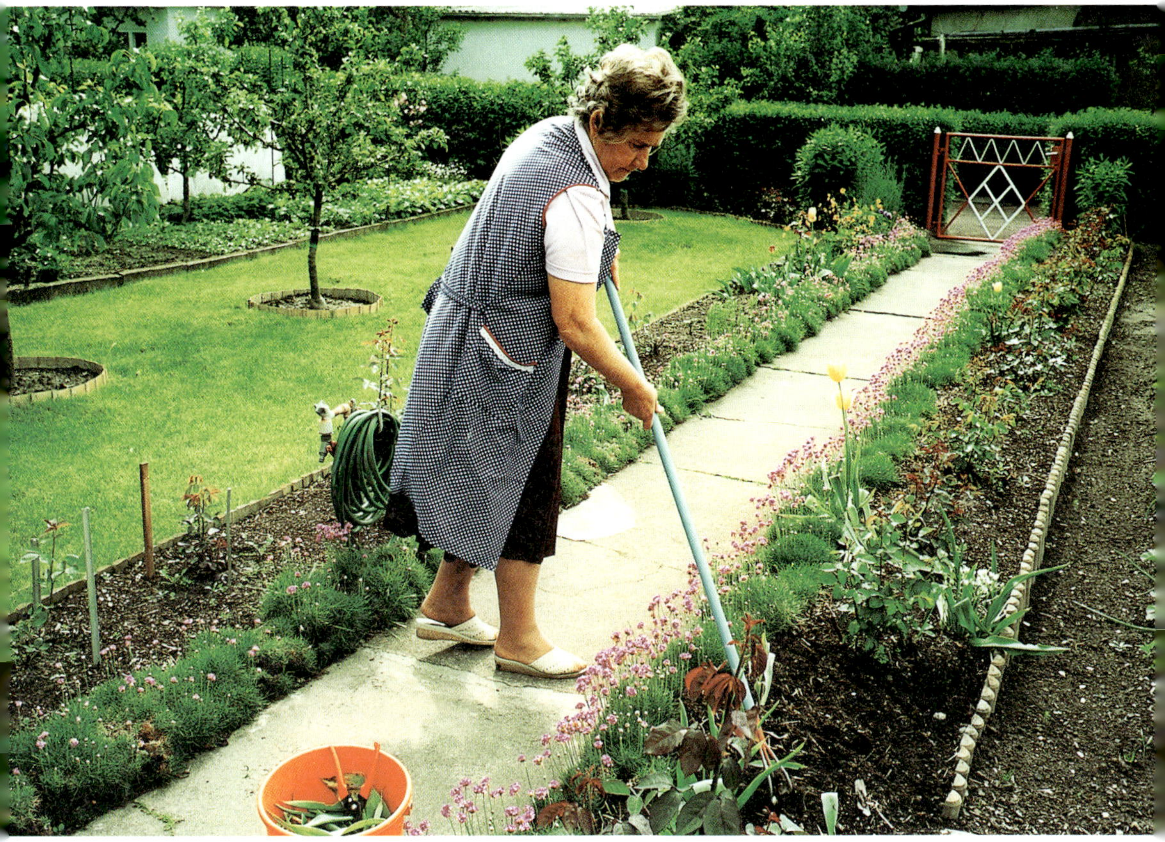

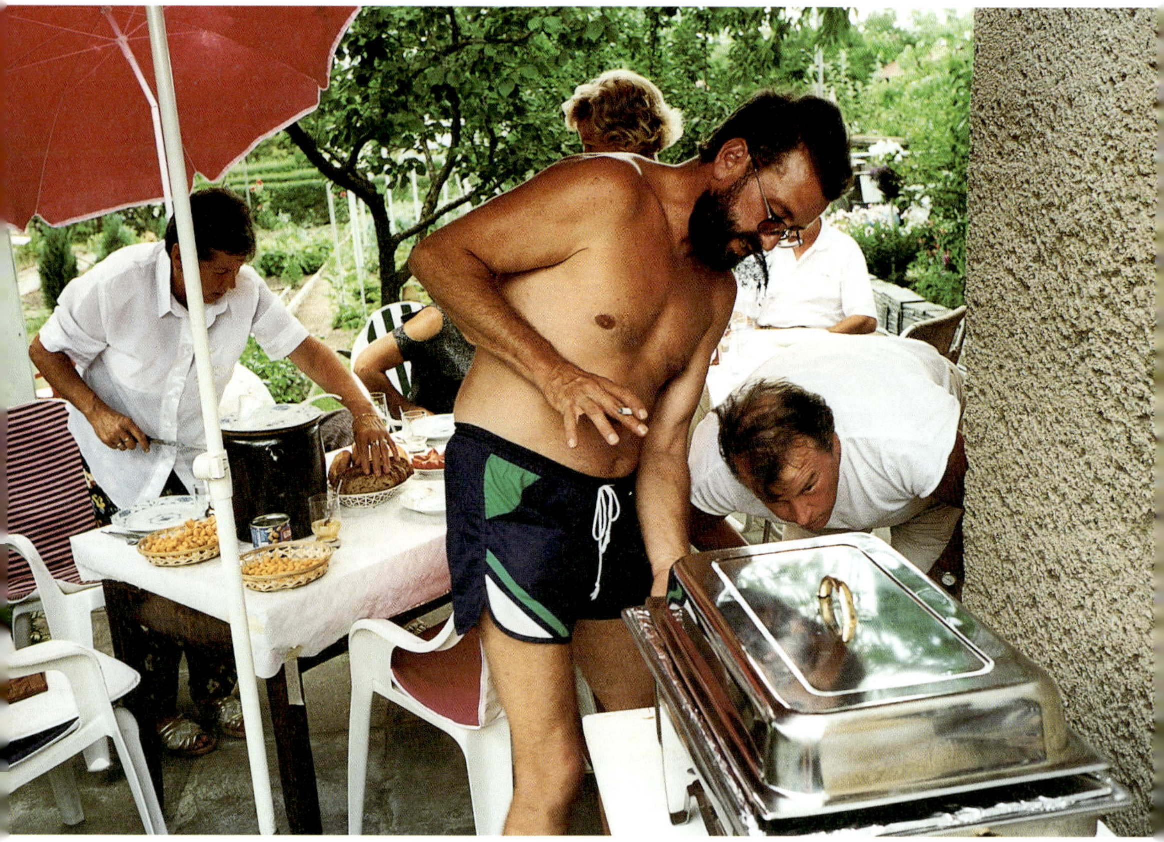

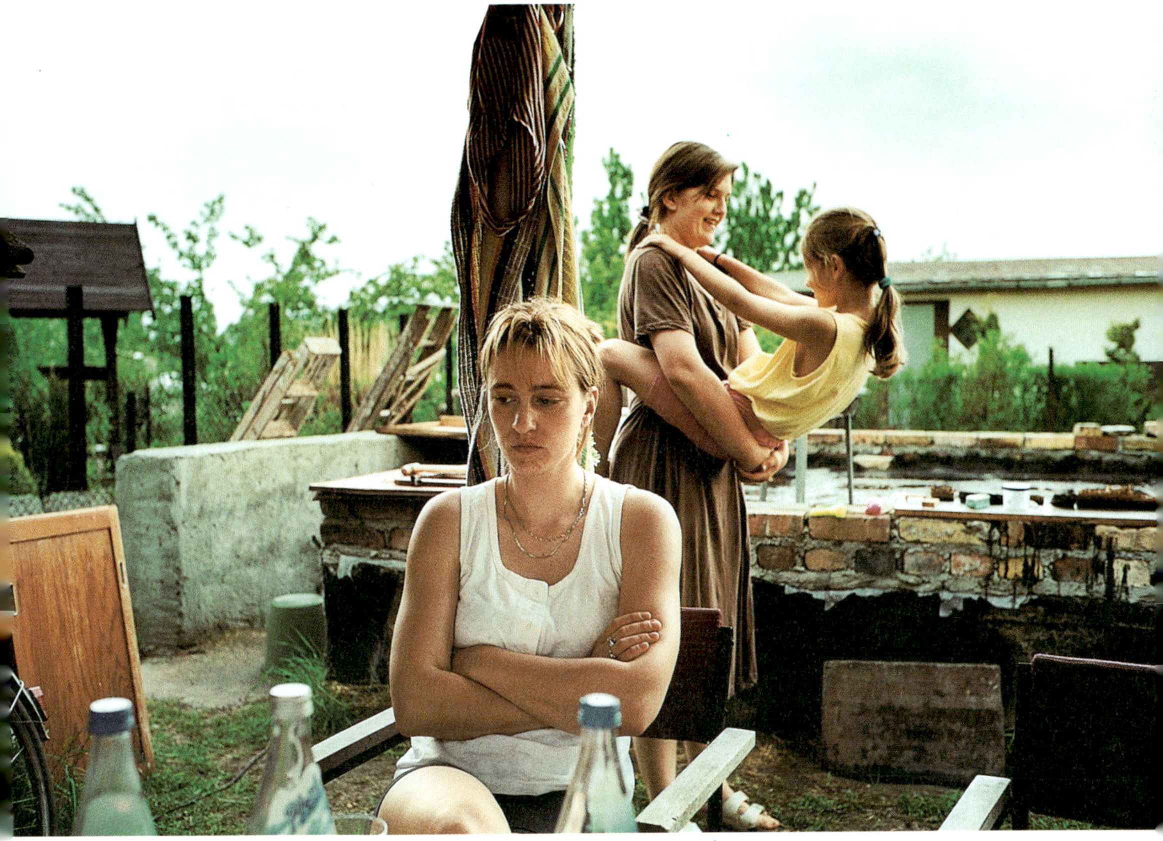

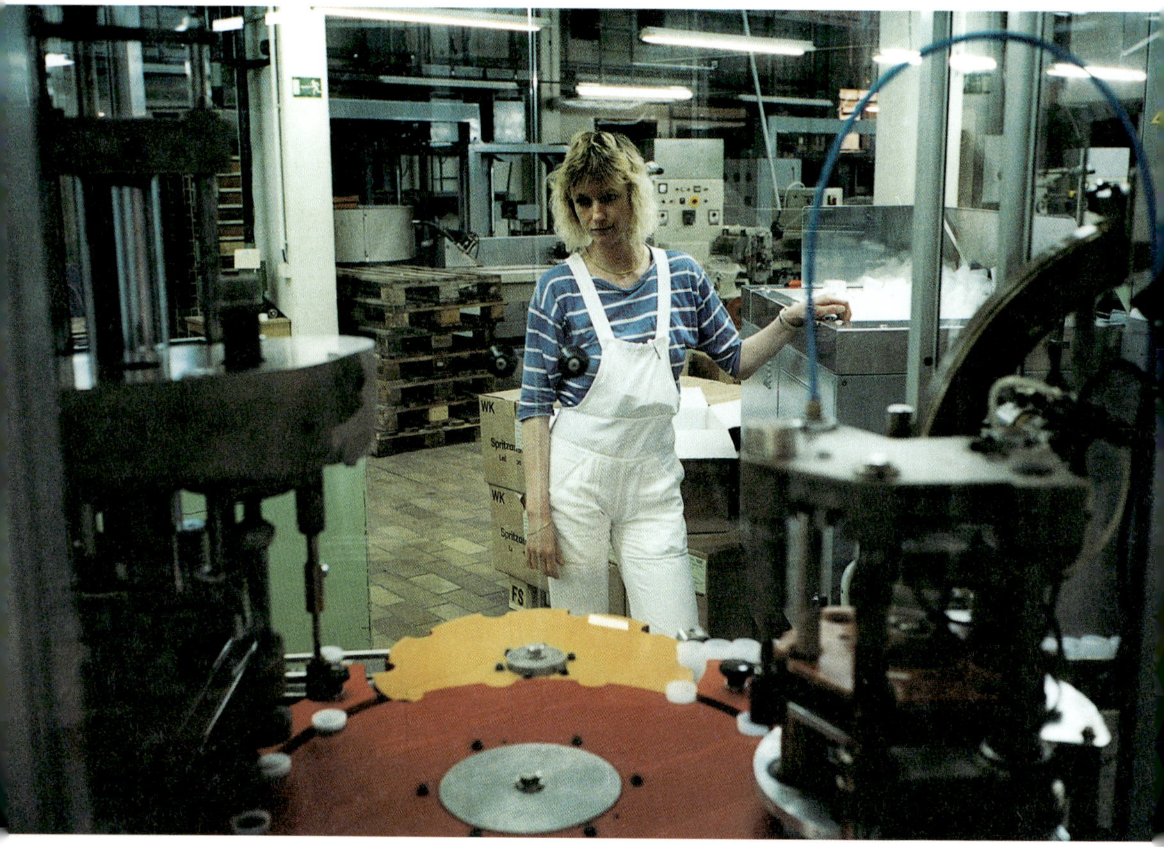
WK
WK
FS

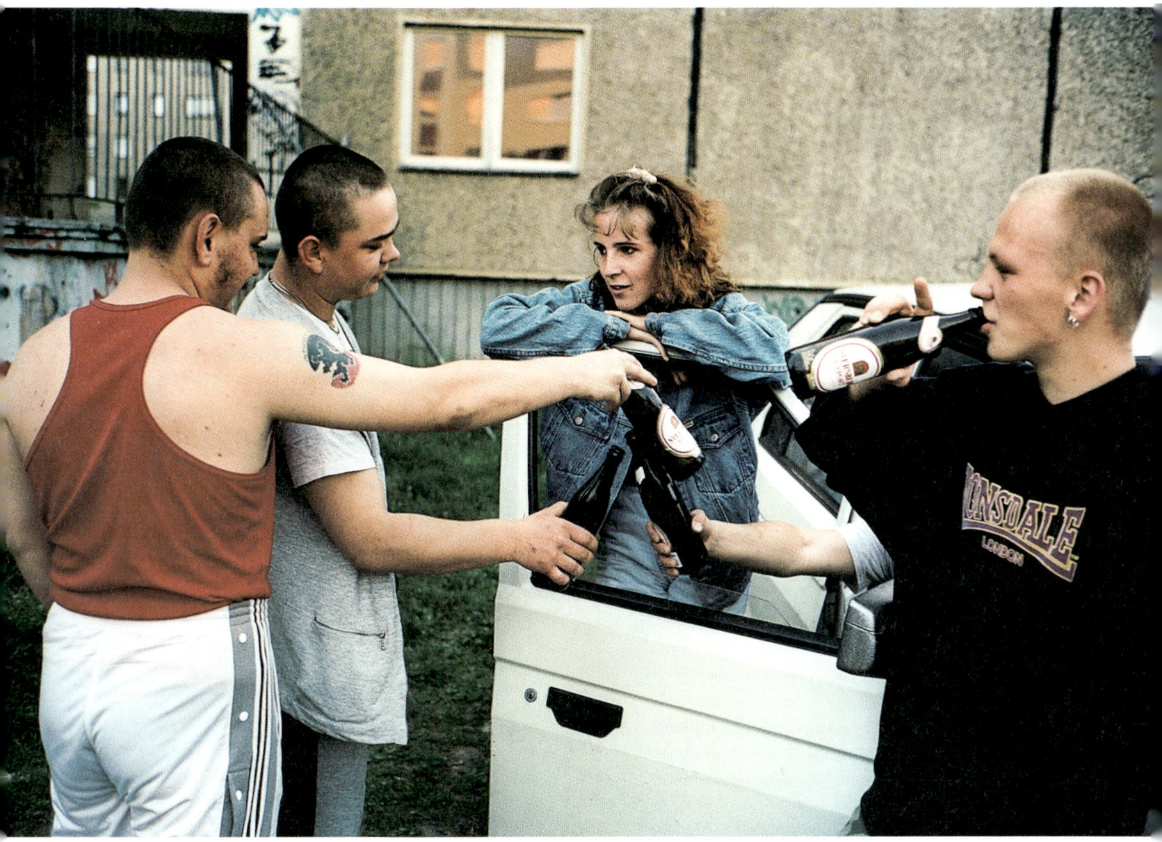
LONDON

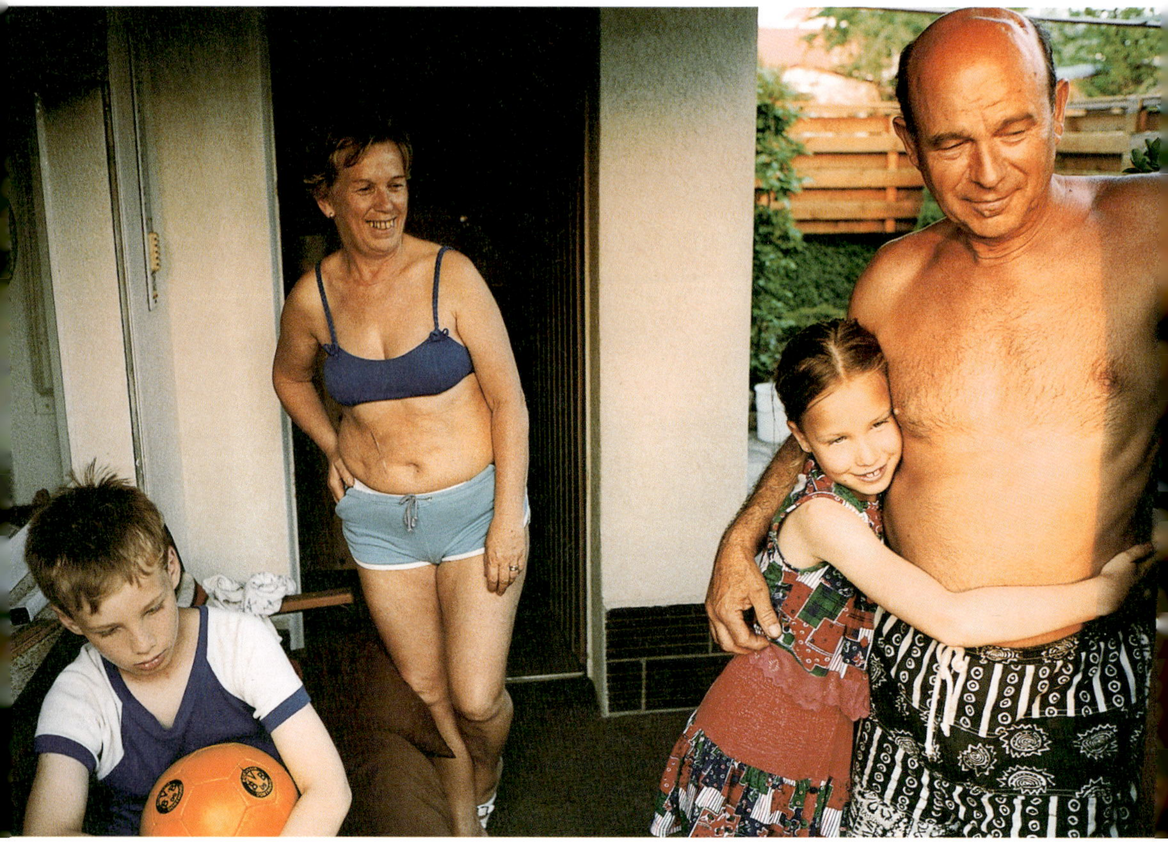

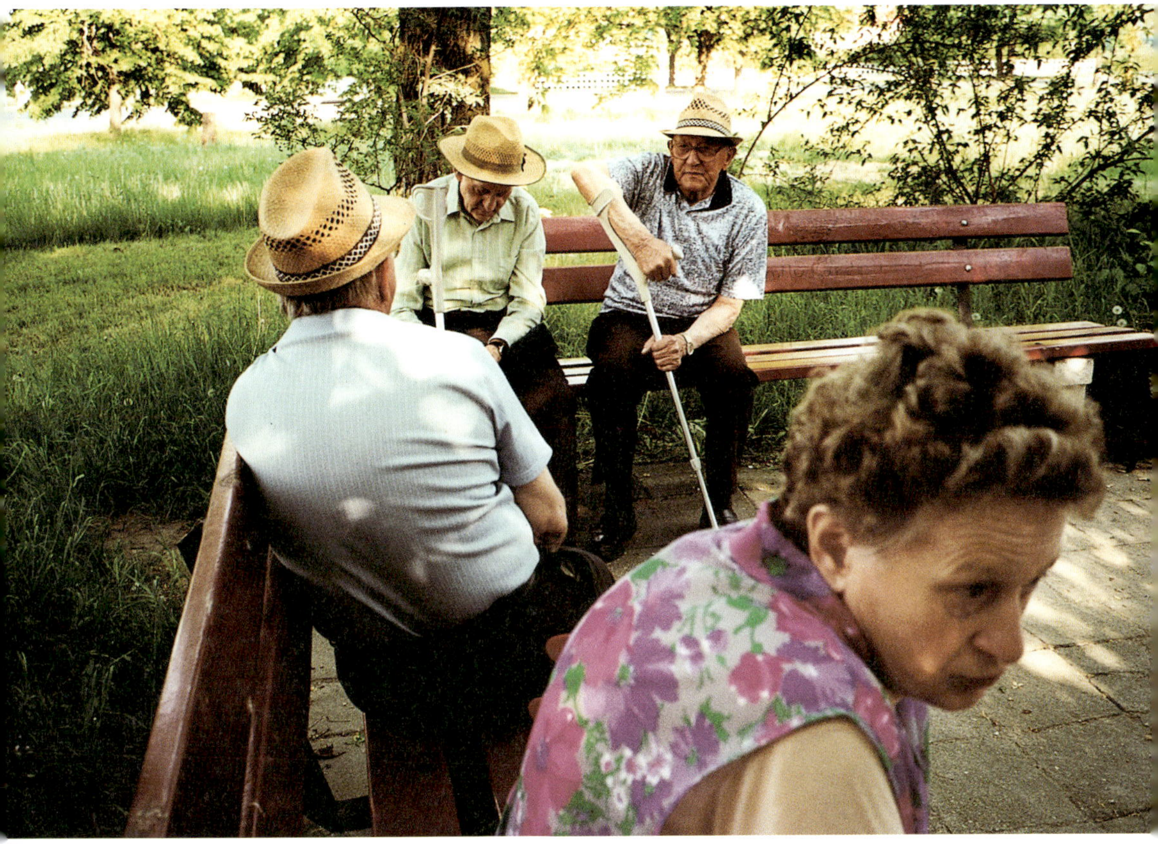

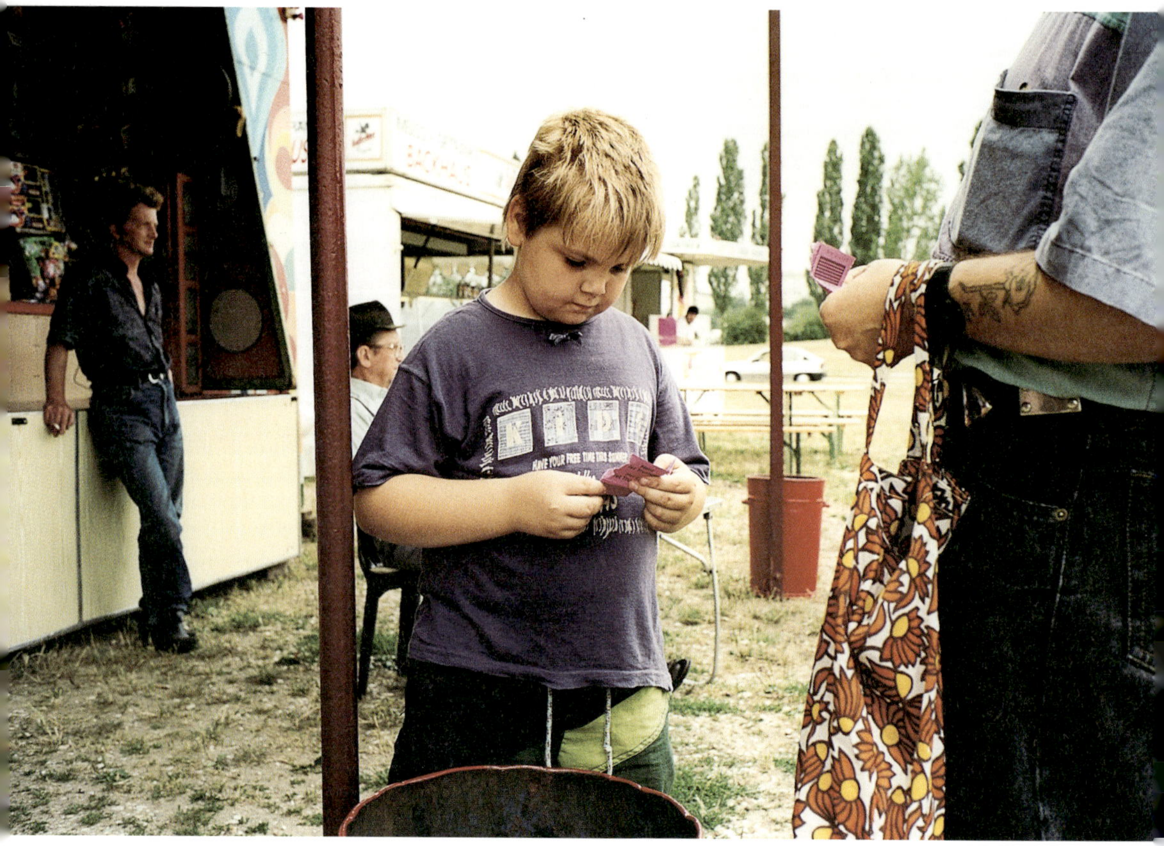

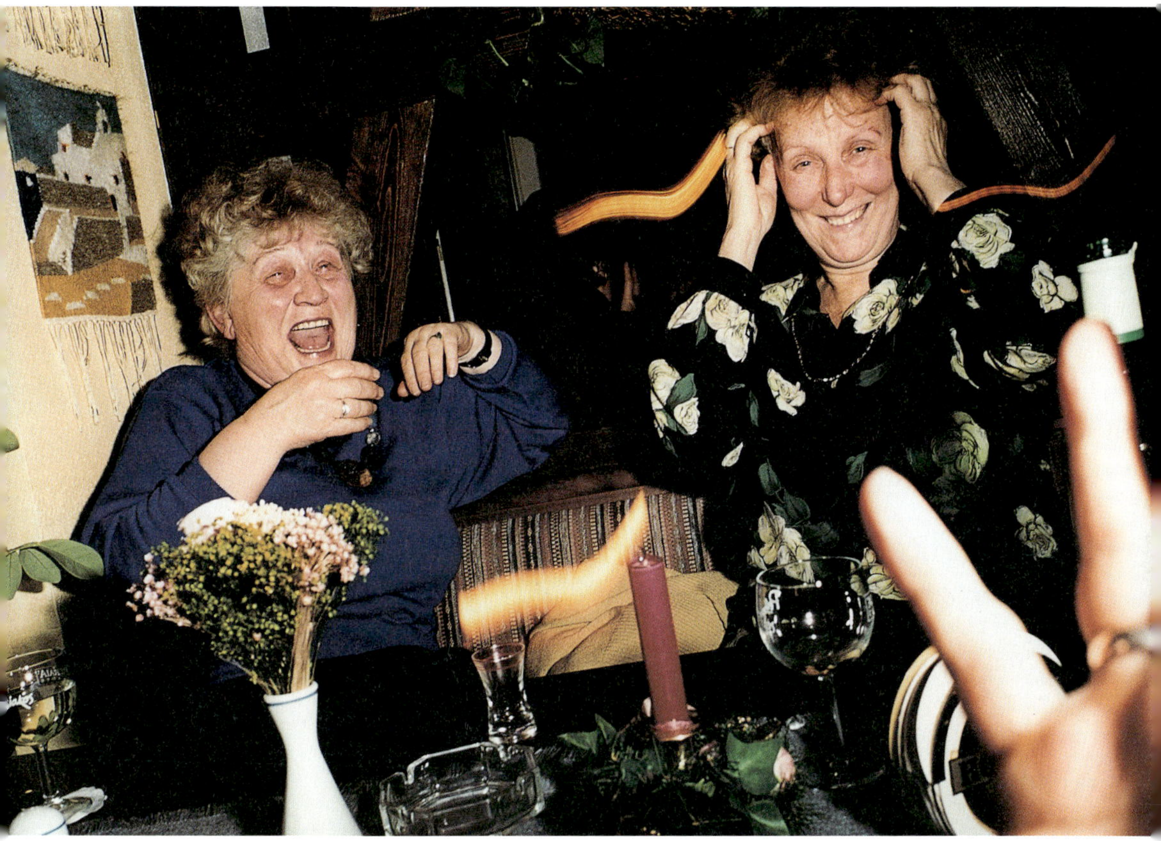

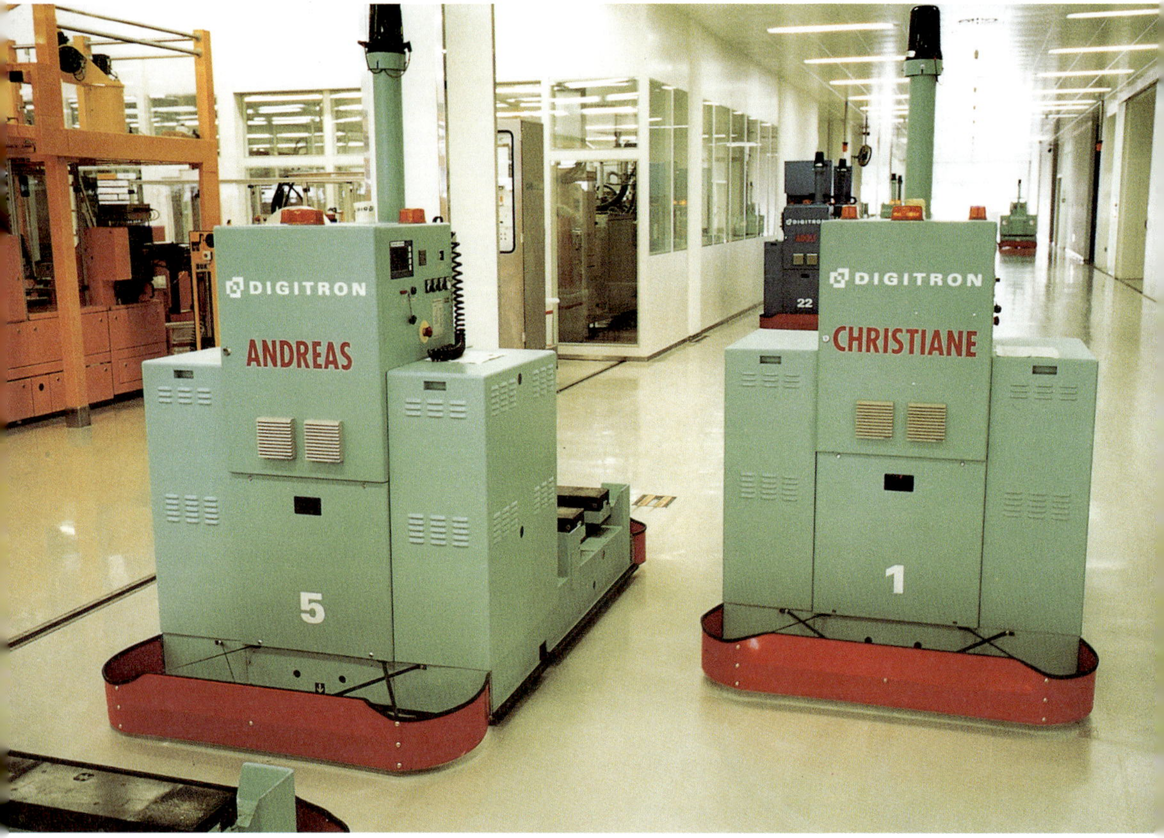
DIGITRON
ANDREAS
5
DIGITRON
CHRISTIANE
1
22

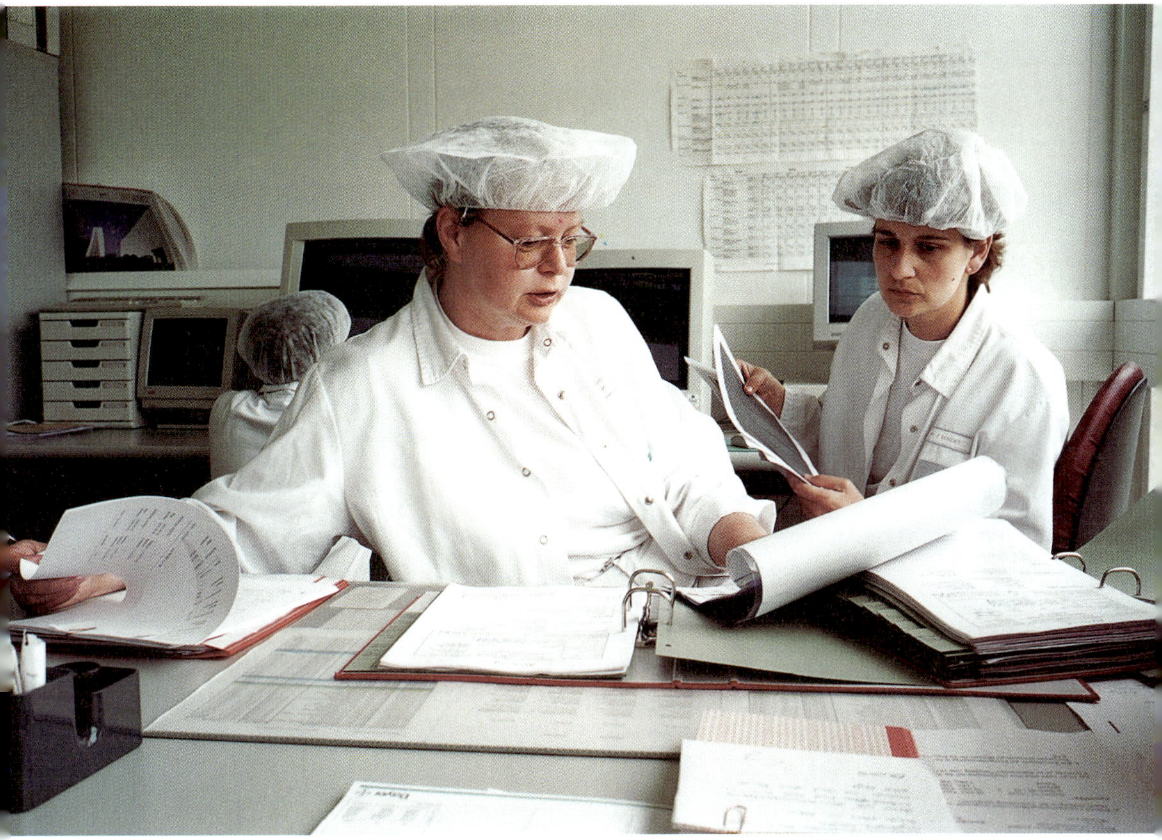

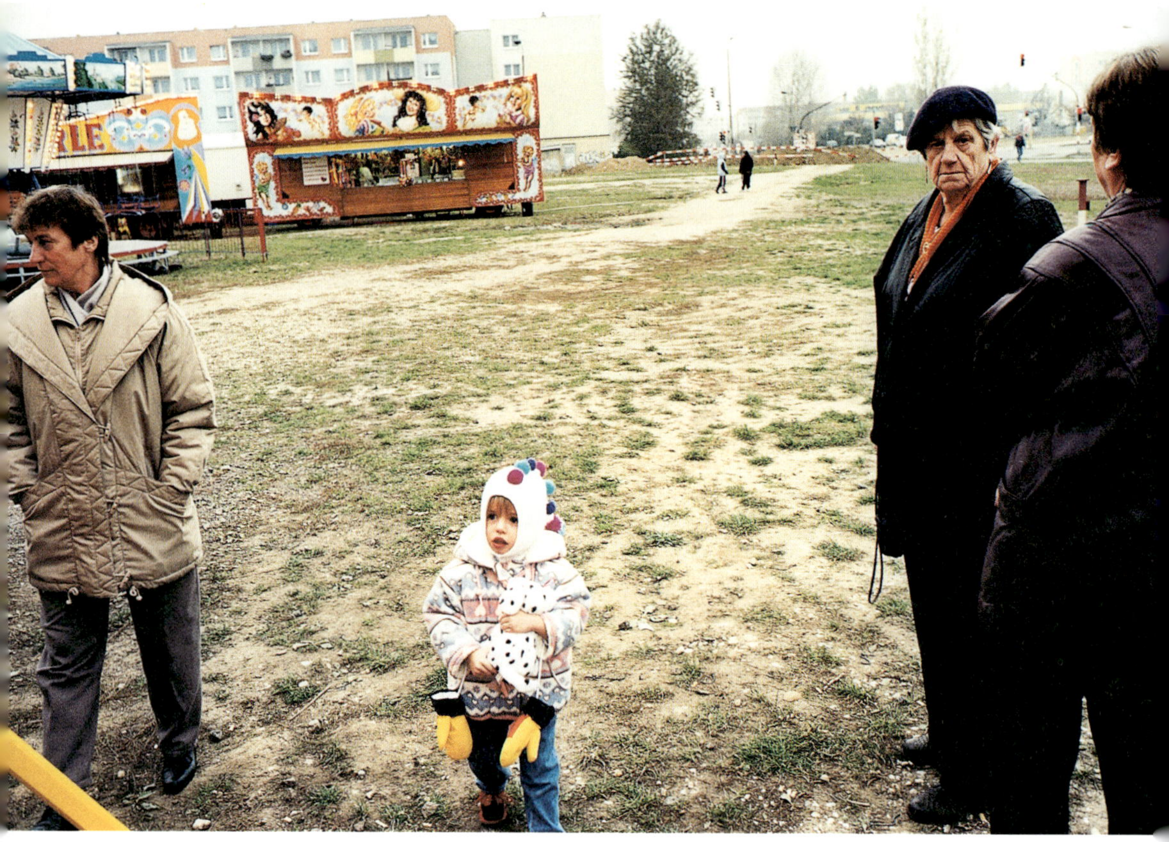

IV

TRANSFORMATION MIT RÜCKENDECKUNG
ETHNOGRAPHISCHE ERKUNDUNG DER ARBEITERKULTUR OST

WOLFENER ZUSTÄNDE

«Kennen Sie Elvis Presley? Der hat ‹In the Ghetto› gesungen, da hat er an Wolfen-Nord gedacht. Ich bin letztens durch Wolfen gefahren zur Sparkasse, da nehme ich das Fahrrad. Also Nachmittag, da ist ein Musikerviertel, Beethovenstraße, Bachstraße – und wenn man da jetzt durchfährt. Nein! Viele Wohnungen leer. Wer einigermaßen vernünftig ist, der haut da ab. Früher hat man solche Leute schön verteilt gehabt. Mit denen sind sie immer noch fertig geworden, aber jetzt konzentrieren die sich. Mir hat mal jemand gesagt: ‹Ein Charakter kann sich nicht ändern.› Also können die Leute nicht nach der Wende erst so geworden sein, also müssen die schon immer so gewesen sein, man wird ja dann irgendwie ausgeschlossen.»
«Die Häuser zerfallen. Der Kindergarten, den wir direkt vor der Nase hatten, ist vor drei, nein, vor vier Jahren geschlossen worden, der verwildert so langsam, dort sind keine Fensterscheiben mehr drinne. Sie wissen ja, wie das ist. Wenn solche Gebäude leerstehen, dann fangen die Kinder an, dort drinne zu spielen, dann quartieren sich da Obdachlose ein und so. Also das ist wirklich eine Katastrophe dort. Und, sagen wir mal, das soziale Umfeld, es wohnen ja sehr viele Ausländer dort, na, das war ja früher auch nicht so, bis auf ein paar Vietnamesen, die ja hier in unseren Betrieben damals gearbeitet haben. Inzwischen wohnen diese Rußlanddeutschen oder wie man sagt, wohnen sehr viele da. Es wohnen viele Türken da, Vietnamesen nach wie vor, naja, und es wohnen viele Leute da, die arbeitslos sind. Also das Umfeld dort ist eine Katastrophe. Viele Leute sind der Meinung, die kommen hierher, die leben auf unsere Kosten, die leben von der Sozialhilfe. Da kommt die Oma aus Rußland hierher und bringt die ganze Familie mit, und alle leben von der Oma halt und so weiter. Also das ist dort eine Meinung, die viele, viele Leute vertreten. Ich wohne nicht mehr dort. Wir sind im November umgezogen, haben uns ein Haus gebaut.»
«Wolfen-Nord hat keine Wohnqualität mehr. Das merkt man jetzt so richtig, das kommt jetzt hier auch schon: diese Viertel, die gut sind, und die Viertel, die eben nicht so sind. Man merkt das wirlich jetzt richtig: Mittelschicht und nach unten. Das kommt jetzt hier auch und vor allem in diesen Neubaugebieten, wie es eben Wolfen Nord ist. Da wird das früher oder später Einzug halten, wir sind hier schon mittendrin, und meistens werden diese Wolgadeutschen echt auch in solche Eingänge mit reingenommen. Da wohnen über mir welche, die müssen mit Schuhen in der Wohnung rumlaufen, keine Auslegware, so laut ist das. Nun trauen sich die Leute nichts mehr zu sagen. Die stehen zwar hinter der Tür mit geschwollenem Kamm.»
«Also, ich denke mal, viele Leute flüchten da auch irgendwie, die bleiben nicht dort, und ich bin ja auch schon auf der Suche. Die Leute haben in den Blocks auch keinen Kontakt mehr zueinander, also man weiß nicht, wer da drin wohnt, da geht jeder an jedem vorbei, kaum, daß man sich noch grüßt. Ich bin in Wolfen-Nord groß geworden. Wir waren damals drei Kinder zu Hause, wir haben da in so einem Aufgang gewohnt, da waren lauter kinderreiche Familien, da kannte jeder den anderen, und da haben wir auch zusammen irgendwelche Sachen gemacht. Fasching in den Trockenräumen im Keller, die Eltern haben sich da auch amüsiert. Da war diese Zusammengehörigkeit noch da, das war irgendwie ganz anders, aber jetzt geht jeder seiner Wege.»
Hinten am Kaufland, dem zuletzt, also in den achtziger Jahren gebauten Quartier, verkommen

die als Vorgärten angelegten Eingangsbereiche zu Müllabladeflächen. Die Spielplätze und Höfe wirken verlassen. Überall Leerstand. Im vorderen Teil hat mittlerweile die Sanierung die «wilden Loggien» der Bewohner liquidiert. Eines der wenigen gestalterischen Terrains in den engen Räumen der Platte neben den Kleingärten – vom Fachwerk bis zum Jagdhaus wurde hier der Traum vom eigenen Haus an die Betonwand projiziert – hat man mit der Plattenbausanierung homogenisiert. Den Veränderungen an der Fassade entspricht im Inneren der Gebäude die Praxis der Wohnungsbaugesellschaften, Bewohner auszutauschen: «Teilweise habe ich auch den Eindruck, die trennen schon die Leute, weil es gibt jetzt bei uns in Wolfen-Nord Wohnungen, die kann ich nur mit Wohnberechtigungsschein beantragen, und es gibt Wohnungen, die kann ich einfach so haben, also wenn ich genug Geld habe, gehe ich zur Wohnungsverwaltung und sage: ‹Ja also, ich möchte eine Wohnung›, dann haben die bestimmt ein Viertel, wo ich dann eine Wohnung kriegen kann, und Leute, die wenig Geld haben, müssen einen Wohnberechtigungsschein beantragen und kriegen dann bloß in einem bestimmten Gebiet eine Wohnung.» Anfang der neunziger Jahre, meint eine Mitarbeiterin des Sozialamtes, hätten noch Leute angerufen und für andere um soziale Unterstützung gebeten. Mittlerweile gibt es auch Zwangsräumungen. Dann machen die Leute, die sonst stundenlang aus dem Fenster schauen, die Fenster zu: «Mit denen wollen wir nichts zu tun haben.»
Wir stehen auf dem Balkon und schauen auf den Grüngürtel von Wolfen-Nord. Das Gelände war in den achtziger Jahren als S-Bahntrasse vom Wohngebiet zur Filmfabrik geplant. 30.000 Leute sollten hier wohnen, ein Großteil der Arbeitskräfte, den die großen Kombinate der Region benötigten. Der Rhythmus des Kombinatalltags – Schichtarbeit, auch an Wochenenden und Feiertagen – prägte den Zeithaushalt der Plattenbaubewohner; man nahm Rücksicht auf die Schichter, die tagsüber schlafen mußten. Die spärliche Infrastruktur entsprach dem Gefüge, in welches das Gebiet eingebunden war: eine «Schlafstadt». Das Leben fand unten im Betrieb, bei ORWO und im CKB statt. Mit der Schließung der großen Kombinate sind viele der heutigen Bewohner von Wolfen-Nord auf ihre Plattenbauwohnungen zurückgeworfen. Die vierzig bis sechzig Quadratmeter für Familien mit Kind, fernbeheizt und mit Bad, waren damals ein Privileg. Schon deswegen entschieden sich viele jüngere Leute hierher zu ziehen. Schließlich war in Wolfen-Nord eine Wohnung zu haben, auf die man andernorts lange warten mußte. Und man verdiente gut.
Den heutigen Eindruck eines verlassenen, eintönigen Ortes vermag auch der Blick vom Balkon auf die Grünfläche nicht zu verwischen: In Wolfen-Nord leben Menschen, die sich daran gewöhnt haben, weniger zu besitzen, weniger zu tun und weniger zu erwarten, als bisher zum Existieren für notwendig gehalten wurde. Die Erzählung unserer Gesprächspartnerin über ihre Situation kreist um ein Thema: die Lebensweise der über ihr wohnenden Wolgadeutschen. Sie erträgt es nicht, daß sie die Treppen nach unten rutschen, die Hausordnung nicht einhalten, ohne Teppich leben und mit Schuhen durch die Wohnung laufen. Sogar zum Kaffeetrinken hat sie die Frau schon eingeladen; die Einladung war allerdings mit einer Belehrung darüber verbunden, wie man in Deutschland Ordnung hält. In der kleinen Wohnung der ehemaligen Eisenbahnerin, die zwischen Arbeitslosigkeit, Umschulung und befristeten Jobs pendelt, ist alles an seinem Platz. Man ahnt die Energien, die darauf verwendet werden, den abgeschlossenen priva-

ten Raum immer wieder so herzustellen, daß alles seine Ordnung hat. Hier wird zusammengehalten, was anderswo auseinanderbricht. Es herrscht die Angst vor dem Abgleiten – Zeit, die im rigiden Drei-Schicht-System vorher so knapp bemessen war, ist plötzlich unbegrenzt vorhanden. «Ich kannte keine Feiertage.» Frau S. gehört zu denjenigen, die bemüht sind, diesen Zerfall nicht zuzulassen. Was Marie Jahoda und Paul Lazarsfeld am Beispiel der großen Depression von 1931/32 im niederösterreichischen Industriedorf Marienthal an unterschiedlichen Einstellungen und Grundhaltungen von Arbeitslosen herausarbeiteten, mag 1998 auch für Wolfen-Nord gelten: Während einige in ihrer Haushaltspflege, mit ihren Zukunftsvorstellungen, der mit Mühe aufrechterhaltenen Lebenslust und mit ständigen Versuchen der Arbeitsbeschaffung quasi ungebrochen Aktivität behaupten, gibt es eben auch die Gruppe der Verzweifelten, Männer, die vor den Einkaufszentren, auf dem Markt, am Imbiß, an der Häuserwand stehen, lange und wenig gesprächig: «Sie, die sich nicht mehr beeilen müssen, beginnen auch nichts mehr und gleiten allmählich ab aus einer geregelten Existenz ins Ungebundene und Leere.» (184)
Was Jahoda und Lazarsfeld mit dem Begriff «müde Gemeinschaft» fassen, entspricht dem Eindruck, den Wolfen-Nord hinterläßt. «Welcome to the Ghetto» hat jemand als Graffiti an eine Häuserwand gesprüht. Der Jugendclub in Wolfen-Nord gehört zu den wenigen öffentlichen Einrichtungen; er wird vor allem am Nachmittag von Schülergruppen genutzt, am Abend kommen die Kids zwischen zwölf und fünfzehn. Es sei überhaupt ziemlich schwierig, so die Leiterin der Einrichtung, sich an andere Ziel- beziehungsweise Altersgruppen zu wenden. Die Leute hätten mit ihren Problemen zu kämpfen und gingen kaum noch in die Öffentlichkeit. Für die Älteren sieht es im Stadtteil schlecht aus, die Klage der Anwohner, die Jugendlichen hätten nichts zu tun, trügen kurzgeschorene Haare und dicke Stiefel, entspricht nicht nur der Lehrstellensituation in der Region. Ihre Eltern sitzen arbeitslos, und das heißt «entehrt», zu Hause und lehren ihren Kindern «den Frust und daß es keine Zukunft gibt». Und daß der «deutsche Staat sich erstmal um die Deutschen kümmern soll». Rechtsradikale Schriften kursieren in den Schulen; 17,4 Prozent haben in Wolfen-Nord DVU gewählt, denn die Kriminalität, «das sind vor allem die Ausländer».
Unweit des Jugendclubs befindet sich in einem ehemaligen Kindergarten das Christopherushaus. Der Pfarrer hatte Mut bewiesen, als er von der in einer idyllischen Einfamilienhausgegend gelegenen kirchlichen Einrichtung ins Neubaugebiet gezogen war. Die Räume sind hell, wohnlich und einladend. An den Fenstern hängt Weihnachtsschmuck, dahinter die Kulisse der Plattenbauten. Obwohl diese nur einen Steinwurf weit entfernt liegen, ist der Weg dorthin blockiert. Das ist nicht nur auf die mangelnde konfessionelle Bindung der ehemaligen Chemiearbeiter zurückzuführen. Was der Pfarrer beklagt – ihr mangelndes Engagement für die «Gemeinschaft», ihre vornehmlich materiellen und konsumistischen Interessen – hat einen anderen Grund: Sie wollen ihr Leben nicht anders verbringen als bisher, kurz, sie wollen Arbeit und kein Seelenheil. Kein Wunder, daß dem bemühten Pfarrer bei seinen Hausbesuchen oftmals die Tür vor der Nase zufiel.
Weihnachtsmarkt in Wolfen-Nord. Hier findet man, was ansonsten die Wühltische der Kaufhäuser ziert, nichts für den ausgefeilten Geschmack des postmodernen Stilbewußten: Massenware zu Billigpreisen, der Bodensatz von den Genüssen des Westens. Alles andere ist Luxus

und «nichts für unsereinen», Konsum findet hier unter beschränkten Lebensmöglichkeiten statt. Aber die Leute kommen, schlendern, bleiben stehen, tauschen sich aus. Ein paar Losbuden, ein bißchen Jahrmarkt, für Momente eine andere Welt jenseits des eigenen engen Alltags. Vor diesem Alltag kann man auch in die Kleingärten flüchten. Ab Mai leben viele auf den hundert bis zweihundert Quadratmetern Pachtland in den Gartenkolonien der nahen Umgebung. Die meisten bleiben den ganzen Sommer «draußen». Hier ist der Raum für körperlichen Ausgleich und Geselligkeit, ein eng umrissenes Terrain eigener Gestaltungspraxis. Die meisten Gärten werden bis zur kleinsten Fläche intensiv genutzt; eine rigide Anordnung der Pflanzen hat sich zaunübergreifend durchgesetzt. Für den Spaziergänger ist die so gestaltete Fläche einsehbar bis zur Gartenlaube, dem privaten, abgeschlossenen Bereich, in dem ab Freitag abend gegrillt und gefeiert wird, mit der Familie und mit Freunden, die man zumeist noch aus den alten Brigaden kennt. Und auch die wenigen neuen Arbeitsgruppen laden sich gegenseitig zum Grillen in die Laube ein. Funktionieren die alten sozialen Netze dort noch? Viele merken an, die Atmosphäre untereinander sei gereizter geworden. Der soziale Neid wächst, alte Freundeskreise zerbrechen.

Auch die Erfahrung ständiger Entlassungswellen bei der Filmfabrik sitzt den Leuten im Nacken: Der eine mußte gehen, der andere durfte bleiben, und schon trennten sich die Wege. Beim Wiedersehen, die einen in einer Abrißbrigade in ABM, die anderen in seriöser Bürokleidung, schaute man weg. Als merkwürdig einsilbig schildern auch Leute, die in neuen Unternehmen einen Arbeitsplatz bekommen haben, die Kommunikation mit ehemaligen Kollegen. «Es geht gut, und damit läßt man es meist bewenden», andere Fragen stellt man besser nicht. Noch leben in Wolfen-Nord Gewinner und Verlierer nebeneinander, doch läßt man das neugekaufte Auto nicht mehr so gern vor der Tür stehen – «Da ist schnell mal ein Kratzer mit dem Nagel drin». Mittlerweile geht ein Riß durch die Arbeiterschaft der Region: zwischen denjenigen, die einer gesicherten, qualifizierten und vollbeschäftigten Tätigkeit auf den modernisierten Inseln der Chemie nachgehen, und denjenigen, die nach Kurzarbeit, ABM oder Umschulung endgültig in der Arbeitslosigkeit gelandet sind.

Wolfen-Nord ist ein sinnfälliges Beispiel für jene Fragmentierung des sozialen Raumes, die mit dem Strukturwandel einsetzte. Im Zusammenleben der hier wohnenden Menschen prallen jetzt unterschiedliche Dispositionen und Lebensstile aufeinander. Daraus erwächst ein Elend, das sich mangels legitimer Ausdrucksformen im politischen Leben in ausländerfeindlichen Parolen und nationalistischen Sprüchen Ausdruck verschafft. (185)

ETHNOGRAPHIE IN DER TRANSFORMATIONSFORSCHUNG

Nachdem mit ökonomischem Umbau und Institutionentransfer die Systemtransformation abgeschlossen scheint, rückt die Tradierung und Dynamik kultureller Muster für die Transformationsforschung zunehmend ins Zentrum der Aufmerksamkeit. Damit artikuliert sich ein Verständnis von Transformation, das diese nicht auf den Prozeß reduziert, in dem das Institutionensystem der Bundesrepublik inkorporiert wird, sondern sie als einen komplexen

und in unterschiedlichen Phasen verlaufenden Prozeß betrachtet. Erst in der Phase der Strukturierung erfolge eine «materiale Ausgestaltung der formellen Legalisierung der Institutionenordnung». (186) Letztlich gelte es in dieser Phase, den Wandel in der Alltagskultur der Menschen zu verstetigen, weshalb Vermittlungsprozessen zwischen der Herkunfts- und der Ankunftsgesellschaft mehr Aufmerksamkeit gewidmet werden muß. (187) Hinzu kommt, daß sich die Ankunftsgesellschaft, das heißt die moderne westeuropäische Industriegesellschaft, selbst am Ende eines Entwicklungspfades befindet, dessen Ausgang prinzipiell offen ist. Insofern erscheint in Transformationsphasen wie der gegenwärtigen mit mangelnden Präferenzen und Folgeabschätzungen der Rückgriff auf bewährte Routinen, Handlungsmuster und Vorstellungsstrukturen nahezu zwingend, nachdem diese in der vorangegangenen Phase entwertet beziehungsweise aufgelöst wurden. «Es liegt auf der Hand, daß in Transformationsgesellschaften gerade die Genese, Fragilität und normative Rückkopplung derselben an Lebensweltstrukturen, Weltbilder und darin eingeschlossene Rationalitätskriterien, Mentalitäten usf. in und zwischen sozialen Gruppen sowohl in deren Traditionalität als auch in deren Umbruchsdynamik thematisiert werden müssen.» (188)
Was sich im Kontext des westeuropäischen Strukturwandels in der ostdeutschen Gesellschaft als systemische Krise artikuliert, bedeutet auch einen Verlust handlungsseitiger Sicherheiten: Bisherige Erklärungen und Orientierungssysteme versagen angesichts der gegenwärtigen Zerreißproben, und es scheint immer schwieriger, sich ein Bild von der Welt zu machen. Wie reagieren Menschen auf diesen «Zukunftsschatten des Handelns», auf die Unberechenbarkeit ihres Tuns?
Aus der Perspektive des Alltags werden nun Ressourcen aktiviert, die quasi «immer schon» für Stabilität und Sicherheit bürgten: Routinen und Gewißheiten, inkorporierte Verhaltenssequenzen, die zu fraglos verfügbaren Handlungs- und Wissensressourcen geworden sind. Hier ist eingelagert, wie die Individuen quasi objektive Zwänge in ihre Reichweite gebracht, sie gedeutet und handhabbar gemacht haben. Bei der Analyse dieses kulturellen Systems von Deutungen und Vorstellungen sind zwei Dimensionen zu berücksichtigen: Zunächst die «Materialität» der Sichten und Deutungen im Sinne einer «Strukturgeschichte des Subjektiven». Die «materiellen Formen des Bewußtseins» als eine «dritte Ebene» zwischen Ideengeschichte und Sozialgeschichte waren unter anderem Gegenstand der mentalitätsgeschichtlichen Studien, die die französische Annales-Schule durchgeführt hat. Ohne auf die breite Debatte zum Mentalitätsbegriff näher einzugehen, sei hier auf eine Definition von Robert Mandrou verwiesen: «Die Mentalitätsgeschichte setzt sich die Rekonstituierung der Verhaltensweisen, Ausdrucksformen und Arten des Schweigens zum Ziel, in denen sich die Weltanschauungen und kollektiven Sensibilitäten niederschlagen; Grundelemente dieser Forschungen sind Vorstellungen und Bilder, Mythen und Werte, die von Gruppen oder der Gesamtgesellschaft anerkannt oder ertragen werden und die Inhalte der kollektiven Psychologien bilden.» (189) Andere Herangehensweisen setzen auf der Ebene des «Alltags und des Automatischen» (J. Le Goff) an und zielen auf die unpersönlichen Inhalte des Denkens der Individuen, auf das, was ihnen an der Geschichte entgeht. In diesem Zusammenhang wird auch der von Louis Althusser entwickelte Ideologiebegriff aufgegriffen, der orthodox marxistischen Lesarten der Basis-Überbau-Metapher entgegensteht. Ideologie verfügt ihm zufolge über eine eigene Materialität; sie repräsentiert das imaginäre Ver-

hältnis der Individuen zu ihren realen Existenzbedingungen, das ihr Verhalten und ihr Denken weitgehend strukturiert. Das historische Subjekt ist aus dieser Perspektive kein frei und intentional handelndes, sondern immer schon Produkt eines Prozesses ideologischer Subjektbildung. Die Schwierigkeiten dieses Ansatzes ergeben sich nach Schöttler vor allem aus einem «übermaterialistischen» Ideologiebegriff, der eine «Art Teufelskreis der Integration» nahelege, «in dem jede Auflehnung von vornherein verortet und von daher vergeblich» sei. (190)

Ein Vergleich mit Pierre Bourdieus Habitus-Begriff als «strukturierende Struktur», als «System unbewußter Denk-, Wahrnehmungs- und Handlungsschemata» drängt sich auf. (191) Sein Modell wurde als «Ökonomisierung einer soziologischen Theorie» kritisiert, die kollektive Wahrnehmungsschemata und Orientierungsmuster darauf reduziere, daß diese die ökonomischen Zwänge und Chancen einer kollektiven Lebenslage in individuelle Lebensstile übersetzen: «So strikt hat Bourdieu die gruppenspezifischen Verhaltensmuster unter dem funktionalistischen Gesichtspunkt der kulturellen Anpassung an soziale Klassenlagen interpretiert, daß er all jene Aufgaben der kollektiven Identitätssicherung …, die die Alltagskulturen auch übernehmen, anscheinend gar nicht wahrhaben kann.» (192)

Einen Ausweg aus diesem Teufelskreis der Selbstreproduktion sozialer Lagen von Akteuren weist der von Michel Pêcheux diskutierte Begriff der «beherrschten Ideologien». Er thematisiert die Paradoxien der Macht: auf der einen Seite die innere Herrschaft, die sich in den beherrschten Ideologien durchsetzt, auf der anderen Seite die Zweideutigkeiten, Überraschungseffekte und Ausbrüche subversiver Praxisformen. Effekte wie «Versprecher, Fehlleistung, Schnitzer der Anrufung» unterlaufen, so Pêcheux, die herrschende Ideologie «aus dem Inneren jener Praxen selbst, in denen sie sich zu realisieren sucht». (193)

Angesprochen ist hiermit eine zweite Dimension der kulturellen Formen, mittels derer ostdeutsche Arbeiter ihren Alltag herstellen und interpretieren. Ihre Deutungsschemata und Wahrnehmungsmuster der Welt setzen sich eben nicht einfach als «ewig gleiche» hinter dem Rücken der Akteure durch. Eine Rekonstruktion dieses kulturellen Systems muß darauf abzielen, Wahrnehmungsweisen und Deutungen nicht als aller Praxis vorausgehend, sondern als Teil derselben zu verstehen. Das Repertoire dieser Deutungen, mit denen Individuen gesellschaftliche Zwänge und Zumutungen wahrnehmen, schließt eine Vielfalt individueller und kollektiver Erfahrungen ein. Die Interpretationen von Welt in Symbolen und Denkbildern sind in diese Erfahrungen eingelagert. «Im Aneignen von Welt und Gesellschaft werden diese Sinngebungen genutzt, das heißt variiert, aber auch ausdrücklich bestätigt oder verändert.» (194) Ein solcher Ansatz spricht im Gegenzug zur These einer «Kolonisierung der Lebenswelt», das heißt dem Durchschlagen der systemischen Reproduktionszwänge in den Strukturen der Lebenswelt, den solchermaßen «Mediatisierten» eigene Sphären von Artikulation und Praxis zu, Sphären, die sich allerdings als «Konfigurationen von Einschränkungen» (195) erweisen. «Systemgrenzen gelten in dieser Sicht vielmehr als plastisch, das heißt als Produkt variationsreicher sozialer Praxis.» (196) Damit rücken Brüche, Kontinuitäten sowie Vermittlungen zwischen Deutungsmustern und Formen alltäglichen Verhaltens in den Blick. Dieses kulturelle Feld der Produktion und Reproduktion von Überzeugungen, Vorstellungen und Symbolen im Alltag der Menschen mag als expliziter Gegenstand der ethnographischen Forschung gelten. Ihr verstehendes Engagement gilt den Bedeutungen, die bestimmte soziale Handlungen für die Akteure haben, und der Erkenntnis, was dieses so erworbene Wissen über das soziale Leben dieser Gesellschaft auszusagen vermag. Die kulturellen Formen verändern sich unter dem Druck des Umbaus sozialer Beziehungsmuster, die bisherigen Koordinaten der erfahrenen Welt verschieben sich. Was die Aufmerksamkeit des Ethnographen auf sich zieht, sind entstehende Bornierungen, aber auch Verläßlichkeiten und Kommunitarität, soziale Barrieren und «Sprachverwirrungen». Diese treten nicht etwa dann auf, «wenn kulturelle Formen zu funktionieren aufhören, weil sie schwach, unbestimmt oder unbrauchbar geworden wären, sondern vielmehr dann, wenn diese Formen durch ungewöhnliche Situationen ... dazu gebracht werden, auf ungewöhnliche Weise zu funktionieren». (197)

Aus der Perspektive ihrer Mitglieder legen die Transformation und der Strukturwandel der ostdeutschen Gesellschaft den Vergleich zu einer «Sprachverwirrung» nahe. An der «Common Culture» der ostdeutschen Arbeiter ist jene tiefe Beunruhigung ablesbar, die einsetzt, wenn bisherige Erklärungsapparate und Orientierungsysteme sich als untauglich erweisen, um zu deuten, «was zum Teufel da eigentlich vor sich geht», wenn die Schwierigkeiten, sich in der empirischen Welt überhaupt zurechtzufinden, zunehmen. Das von Clifford Geertz analysierte kulturelle System des Common Sense ist dabei von besonderem Interesse: Er umfaßt, was jeder mit gesundem Menschenverstand weiß und was ihn in die Lage versetzt, mit Alltagsproblemen einigermaßen effizient umzugehen. Der Common Sense ist ein kulturelles System, in dem «der Unterschied zwischen der Wahrnehmung der Realität und deren Beurteilung ausgelöscht zu sein scheint», in dem die Dinge so präsentiert werden, als «läge das, was sie sind, in der Natur der Sache»: als unhinterfragte und nicht weiter begründungsbedürftige Aussage. (198) In Zeiten mit unsicheren Aussichten wird er, der die Welt als eine vertraute darstellt, zu einer «Korsettstange» der sozialen Reproduktion im Alltag. Der Common Sense ist das, worauf man zurückgreifen kann, wenn alle anderen Symbolsysteme und Erklärungsapparate versagen. Die in ihm enthaltenen Routinen und Gewißheiten ermöglichen Handeln auch in unübersehbaren Situationen. Er stellt die «gewöhnliche Fähigkeit» dar, «uns davor zu bewahren, durch grobe Widersprüche, greifbare Inkonsistenzen und unverhohlene Betrügerei getäuscht zu werden», ein eher unsichtbares Gerüst, aus dem sich die Kultur einer Gesellschaft zusammensetzt und das sie zusammenhält. (199)

Diese «Praxen des Überlebens» gewinnen auch in der handlungstheoretischen Debatte an Aktualität, nicht jedoch im Sinne der bereits kritisierten strukturellen Perspektive des «ewig Gleichen». Vielmehr zielt etwa Hans Joas' Rekonstruktion der «stillschweigenden Annahmen» in den Modellen des zweckrationalen Handelns auf eine Handlungstheorie, der die Kreativität menschlichen Handelns als zentrale Kategorie dient. Körperlichkeit, Situationsbezogenheit und Sozialität, diese drei Begriffe bilden die Koordinaten seiner Theorie der Kreativität. Unser «körperlich-praktischer Bezug zur Welt», dessen «Fertigkeiten, Gewohnheiten und Weisen des Verhältnisses zur Umwelt den Hintergrund aller bewußten Zwecksetzung darstellen», erlaube es uns, «der Welt mit relativ unbestimmten Erwartungen gegenüberzutreten ..., da als Kriterium für die Gültigkeit unserer Erwartungen ein praktisches Zurechtkommen mit der Wirklichkeit ausreicht». Von diesem körperlichen Bezug aus, so Joas, nehmen wir die Welt im Modus möglicher Handlungen wahr. Das schließt ein, daß die «Wahrnehmung von Situationen in unseren Handlungsfähigkeiten und aktuellen Handlungsdispositionen vorgeformt ist». Wenn er Handeln als in vorreflexiven Situationsbezügen fundiert denkt, meint Joas allerdings keinen Automatismus. In der jeweiligen Situation setzt Reflexivität ihm zufolge dann ein, wenn sich der Handelnde an einer einfachen Fortsetzung vorreflexiv angetriebener Handlungsweisen gehindert sieht und sich zu diesen Bestrebungen in Bezug setzen muß. Die dritte Koordinate seines Handlungsbegriffs definiert Joas als «die in allem individuellen Handeln schon vorausgesetzte, auf individuelle Handlungen nicht reduzierbare Sozialität»: «Diese Sozialität wird selbst als spezifische Weise des Handelns und der Handlungskoordination beschrieben. Die Interpretation greift zurück auf die sozialwissenschaftliche Debatte um das aller Verständigung vorausgehende Hintergrundwissen in Gestalt kollektiver Symbolsysteme und Ordnungen. Diese wiederum bilden erst die Voraussetzung für die Existenz interpersonaler Beziehungen und sozialer Ordnungen.» (200)

Joas' Handlungstheorie beansprucht Aktualität hinsichtlich des Postmoderne-Diskurses. Der in ihr vollzogene Bruch mit Annahmen über Rationalität und Normativität signalisiert ebenso einen Bruch gegenüber Handlungstheorien, die diesen Annahmen folgen. Doch verortet Joas Kreativität – entgegen der lebensphilosophisch inspirierten postmodernen Rede von der uneingeschränkten Selbsterschaffung der Individuen – im alltäglichen menschlichen Handeln, hierin dem Pragmatismus folgend: Ins Blickfeld rückt so «das Entstehen des Neuen in der Universalität der Determinationen». Gerade die Unwägbarkeiten mangelnder Sinnstiftung zwingen zum Eindringen in die Gegenwart: «Die immanenten Züge der menschlichen Lebensbewältigung und Sozialität in ihrer potentiellen Kreativität» deutlich zu machen, gilt Joas' Interesse.

Mit den hier skizzierten theoretischen Zugängen ist ein Forschungsinteresse markiert, das in den zu rekonstruierenden symbolischen Praktiken der Chemiearbeiter etwas auszumachen beabsichtigt, was dieser Perspektive auf die soziale Welt entspricht. Für das Feld der Transformationsforschung hieße das, die Aufmerksamkeit dafür zu schärfen, in welche «Gemengelage» tradierte Muster, Vorstellungen und Routinen der Ostdeutschen mit neuen Erfahrungs- und Lernprozessen geraten. Dabei handelt es sich zweifellos um etwas Neues, das weder als Reproduktion alter Muster und Praxen noch als Anpassung an westliche Lebensstile hinlänglich beschrieben werden kann. Die ambivalenten Effekte dieser Transformationsfiguren, in die Einstellungen der Arbeiterkultur, DDR-Erfahrungen sowie Sichten und Deutungen der Transformationsphase eingehen, gilt es zu analysieren. (201)

Bei der Rekonstruktion dieser Figuren wäre die Aufmerksamkeit allerdings darauf zu lenken, daß es sich eben nicht um durchgängig aufeinander bezogene, quasi homogene und voneinander ableitbare Artikulationen handeln kann, sondern um Figuren, die keineswegs immer mit sich identisch sind. Eher wären Gleichzeitigkeiten von Gegensätzlichem zu beschreiben: Mitmachen, zugleich aber auf Distanz gehen oder sich widersetzen, denn «Distanz und Kooperation, Feindseligkeit und Solidarität schlossen sich keineswegs aus ...». (202)

Zu reden ist dabei über die Perspektive eines ewig gleichen Alltags, über die neuerliche Erfahrung eines geteilten Universums, in dem die ostdeutschen Chemiearbeiter nur eine unbedeutende Stellung innehaben, über deren Bornierungen und Blockaden, ihre Glückssuche und ihre Sehnsuchtspotentiale, über Vertrautheiten, Verläßlichkeiten und Kommunitarität und über den Mut zur «Neuordnung der eigenen Orientierungen und Lebenspraxen». (203) Zu beschreiben ist ein Feld unterschiedlicher, zum Teil sich widerstreitender Perspektiven und Deutungen von Menschen, die sich in einer ziemlich zwiespältigen und ambivalenten Lage befinden und eines gemeinsam haben: eine tiefe soziale und biographische Verunsicherung und das Gefühl, daß es vielleicht ebenso «gefährlich ist, sich zu bewegen, wie sich zu verschanzen und durchzuhalten». (204)

SPARSAMES LEBEN

«Ich hatte mal nie gedacht, daß sich mal was ändert in dem Sinne, also ich habe eigentlich ja auch nicht weiter darüber nachgedacht. Man ist arbeiten gegangen, kam nach Hause und das übliche, einkaufen und so weiter ... Das war schon sehr monoton, muß ich sagen. Man hatte ja schon ein Grauen, am nächsten Tag aufzustehen und wieder nach Hause zu kommen, es war jeden Tag dasselbe. Spaß hat mir die Arbeit nicht gemacht, kann ich eigentlich nicht sagen. Es ging eben so, mußte arbeiten gehen, Geld verdienen. Ich kann nicht sagen, daß ich nachmittags mit Riesefreude von Arbeit erzählt hätte. Es war eben nur Arbeit, und wir haben Geld verdient. Ich hätte lieber was anderes gemacht, was mit Kindern, aber das war damals das einzige eigentlich – die Filmfabrik. Wir haben alle in der Film gelernt, waren zu Hause sechs Kinder, Dreher, Maschinenbauzeichner und so. Als mein erstes geboren wurde, da kam das mit dem Babyjahr raus, daß man ein Jahr zu Hause bleiben konnte. Dann wurde das Mädchen geboren, und dann bin ich das Jahr zu Hause gewesen und dann auf Kurzarbeit. '93 bin ich dann gekündigt worden. In den ersten Wochen ABM, da haben wir noch viel drin gearbeitet. Die vielen Räume mußten wir erst mal leerräumen. Egal wie, sonst häten wir nicht gewußt, wohin wir können, kein Stuhl, kein Tisch, es war nichts da, und irgendwo mußten wir mal was essen. Wir waren ungefähr fünfzehn Mann. Wir sahen aus, die Finger total zerschnitten, weil wir es nur mit Glas zu tun hatten. Die erste Zeit nur mit Glas und dann Papier. Das haben wir dann im Gang gestapelt, es mußte extra gelegt werden, aber dann kamen doch schon Sachen, die alten Gebäude, die abgerissen werden sollten, zu entkernen, und da haben wir unzählige Tische, Stühle, Bänke zerschlagen. Fensterscheiben eingeschlagen, sogar die Decken haben wir rausgenommen. Mit Leitern die Sauerkrautplatten rausgenommen, egal wie, es hat sich keiner den Kopf gemacht, ob das Frau oder Mann ist. Wir mußten da mit, ob wir wollten oder nicht. Die Leute waren ja von überall her zusammengewürfelt. Was unser Meisterbereich war, in dem Gebäude waren mehrere Meisterbereiche, aber unser Meisterbereich, der ist auch zum Chinesen essen gegangen. Es hat ja auch jeder nach Feierabend etwas anderes vor, aber an sich, der Kern, es waren Jung und Alt, aber es lief wunderbar. Da gab's überhaupt nichts, wenn mal einer keine Lust hatte, hat der andere die Arbeit mitgemacht, und am nächsten Tag war es mal umgedreht. Wenn es jemandem mal schlecht war, es ist ja nicht jeder Tag gleich. Das ging Hand in Hand. Das war schön.
Wenn die Stimmung noch schlecht gewesen wäre, hätte man es nicht ertragen können. Dunkle Räume, kein Licht, feucht, und gestunken hat es. Die Bierbüchsen liegen gelassen. Es war dann doch Asbest, und wir hatten alles ohne Masken abgerissen. Da hat man sich wenig drum geküm-

mert, erst zu prüfen, ob das Asbest war oder nicht. '94 hatte ich einen Arbeitsunfall, da haben wir eine Decke rausgerissen und Linoleum lag drin, das raus mußte. Das waren riesige Rollen, und das haben wir zu vier Mann getragen, und die vor mir konnten nicht mehr und ließen die Rollen fallen, und ich hatte versucht, sie zu halten, und das ist mir nicht bekommen, es ging mir ziemlich schlecht, habe mir was verrenkt. Kam dann sogar ins Krankenhaus. Ich hatte einen Lungenriß, habe das sehr locker gesehen und konnte das erst am nächsten Tag melden. Ich war im Krankenhaus und danach sechs Wochen zu Hause, und als ich dann wieder zur Arbeit kam, ich wurde dann nicht voll, sondern stundenmäßig beschäftigt, dann hieß es, Frau G. darf keine schwere Arbeit verrichten. Nicht schwer heben, und der Herr S., den wir bei der GÖS (Gesellschaft für ökologische Sanierung, R.B.) hatten, der hatte auch immer drauf geachtet. Er hat immer gesagt, das fassen sie nicht an, das heben sie nicht hoch. Dann wurden wir nach einein-halb Jahren aufgeteilt, so in Firmen, und da habe ich immer Miese gemacht, denn ich war schon nicht hoch eingestuft mit der Lohngruppe, und mit dem Lungenriß konnte ich demzufolge nicht schwer tragen, weil das der Arzt aufgeschrieben hatte. Wir wurden alle aufgeteilt, und ich war die einzige, die zum Schluß noch da saß. Nun hieß es, ich komme in die Truppe, wo Elek-troschrott oder Kabel auseinandergebaut werden. Es ging hin und her, und ich mußte dann zum Meister, und wo war ich wieder gelandet. Immer wieder beim Schippen, Graben. Weil ich nicht so schwer heben konnte, wurde ich wieder eine Lohngruppe tiefer eingestuft und bin deshalb immer wieder draußen gelandet, und es hat keiner Rücksicht genommen. Es heißt eben, wenn du nicht kannst, dann mußt du gehen. Wir mußten es ja nicht annehmen, es war entweder oder. Die schwere Arbeit immer draußen, man hat überhaupt keine Nerven mehr für die Kin-der, wenn man nach Hause kommt. Ich war so kaputt und hab geschlafen, und das ging auch nicht so, wenn die Kinder so ringsrum waren. Mutti, können wir dies oder können wir das, mal raus zum spielen und so. Nein, heute nicht, und das jeden Tag. Jeden Tag sich draußen hinzu-stellen und zu schuften, und zu Hause hat man keine Nerven mehr, es ist immer nur das Finan-zielle, denn ich brauche das Geld, und deshalb habe ich das auch immer so gemacht. Ich glaube, jetzt würde ich es nicht mehr machen, so eine Stelle annehmen.
Ich bin aus Wolfen, da hatten wir ein Haus von der Film damals. Da bin ich groß geworden, und da muß ich sagen, es war eine schöne Zeit. Wir hatten einen Garten, und Spielstraße war da, und man konnte unbekümmert spielen, ohne daß ein Auto durchgefahren ist. Es war im Gegensatz zu jetzt. Was die Kinder haben, ein Stückchen dreckige Wiese, wo jeder mit seinem Hund lang geht, und jede zwei Minuten muß man die Schuhe saubermachen. Es wird nichts geboten, kein Spielplatz, alles ist weiter weg, und ich muß immer mitgehen, weil ich sonst keine Ruhe hätte. Ich bin umgezogen in eine andere Wohnung, jetzt sind viele ältere drin, und wenn mal nicht eine Waschmaschine rattert, würde man denken, es wohnt niemand dort. Ich höre praktisch überhaupt nichts. Meine Kinder sind praktisch die einzigen, die in dem Ein-gang sind, und ich sehe auch keinen, wenn ich komme oder gehe. Gerade in der alten Woh-nung, in der ich vorher gewohnt habe, eine Wohnung mit Durchreiche, wie das früher so war, stellte ich doch fest, daß es eng ist, verbaut und so weiter, und dadurch ziehen auch viele aus. Es ist ziemlich leer geworden. Wir sind umgezogen, weil es doch mehr Platz ist. Da haben wir eine Küche mit Sitzplatz. Jetzt habe ich einen Tisch und eine Bank reingestellt, so daß wir in

der Küche essen können. Deswegen haben wir das so gemacht. Aber wenn ich woanders eine Arbeit bekommen würde, würde ich weggehen, ganz spontan. Mit sowas bin ich nicht empfindlich. Eine Arbeit, wo man wirklich sagen kann, sie ist vernünftig, wo man sieht, man hat etwas geschafft. Viele haben gesagt, ja, die Grenzen müssen auf, da können wir reisen. Heutzutage können wir uns das Reisen nicht mehr leisten, weil wir keine Arbeit haben. Mich persönlich hat das nicht so berührt, das Reisen oder so. Nur weil alles so stupide war, man durfte nicht bißchen was Verkehrtes sagen. Die Meinungsfreiheit, die wir jetzt haben, bringt uns auch nicht viel mehr. Man kann wohl seine Meinung sagen, aber es ändert nichts. Wenn man jetzt in die Kreide kommt, keine Arbeit, kein Geld und überall dieselben Sorgen. Jeder wünscht sich nur eine gescheite Arbeit, wo er ein bißchen vernünftig davon leben kann, der eine oder andere träumt auch vom Haus, aber es ist alles nur mit Arbeit verbunden. Es ist immer derselbe Kreislauf. Wegziehen, es wäre mir auch lieber, meine Schwester wohnt im Schwarzwald, die andere in Bayern. Sind alle weggegangen.»

Als ich Frau G. begegnete, nahm sie an einem sechsmonatigen Lehrgang teil, bei dem vor allem Computerkenntnisse vermittelt werden sollten. Natürlich hatte sie schon eine Menge Bewerbungen losgeschickt, auch Bayer war dabei, aber Schichtarbeit als Alleinerziehende mit zwei Kindern schloß sie für sich aus. Sie würde gern etwas anderes machen, sich auch nochmal auf die Schulbank setzen, und denkt darüber nach, «was ich überhaupt machen kann und was ich will» – etwas mit Kindern, vielleicht auch Krankenhaus, Sozialarbeit. Den Anstoß, ihre Biographie nach den eigenen Fähigkeiten und Wünschen zu durchdenken, mag der Krankenhausaufenthalt ihres Sohnes gegeben haben: «Die Kinder waren da alle so allein, und da habe ich bis zum Abendbrot Bücher vorgelesen, und die Kleinen haben gehorcht, und wenn ich mal nicht gekommen bin, da haben sie schon gefragt und gejammert. Es war für die Kleinen eine Erholung und Abwechslung. Es würde Spaß machen, sich auf diesem Gebiet zu qualifizieren, aber das ist schwierig.» Im vorsichtigen Nachdenken über mögliche Perspektiven artikuliert sich ein Selbstbewußtsein, balancierend zwischen zwischen dem Mut zur Neuorientierung und dem Rückzug auf das angestammte Terrain tradierter Muster der Lebensführung. Dessen Repertoire entstammt dem Wertekanon der klassischen Bescheidenheitsethik: eigene Lebensansprüche zugunsten der Gemeinschaft zurückstellen, sich mit dem Gegebenen zufriedengeben, sich im Notwendigen einrichten. Dazu gehört auch ein internalisierter Zwang zur Konformität, um der sozialen Anerkennung innerhalb der eigenen Gemeinschaft willen. «Man ist erst mal ruhig, solange man noch etwas Geld hat, denn man hat ja hier gut verdient. Wenn man dann von der Sozialfürsorge lebt und dann trotzdem noch seine Wohnung erhalten kann, dann steht man ja nach außen noch so da, daß es einem gut geht. Man würde kämpfen, das haben wir ja gelernt, bevor man sagt, mir geht es schlecht», schildert eine ebenfalls an der Weiterbildung teilnehmende ehemalige Chemiearbeiterin.

Das Leben scheint in den engen Rahmen unhinterfragbarer Notwendigkeiten gepreßt. Hier artikuliert sich ein Muster, das in der zivilisationstheoretisch motivierten Rede von der «zivilisatorischen Lücke» innerhalb staatssozialistischer Gesellschaften verhandelt wird. Zeitigte der Verlauf des Zivilisationsprozesses, so Engler, einen «Übergang vom fremdzwang- zum selbststeuerungsdominierten Zivilisationsmuster», in dem die Mechanismen und Instanzen des ersteren selbst zivilisiert werden, so wiesen Gesellschaften staatssozialistischen Typs demgegenüber ein fremdzwangdominiertes Muster der Verhaltenszivilisierung auf. Ein Muster, das um so problematischer wurde, je schärfer sich strukturelle Disziplinierungsmechanismen am kulturellen Raum der späten DDR rieben. (205) Diese Mechanismen entsprachen zum Teil Wertmustern und Präferenzen der traditionellen Arbeiterkultur, die unter den strukturellen Bedingungen des Arbeiter- und Bauernstaates in den zwiespältigen Prozeß der Re- und Enttraditionalisierung gerieten. Damit wäre der erste Eindruck eines «proletarischen Landes» bestätigt, «in dem das fremdzwangdominierte Zivilisationsmuster sehr wohl Wurzeln in den Persönlichkeitsstrukturen faßte, Anpassungsleistungen an autokratische Macht- und provinzielle Lebensverhältnisse erzeugte, zu einer Fixierung auf eindeutige Verhaltensvorgaben und Wegweiser durch den sozialen Raum, auf Existenz- und Laufbahngarantien führte». (206) Doch die Diagnose einer «zivilisatorischen Lücke» verstellt den Blick auf die gleichwohl ambivalenten Effekte dieser in den mentalen Dispositionen verankerten Struktureigentümlichkeiten des Staatssozialismus. Mit dem gegenwärtig zu beobachtenden Rückgriff auf diese Handlungsdispositionen und Deutungsmuster beziehungsweise mit ihrer Fortsetzung werden nicht bloß tradierte Muster der DDR-Gesellschaft reproduziert. Der Rückgriff selbst stellt eine Interpretation dar: Deren Figur, hier im «sparsamen Leben» zusammengefaßt, ist eine Artikulation der Ohnmacht, der Angst vor Deklassierung, der sozialen Vergewisserung in Zeiten, denen der soziale Sinn abhanden gekommen scheint. Die ostdeutschen Arbeiter finden sich eben nicht mehr in einer «zivilisierten Industriegesellschaft» wieder, auf die der Eliassche Entwurf einer Zivilisationstheorie sich bezog, den Engler aufgreift, sondern im Zuge der Globalisierung in einem «Kapitalismus ohne Fremdzwang», in dem die Gesetze des Marktes wie Naturgesetze wirken. «Jetzt ist sich jeder selbst der Nächste», lautet die ohnmächtige Einsicht in den Verlust sozialer Bindung und Kohäsion. «Früher waren wir ruhiger irgendwie. Der Druck, das war alles nicht so, die Absicherung war besser. Wenn sie jetzt die Leute angucken, die gehen alle mit gesenktem Blick und sagen: ‹Früher war die Stimmung ganz anders, gelöster› … So empfinde ich das. Ich bin viel von Wolfen nach Bitterfeld gefahren mit dem Bus, und freitags waren welche dabei, die eben den ganzen Bus unterhalten haben. Da war richtige Wochenendstimmung. Das gibt es nicht mehr.»

Für diejenigen, die sich in der endlosen Spirale von Arbeitsbeschaffungsmaßnahmen, Arbeitslosigkeit und Umschulung befinden, signalisiert die Aussage «Jetzt muß man nur noch für sich kämpfen» den Verlust von Grundsolidaritäten innerhalb der Industriearbeiterschaft. Für diejenigen, die «drin» geblieben sind, nimmt sie eine andere Wendung: «Jeder ist halt seines eigenen Glückes Schmied.» Diese beiden Interpretationen markieren die schärfer werdende Linie, die die ehemaligen Chemiearbeiter trennt: Die Figur des «sparsamen Lebens» als «Konfiguration von Einschränkungen» strukturiert beide Artikulationen. Für die einen bestätigt sich eine quasi immer schon vorhandene Ungerechtigkeitserfahrung aus der Perspektive von unten: «Wer oben war, der ist es auch heute wieder.» Damit ist ein Erfahrungskomplex verbunden, dessen Durchgängigkeit in dem über vierzig Jahre lang paternalistisch versorgten Milieu der ostdeutschen Arbeiter eher zweifelhaft erscheinen muß: eine grundsätzliche Erfahrung von Abhängigkeit und Unsicherheit der eigenen Existenz. Auf die zwiespältigen Arran-

gements zwischen den Zumutungen von oben und dem Durchkommen im Alltag der Arbeitsgesellschaft wurde bereits verwiesen, doch wer sich jenseits der Kragenlinie befand, saß trotz passiver Stärke der Arbeiter immer «am längeren Hebel». Dieses kollektiv geformte Wissen um die grundsätzlich unabgesicherte eigene Existenz «formte die Kultur und Lebensweise von Arbeitern über familiäre wie kollektive Reproduktionsstrategien entscheidend mit». (207) Und diese Grundannahme existentieller Unsicherheit schien die Vorstellung einer gemeinsamen Lage hervorzubringen, auch in der DDR-Gesellschaft, allerdings in hybrider Form: Denn die «gewaltsame Vertreibung der Differenz» in der ideologischen Konstruktion der «klassenlosen Gesellschaft» ist nur ein Fall der den staatssozialistischen Gesellschaften bescheinigten «Deobjektivierung des Sozialen», mit der sich Akteure in Nahkämpfer verwandelten und ihnen der Blick für komplexere Realitäten verstellt wurde, ein Blick, «der allein ihnen sagen konnte, wo sie sich selbst gehörten und wo äußeren Determinierungen». (208) Wenn die Chemiearbeiter sich heute ein Bild von der veränderten Welt, die sie umgibt, zu machen versuchen, so mischt sich in ihren Deutungen dieses «ewige» Wissen um ihre unbedeutende und unsichere Stellung mit den Entdifferenzierungserfahrungen der DDR-Gesellschaft.
«Ja, ich war dabei, als die große Schar gegangen ist. 23 Jahre habe ich gearbeitet und dann 1.270 D-Mark Abfindung bekommen.» Sie haben die Entlassung in die Arbeitslosigkeit als Kränkung wahrgenommen und fühlen sich entehrt. Das einzige, was tragen könnte, wäre noch das kollektive Wissen um dieselbe Lage der Ohnmacht und des Ausgeliefertseins.
Daß es tatsächlich nicht trägt, kann mit der «Abschwächung des milieuinternen Integrationsvermögens» im Kontext gesamtgesellschaftlicher Entdifferenzierungsprozesse in der DDR erklärt werden (209), doch reicht diese Erklärung nicht aus. Denn eine andere Erfahrung kommt hinzu: Es gibt die Gewinner, auch in Wolfen-Nord, die meinen, jeder sei «seines eigenen Glückes Schmied», die es ihren Fähigkeiten und ihrem Arbeitsvermögen zurechnen, daß sie noch «drin» sind. Der wachsende Riß, der sich durch die Arbeiterschaft der Region zieht, ist auch ein Bruch mit den Gewißheiten und Vertrautheiten einer eher homogenen Gemeinschaft der Chemiearbeiter. Es sind die Konturen des Strukturwandels hin zu einer individualisierten und flexibilisierten Gesellschaft, die in Wolfen und Bitterfeld den sozialen Raum neu ordnen. Vor diesem Hintergrund gerät ein Weltbild ins Wanken, mit dem soziale Ungleichheit nicht als Ausdruck individuellen Versagens, sondern als systemische Folge sozialer Benachteiligung interpretiert werden kann. (210) Mit der zunehmenden sozialen Differenzierung in der ostdeutschen Arbeiterschaft wird dieser kollektive Deutungshorizont transformiert: Arbeitslosigkeit gerät zum individuellen Problem mangelnder Leistungsfähigkeit, während die neuen Arbeitnehmer gleichsam als Auserwählte erscheinen.
Ulrich Beck diagnostiziert angesichts der «riskanten Freiheiten» in modernen Gesellschaften keineswegs eine Beseitigung sozialer Ungleichheiten, diese werden ihm zufolge vielmehr umdefiniert mittels einer «Individualisierung sozialer Risiken»: «In der Konsequenz schlagen gesellschaftliche Probleme unmittelbar um in psychische Dispositionen: in persönliches Ungenügen, Schuldgefühle, Ängste, Konflikte und Neurosen.» (211) Gesellschaftliche Krisen erschienen so als individuelle und würden kaum noch in ihrer Gesellschaftlichkeit wahrgenommen. Aus dieser Perspektive konstatiert Beck letztlich auch eine durch die Rationalisie-

rungsprozesse der Moderne ausgelöste Erosion vorprädikativen kollektiven Hintergrundwissens. Die vorliegende Untersuchung verfolgt dagegen eine Interpretationsrichtung, die von einer Rekombination und Neuzusammensetzung dieser kollektiven Symbolsysteme angesichts gesellschaftlicher Veränderungen ausgeht. Die Figur des «kleinen Mannes» etwa gehörte zum Common Sense der ostdeutschen Chemiearbeiter, und sie wird umso stärker angerufen, je dysfunktionaler sie für die neue Situation einer geteilten Welt ist. Aus diesen Ohnmachtsschleifen von Rückzug, Anomie und Mutlosigkeit erwachsen die Stimmen, die anstelle der sozialen jetzt die «völkische» Gleichheit fordern. (212)

«Schicksalhaft» sieht die Welt auch für die Gewinner aus. Sie haben «Glück gehabt», und mit dieser Sicht bestätigen sie das naturhafte Szenario der Marktkräfte einer neoliberalen Modernisierung: «Naja, ich gehöre zu den Gewinnern. Vielleicht nicht zu den großen Gewinnern, es gibt ja Leute, die verdienen viel Geld inzwischen, aber ich muß sagen, ich gehöre auch zu den Gewinnern. Ich war keine Minute arbeitslos. Nach der Wende ist unser Einkommen ständig gestiegen, um ein Vielfaches dessen, was wir damals verdient haben. Uns ging es, sagen wir mal, oder uns geht es immer noch sehr gut. Dadurch, daß wir jetzt ein Haus haben, haben wir heute andere finanzielle Belastungen als noch voriges Jahr im September oder Oktober. Wir leben heute auch noch gut, aber damals, da konnten wir uns alles kaufen, wir konnten wohin fahren, wir konnten reisen. Das haben wir heute ein bißchen eingeschränkt, wie gesagt, weil wir was anderes haben. Das Haus ist für uns heute wichtiger. Es ist schon so, sagen wir mal, daß früher, sagen wir mal, Freunde heute dann nicht mehr die Freunde sind, weil wir haben Arbeit, die anderen haben keine Arbeit oder haben bald keine Arbeit mehr, und es kommt dort schon, sagen wir mal, zu bestimmten Spannungen.»

Allmählich verblassen in Bitterfeld und Wolfen der Gedanke und das Gefühl eines gemeinsamen Geschicks. Was für die einen allerdings in der Not der Orientierung noch als Bestätigung eines «gemeinsamen Schicksals» für «Unsereinen» herhalten muß, wird für die anderen hinfällig. Sie nehmen diese nicht mehr als ihresgleichen wahr. «Und indem dies geschieht ... verrätselt sich das soziale Schicksal jedes einzelnen ... Man überläßt sich dem Gesetz der Indifferenz: Selber schuld, ich so gut wie jeder andere, jedermann so gut wie ich.» (213) Der drohende Verlust sozialen Sinns für die amerikanische Gegenwartsgesellschaft, den Engler hier konstatiert, scheint nicht ohne Bezug zum sozialen Klima in Wolfen. Was hier zusammentrifft, um die Welt zu erklären, folgt dem Repertoire der «ostdeutschen Nahkampferfahrung» – einer verkürzten Sicht auf gesellschaftliche Verhältnisse als informelle Beziehungen – und der Erfahrung eines neoliberalen wirtschaftlichen Umbaus, bei dem Gewinner und Verlierer nur ihre eigene Haut retten wollen. Die Neuordnung der Welt in Wolfen und Bitterfeld nach den Gesetzen des Marktes gibt ihnen Recht. Aber auch das stimmt nur zum Teil. Denn zunehmende Marginalisierung und wachsende Ungleichheiten innerhalb der Arbeiterschaft führen letztlich zu Verunsicherungen und Irritationen, die sich in «Sprachverwirrungen» artikulieren, in Irritationen, die die Überforderung der Arbeiter angesichts dieser Situation zum Ausdruck bringen. «Man war ja dabei», schildert eine bei der ORWO AG angestellte Arbeiterin, «als alle Vierteljahr welche entlassen wurden. Die weg sind, schauen einen nicht mehr an. Das ist schlimm. Immer wieder die Frage, warum wir, warum ihr nicht. Dabei macht hier jeder nur seine Arbeit, mehr nicht.» Mit einer solch ungleichen Verteilung von Chancen mußten Menschen, denen einst das gemeinsame Geschick als unhinterfragte Gewißheit galt, bisher nicht zurechtkommen. Und daraus speist sich bis heute das Unbehagen, zum Telefonhörer zu greifen, die alte Brigade mal wieder zu treffen und über die alten Zeiten zu reden.

KULTURELLE PRAXEN DER SPARSAMKEIT

Noch leben in Wolfen-Nord neue Arbeitnehmer und Arbeitslose nebeneinander, zwar deuten sich Segregationsprozesse an, doch noch immer gibt es so etwas wie eine gemeinsame Kultur, die sich in Geschmackspräferenzen, Freizeiteinstellungen und im Konsumverhalten geltend macht. Das schließt nicht aus, daß es zu Ausdifferenzierungen innerhalb dieser Dispositionen kommt, aber immer im Rahmen eines «sparsamen Lebens», das die Folie bildet, vor der neue Konsum- und Freizeitmöglichkeiten interpretiert und integriert werden.
Die neuentstandenen Großmärkte in den Gewerbegebieten, aber auch im Wohngebiet machen preisgünstiges Einkaufen in großen Mengen möglich. Die Leute, die hier wohnen, sind nicht an gehobenen Genüssen und Luxus interessiert. «Wir haben nie große Ansprüche gestellt, unser Luxus ist, daß wir Arbeit haben.» Verpönt sind modischer Konsum und überzogene Ansprüche im Sinne des «Das ist nichts für unsereinen». Orientieren sich die Jüngeren in ihrem Konsumverhalten an mit Markenartikeln verbundenen individualisierteren Lebensstilen, so wird das zumeist als Angriff auf gewachsene Wert- und Bedürfnismuster innerhalb der familiären Beziehungen verstanden. Was Bourdieu den proletarischen «Notwendigkeitsgeschmack» nennt, kennzeichnet die wöchentlichen Märkte in Wolfen-Nord: Sie sind Spiegel dieser homogenen, wenig ausdifferenzierten Geschmacksdispositionen der Bewohner. Sie machen sich auch in den Wohnstilen bemerkbar: Die Ablehnung von Stilisierung und Repräsentation, das Streben nach Konventionalität ist in die engen Räume der Plattenbauwohnungen eingeschrieben. Die Reproduktionen, die die Wände zieren, spiegeln die Sehnsucht nach der heilen Welt: künstliche Idyllen zwischen Kitsch und Kunst, Bilder von exotischen Paradiesen. In ihnen artikulieren sich die Wünsche nach Überschreitung des engen, von Betonwänden umgebenen Raumes. Dazwischen sind persönlich bedeutsame Erinnerungsstücke angehäuft. Der private Raum soll zuallerst Harmonie, Gemütlichkeit und Geborgenheit bieten. Setzen sich viele Einrichtungen aus einem Sammelsurium verschiedenster Stilrichtungen und Materialien zusammen, so folgen sie doch letztlich immer den Prinzipien der Zweckmäßigkeit, Ordnung und Sauberkeit.
Diese vielerorts ersichtliche Anstrengung, die Dinge an ihrem Platz zu halten, ist auch als Reaktion auf die Widrigkeiten und Zumutungen des DDR-Alltags zu verstehen. Die traditionelle Anordnung der Räume – die Wohnstube als Lebensmittelpunkt und Vorzeigeraum, das Schlafzimmer als «toter Raum» – entspricht diesem Muster. Die überladenen und zum Teil überdekorierten Wohnungen der Chemiearbeiter sind aber auch eine krasse Antwort auf den leeren öffentlichen Raum der Plattenbausiedlung: eine Idylle, die als Gegenbild zur tristen Außenwelt dient. Und sie sind Ausdruck des für den Arbeiter- und Bauernstaat charakteristischen Anspruchs nach unprätentiöser Einfachheit und ästhetischer Bedürfnislosigkeit. Der Wunsch

nach Normalität, nach geordneten Verhältnissen, richtet sich an dem aus, «was alle haben». Daß es sich bei dieser Sehnsucht nach «Normalität» um ein äußerst ambivalentes Verhaltensmuster handelt, darauf hat unter anderem Kaspar Maase hingewiesen: Die Bereitschaft zur Unterordnung und das Streben nach klaren Verhältnissen sind Einstellungen, die innere Sicherheit verleihen und nicht erschüttert werden sollten. Wer die Ordnung in Frage stellt, wird ausgegrenzt. (214) Man gewinnt den Eindruck, daß mit der Verschärfung des sozialen Klimas die «Normalität» des «kleinen Mannes» mehr denn zuvor als Muster der Lebensführung angerufen wird. Trotz der umfassenden «Tapetenwechsel» nach der Wende, mit denen man sich schnell des «alten Krams» entledigen wollte, blieben die beschriebenen Geschmackspräferenzen bestehen. Bequemlichkeit geht über Ästhetik, die eigene Wohnung ist ein Schutz- und Rückzugsraum, ein Fluchtpunkt zur Entspannung und Erholung, ebenso wie die Kleingärten in unmittelbarer Nachbarschaft – eine Tendenz, die für die «geschlossene» DDR-Gesellschaft bestimmend war. Sie schloß die strikte Abschottung des Privaten nach außen ein. Diese Lesart greift allerdings zu kurz, wenn man den Artikulationsraum «Wohnung» nur mit Blick auf die hier zur Geltung kommenden Ordnungsmuster interpretiert. Auch in den als «Wohnregale» stigmatisierten Plattenbauten stellen die Leute ihren privaten Raum aktiv her, nutzen sie Materialien, Symbole, Erinnerungsstücke, verarbeiten diese in der Rekombination weiter und produzieren damit ihr Zuhause, einen für sie bedeutsamen Ort. Zwar kann man die Signaturen der Sparsamkeit überall entziffern, doch handelt es sich dabei eher um ein Gerüst für die heterogene Gestaltungspraxis der Bewohner. Die Kleingärten stellen wohl die lebendigsten Beispiele einer solchen Praxis dar. Auch 1997 sind die Schrebergärten für viele der ehemaligen Chemiearbeiter, ob arbeitslos oder nicht, ein selbstverständlicher Bestandteil ihres Alltags und der Raum für Freizeit und Erholung. «Also, wir sind ja nicht verwöhnt worden, also dadurch, daß ich meinen Garten habe, bin ich zufrieden. Am Busch hier in Wolfen, nicht zu groß, nicht zum arbeiten, zum erholen. Das ist so ein Verein, alles nette Leute. Man tut sich ja doch mal unterhalten. Einer hilft dem anderen, ich hatte letztens keine Schubkarre, da habe ich sie mir beim Kollegen nachher geholt, obwohl er nicht im Garten war. Das ist alles kein Thema. Meine Frau sagt immer, es sieht ärmlich aus, aber man darf die Tür nicht aufmachen. Ich habe das so, alles sieht schlicht und einfach aus. Den Sommer über sind wir draußen, naja, jetzt war ja kein Wetter am Sonnabend. Auch im Winter buddelt man mal, und jetzt ist ja nun interessant, was hat es nun überlebt? Die erste Erdbeerblüte ist erstmal hin. Ich habe ganz zeitige Erdbeeren, die werden, ja, so Mitte Mai werden die eigentlich reif. Auch die Blumenstauden, die jetzt schon bissel blühen – tränendes Herz, ich weiß nicht, ob sie die kennen, ist auch weg.»
Geht man durch die Gartenkolonien, so fällt auf, daß nach wie vor die kleinen Flächen intensiv zum Obst- und Gemüseanbau genutzt werden. Für die Leute hat der Garten trotz des besseren Angebotes seine Selbstversorgungsfunktion behalten, es ist billiger und «man weiß, was man hat, wenn es aus eigenem Anbau kommt». Der eigene Garten stellt für viele das eigentliche Terrain zur Selbstbestätigung dar. Hier lebt sich der Bastler aus, der nach wie vor aus allem etwas machen kann. Oft genug handelt es dabei um ein Stück Lebenswerk, um ein Feld, auf dem man noch sieht, daß man «etwas geschafft» hat, und das mit eigener körperlicher Betätigung. Angesichts der Arbeitslosigkeit halten diese wenigen Quadratmeter Grünfläche vor allem für die

Männer den drohenden Zeitzerfall auf. Der Garten, ein Fluchtpunkt jenseits der Wohnung, eine idyllische Gegenwelt zu den sich verschärfenden Problemen des Alltags, denen man in Wolfen-Nord ständig begegnet: im Garten, «da kann ich alles vergessen». Wenn sich die Arbeitslosen von Wolfen-Nord irgendwo noch psychisch stabilisieren können, dann hier, in den Gartenkolonien rund ums Plattenbaugebiet. Die Art und Weise, wie die Leute die Gärten pflegen und nutzen, spricht nicht nur für die viele Zeit, ersichtlich werden auch Muster und Ordnungsvorstellungen eines sparsamen Umgangs mit Ressourcen in der intensiven Ausnutzung der kleinsten Fläche, in der strengen Anordnung der Pflanzen, in der peinlichen Aufmerksamkeit für jede Art von Unkraut. Die strenge Ordnung der solchermaßen disziplinierten Natur macht erst vor der Gartenlaube halt. «Wer arbeitet, der soll auch feiern!» Geselligkeit, feiern mit Freunden, Familie und Kollegen, grillen und etwas trinken, auch das gehört zur kulturellen Praxis der Kleingärtner. Im Vergnügen lassen sich die Probleme des Alltags vergessen. Spaß und zweckfreie Unterhaltung erlauben eine dem Muster der Sparsamkeit korrespondierende Verausgabung der eigenen vitalen Kräfte und unterdrückten Energien, bei der man sich selbst zumindest für wenige Stunden in gehobene Stimmung versetzen kann. Eine Erfahrung, die in der Situation von Ohnmacht, Enge und Unabänderlichkeit, in der sich ein Großteil der ehemaligen Chemiearbeiter befinden, Glücksmomente, Lust und Sinnlichkeit bietet. In ihr offenbart sich aber nicht nur eine Gegenwelt zum beschränkten Alltag des «ewig Gleichen», vielmehr artikulieren diese kulturellen Praxen selbst die Sehnsüchte und Glücksansprüche der Vielen.
Auch der Urlaub, verbringt man ihn nicht ohnehin schon im Kleingarten oder im Wochenendhaus, soll vor allem entlasten und entspannen. Die Reisemöglichkeiten der neuen Gesellschaft gehören für die meisten zu dem, «was man zwar alles kaufen, aber sich nicht leisten kann». Und die Entbehrungen auf diesem Feld verkraftet man noch am ehesten: Sprachbarrieren und andere Eßgewohnheiten werden als Gründe dafür angeführt, daß Auslandsreisen nicht erstrebenswert seien. Man bleibt lieber im deutschsprachigen Raum, bevorzugt «Hausmannskost»: «Ins Ausland nicht, aber innerhalb von Deutschland ja, Baden-Württemberg, Bayern, aber so ist es nicht. Ich habe keinen Drang nach dem Ausland. Wenn ich nachs Ausland fahre, dann kommt nur in Frage: Finnland, Norwegen, Schweden. Also ich würde jetzt nicht nach Italien, Spanien würde ich nicht fahren.»
Wie früher repräsentiert der Campingplatz an der Ostsee immer noch am besten, was man sich vom Urlaub verspricht: «Naja, jetzt fahren wir mal nach Österreich, aber trotzdem, an die Ostsee fahren wir noch genauso hin. Ich muß da nicht unbedingt erst nach sonstwohin. Ins Ausland weniger, nein, auch wenn ich das so sehe in den Werbungen und so, die Ferienclubs und so, das bringt mir überhaupt nichts. Da drinne zu sitzen. Ich meine, hier ist es auch schön, da kann man an die Ostsee fahren, unternehmen kann man hier auch viel.» Anstelle von Erlebnissen, anstelle der Begegnung und Auseinandersetzung mit anderen Kulturen, die Flexibilität, Offenheit und Risikobereitschaft erfordern, soll der Urlaub nach wie vor Kompensation und Erholung bieten: Nichtstun, Müßiggang, Geselligkeit und Sichausleben im Amüsement bedeuten Urlaub für die meisten der ehemaligen Industriearbeiter. Urlaubserfahrungen im Ausland werden dagegen als Streß bewertet.
Wie bereits angedeutet, bilden die kulturellen Praxen der «Sparsamkeit» als «Konfiguration

von Einschränkungen» den Rahmen, innerhalb dessen moderne Lebensstilelemente integriert werden, und stellen keine einfache Reproduktion tradierter Formen dar. So artikulieren neue Arbeitnehmer bei der ORWO AG zwar durchweg bescheidene Ansprüche hinsichtlich der neuen Konsum- und Reisemöglichkeiten, aber die Zugehörigkeit zu Tennisclub und Schützenverein wird schon mit dem Wissen um ihre symbolische Bedeutung dargestellt. Bedürfnisse nach Unterhaltung, Erlebnissen und Entspannung jenseits des Schrebergartens in den neuen Konsum- und Erlebnisräumen nehmen zu. Man fährt auch ab und zu einmal in den Saalepark, geht ins Kino. Wer das nicht kann, hat zumindest im Wohnzimmer das «Fenster zur Welt» – die moderne Unterhaltungselektronik nimmt hier nicht nur den zentralen Platz ein, sie war neben dem Auto das erste Konsumgut, in das die ostdeutschen Arbeiter investierten. Die schöne Welt der Medien ist kein bloßes Gegenbild, kein Fluchtpunkt jenseits des sparsamen Lebens in Wolfen-Nord. Vielmehr erweisen sich die allabendlichen Filme und Fernsehserien als Quelle zur Erweiterung der eigenen Anschauung und als Anstoß zur Relativierung, zur Lockerung festgezurrter Verhaltensmuster, zur Anregung der eigenen Phantasien. Wie Kaspar Maase in seiner Lesart der populären Künste betont, steckt in diesen ein «Bedeutungsüberschuß, den man zum Aufbau eines Horizonts utopischer, alternativer Hoffnungen nutzen» kann. (215) Dieses Reservoir an «Traumenergien» ist Lebensmittel für die Bewältigung des Alltags, in ihm bleibt die Hoffnung auf Veränderung lebendig, die Hoffnung, daß es nicht beim «Schicksal» bleiben muß. Das Potential der Massenkultur zur Erweiterung der kulturellen Horizonte ist Bestandteil jener Modernisierung des Alltags, die Peter Alheit als «alltägliche Moderne» bezeichnet hat: Lern- und Veränderungsbereitschaft in Beruf wie Freizeit verdanken sich wesentlich der Strukturierung des Alltags durch die industrielle Moderne. Insbesondere die Untersuchungen der britischen Cultural Studies zu Aneignungspraktiken innerhalb der Jugendkultur haben das kreative Potential herausgearbeitet, das sich im Umgang mit Produkten der Massenkultur artikuliert. Sie beschreiben mit dem Begriff der elementaren Ästhetik einen Prozeß, in dem Symbole und Praxen mit Bedeutungen verbunden, in Szene gesetzt und neu angeordnet werden, um rekombinierte spezialisierte Bedeutungen wiederzugeben. (216) Alltagskultur, verstanden als praktische Kreativität, findet in dieser Re- und Decodierung der Massenkultur ihren Ausdruck. Dem Zuschauer der Medienwelt wird in diesen Studien eine Produktivität, eine aktive Fähigkeit zugesprochen, die auch für die Untersuchung der kulturellen Praxen ostdeutscher Arbeiter von Interesse sein könnte – ein Feld, das im Rahmen dieser Studie allerdings nicht empirisch unterlegt werden kann. Sicher ist zumindest, daß moderne Populärkünste in den Alltag der ehemaligen DDR über Funk, Fernsehen und Kino längst Einzug gehalten hatten. So sehr sich die Kulturpolitik der DDR auch mühte, Hochkultur unter die Werktätigen zu bringen: Der Konsum von Funk und Fernsehen (Ost wie West) stand bei den DDR-Bürgern seit den siebziger Jahren im Zentrum ihrer Freizeitpräferenzen. Und die Konsumenten hatten bereits Übung im «Wildern» zwischen den Fernsehkanälen, auf der Suche nach Bildern, die ihnen einen Ausweg aus dem anstrengenden Alltag boten.
Wenn Michel de Certeau von der «Kunst des Handelns» spricht, interessiert ihn, was der Zuschauer beim Konsum der Fernsehbilder fabriziert. Handelt es sich dabei gleichwohl um einen von der Kulturindustrie zugewiesenen und durch Disziplinen organisierten Raum, so

eignen sich die Verbraucher diesen jedoch mittels defensiver oder aggressiver Praktiken und Listen an. Sie transformieren, modellieren und pervertieren kulturelle Produkte. Bei dieser «Kunst des Gebrauchs» bringen sie Bedeutungen hervor, die vom Produzenten nicht vorgesehen waren. Es ist der Bricoleur, dessen «kunstfertigen Spielzügen im Alltag» Aufmerksamkeit zukommen sollte. Seine heterogenen Praktiken vollziehen sich allerdings vor dem Hintergrund unterschiedlicher Sozialisationserfahrungen. Was jemand konsumiert und welchen Sinn er den Kulturwaren zuweist, hat viel mit den Machtgeometrien zu tun, denen er unterworfen ist. (217) Die moderne Massenkultur vermittelt zwar den Eindruck, als handle es sich bei ihr um einen offenen Bauchladen, aus dem man sich beliebig bedienen kann. Doch die Art und Weise, wie sie wahrgenommen und angeeignet wird, beruht nicht auf freier Wahl, sondern wird von bestimmten Strukturen eingeschränkt. Stuart Hall definiert «Kultur» in diesem Sinne als «Konfiguration von Einschränkungen, nicht von fixierten Grenzen, sondern von Artikulationen, ohne die wir nicht sprechen ... könnten.» (218)

«FRÜHER FLEISSIG UND HEUT' NOCH FLEISSIG» – ARBEITERKULTUR OST

«Ich hab' eigentlich immer schon die Arbeit nicht gescheut, sage ich mal, hier muß man natürlich auch ganz schön ran. Als Schichter hatten wir nicht so einen Streß wie jetzt, aber wo ich da als Tagschichter gearbeitet habe, war es auch schon ganz schön. Zwanzig Jahre war ich in der Magnetbandfabrik. Ich habe zwar innerhalb der Abteilungen gewechselt, da war ich erst in so einer Leitwarte. Das war mir aber als junger Mensch bissel zu langweilig, da immer nur zu telefonieren und Knöpfe drücken, und da hatten wir noch eine Nebenanlage, und die haben praktisch so lösungsmittelhaltige Luft wieder aufgearbeitet, das war so halb Leitwarte und halb draußen in der chemischen Anlage vorn. Das hat mir mehr zugesagt. Insgesamt habe ich das zehn Jahre gemacht, und wo mein Sohn dann in die Schule gekommen ist, da habe ich dann nur Tagschicht in unserer Abteilung gearbeitet. Das war eigentlich eine Männerdomäne. Da gab es nur Männer früher. Wir waren auch als Lehrlinge die ersten Frauen, die da eingestellt wurden, dort in der Leitwarte, und ich habe auch nur mit Männern zusammengearbeitet. Das ist ja jetzt hier auch wieder so, direkt jetzt meine Kollegen sind alle nur Männer. Als wir in Ürdingen waren zum Einarbeiten, also wenn wir in den Speisesaal gegangen sind, da wurden wir überall angeguckt, da hat man keine Frauen in Arbeitsanzügen gesehen, nur im Kittel. Also in so was sind da Frauen überhaupt nicht eingesetzt. Das sind ja alles Männer. So direkt, so Frauen mit Helm und wie wir hier, solche Schuhe, da habe ich da nicht eine gesehen. Das sind eigentlich alles Männer. Ich bin jetzt bei der Verladung, also ich sage mal, ich bin dafür zuständig. Ich bin ja bei den Fertigprodukten, und es werden Fässer abgefüllt, und ab der Faßabfüllung bin ich zuständig, wo die Fässer eingelagert werden. Das gebe ich denen praktisch, ich rechne die Fässer ab, und dann bearbeite ich die Aufträge, wenn die Fässer nachher verkauft werden, das geht beim Etikettendrucken los. Ich mache praktisch die Aufträge so fertig, daß dann nachher die Verlader sich alles raussuchen können aus dem Lager. Da herrscht eigentlich ziemlich Ordnung jetzt. Wir machen im Prinzip alles selbständig hier, da kommt

keiner, der jetzt sagt: ‹So, jetzt mache mal das oder das›, wenn ich komme, weiß ich, was ich zu tun habe. Aber wir haben auch schon früher viel selbständig gearbeitet, und dann war eigentlich die Arbeit immer abwechslungsreich, da hat's mir eigentlich immer mehr oder weniger Spaß gemacht, auch jetzt, wo wir so sehr viel zu tun haben, da macht es mir eigentlich Spaß. Viele sagen, daß es anders geworden ist, aber ich versuche eigentlich, mit jedem auszukommen, ich bin nicht so, daß ich jetzt mein Wissen für mich behalte, was so manche machen, wie wir das vielleicht drüben gesehen haben. Da ist es anders hier, auf alle Fälle wie drüben. Das ist mir in dem Monat auf alle Fälle eingeleuchtet. Da ist jeder so mehr für sich, hier ist es doch noch gemeinsam. Die Kollegen haben sich nicht so schnell geändert. Ich will mal sagen, die Jahre nach der Wende waren ganz schön hart. Das muß ich ehrlich sagen, man hatte immer irgendwie im Genick so, wann ist denn der nächste dran, wenn der Chef dann reinkommt. Ich war zwar die einzigste Frau, aber war trotzdem komischerweise die letzte. Dann wurde die Firma von Türken übernommen, da hatte man wieder Hoffnung, daß das wieder wird, also das war nicht schön. Wir wurden von so einer ABM übernommen nach unserer Entlassung, da war ich ein Vierteljahr, das war praktisch meine erste Bewerbung, da hatte ich Glück, muß ich sagen, daß es dann gleich geklappt hat. Ich muß sagen, wir hatten dort zwar auch ziemlich zu tun in meiner alten Stelle, haben uns die Arbeit aber immer so einrichten können, daß wir zum Frühstück und zum Mittag immer Skat spielen konnten. Sowas würde hier natürlich überhaupt nicht in die Tüte kommen. Hier ist es auch nicht so, früher war um neun Uhr Frühstück, da hat jeder Frühstück gemacht, da war eben Ruhe. Hier macht man Frühstück, wir richten uns zwar immer ungefähr so ein, aber wenn wir Verladung haben, dann kann es auch sein, daß wir bis um elf Uhr, halb zwölf durcharbeiten und dann erst hinsetzen, also wir haben keine bestimmten Pausenzeiten, überhaupt nicht. Oft ist es so, da ich ja die Hälfte vom Tag am Schreibtisch sitze, esse ich auch manchmal nur nebenbei, aber das geht bei uns den meisten so, aber das ist wahrscheinlich auch ein bißchen unsere Schuld, man will das und das schaffen. Ein anderer wäre da vielleicht anders, der hätte heute vielleicht auch noch gesagt: ‹Jetzt ist Frühstück›, aber bei uns sind eigentlich alle so, die richten sich da immer nach dem Ablauf. Was ich eigentlich ein bißchen bedauere, daß ich keine Ausbildung für die neue Technik habe. Ich weiß zwar, ich kenne meine Programme, und ich weiß, wann ich was falsch mache, das habe ich mir praktisch hier nur angelernt. Ich bin so ein praktischer Mensch, ich begreife schnell, aber eben ohne große Hintergrundgedanken, sage ich mal. Ich weiß, was ich machen muß, aber die Ausbildung dazu, das vermisse ich manchmal doch auch. Da muß man immer dumme Fragen stellen, aber es funktioniert schon.
Früher war das ja oft so, daß sie ‹Du› zum Chef gesagt haben, wo ich immer sage, ab dem Meister ist mir das persönlich lieber, wenn ich ‹Sie› sage, denn wenn man mal wirklich nicht so gut drauf ist, sage ich mal, dann sagt man nämlich gleich mal: ‹Du kannst mich mal› auf deutsch gesagt, während zu jemandem, zu dem ich ‹Sie› sage, da ist da irgendwie eine Grenze, das ist meine Meinung. Viele sind da nicht so der Meinung, aber ich finde das besser, man sagt ‹Sie›, ein bißchen Respektsperson muß das schon sein. Das war früher nicht, wir haben natürlich zu unseren Meistern ‹Du› gesagt, auch zu unserem Abteilungsleiter. Ab und zu mal machen wir schon was zusammen, eine Weihnachtsfeier, der eine oder andere hat auch schon mal zum Geburtstag eingeladen, aber die Stimmung ist nicht die gleiche. Erstens kommt jetzt jeder mit

dem Auto, weil wir jetzt alle so unterschiedlich wohnen, dann wird nichts getrunken, ich will ja nicht sagen, daß man sich betrinken will, aber dann ist doch die Stimmung manchmal anders. In der Gewerkschaft bin ich noch, aber ich engagiere mich nicht. Ich war mal zu einer Versammlung, und da hatte ich kein Vertrauen zu, muß ich ehrlich sagen, zu den Gewerkschaftlern, weil das war in dem Moment, das waren alles nur Sprüche, lose Sprüche, sage ich mal, und wir haben ja auch, die ersten haben noch Abfindung bekommen und die letzten nichts, und dann sollte es auch eine gewisse Unterstützung geben, aber da ist unterm Strich auch nichts bei rausgekommen. Die haben zuviel versprochen, sage ich mal, denn wo nichts ist, kann ich auch nichts mehr rausholen, auch nicht mit Gericht oder so. Und die Solidarität der Leute nimmt ja auch ab, weil ja jeder nur noch für sich ist, wer Arbeit hat, der hat Arbeit, der geht nicht mehr für jemanden auf die Straße, der keine Arbeit hat, weil die vielleicht auch ein bißchen unter Druck stehen, ich weiß es nicht, ein Arbeitsplatz ist eben viel wert.
Auch früher habe ich mich bei nichts engagiert. Ich weiß nichts, weil ich arbeite hier, und dann gehe ich nach Hause, dann ist das erledigt. Ich denke zwar auch zu Hause oft an die Arbeit, das beschäftigt mich schon alles, aber dann handelt es sich wirklich nur um die Arbeit. Ich glaube so eine Woche, ich weiß nicht warum, so eine Woche vergeht schneller wie früher, und dann hat man nur noch das Wochenende. So eine Woche ist nichts, ne? Manchmal, muß ich sagen, war das ja früher auch so, da hat man auf die Uhr geguckt und hat gesagt: ‹Da haben wir noch drei Stunden› oder so, und jetzt guckt man auf die Uhr und denkt: ‹Was, schon so spät? Ich will das und das noch schaffen.› Das ist wirklich so, jedenfalls mir persönlich geht das so.
Jetzt ist es ja auch kaum, daß so zwei zusammenarbeiten. Dazu sind wir zuwenig Leute. Früher hat man sich schon mal hingesetzt, da war irgendwie die Zeit wahrscheinlich da. Aber das ist hier eigentlich jetzt auch eine gute Stimmung bei uns, man ruft sich schon mal was zu, aber man würde sich nicht fünf Minuten hinstellen und sich was erzählen, das nicht. Irgendwie, ich weiß nicht, ob ich das vergessen habe, aber ich kann das auch gar nicht mehr, mich da fünf Minuten hinstellen und irgendwas erzählen. Das ist so, aber ich bin so.»
Frau R. ist seit 1994 bei der Bayer GmbH in Bitterfeld beschäftigt, sie gehört zu den 500 neuen Arbeitnehmern, die hier einen unbefristeten, tariflich bezahlten und qualifizierten Arbeitsplatz innehaben. «Wir haben früher gearbeitet und arbeiten heute genauso, da ist für mich kein Unterschied«, dieser Rede begegnet man in den Gesprächen mit neuen Arbeitnehmern immer wieder. Und sie steht im Kontext des Ost-West- Diskurses über das «Erst-einmal-arbeiten-lernen-müssen» der Ostdeutschen. Es gehört zu den Selbstverständlichkeiten im Werthorizont von Arbeitern, vermöge der eigenen produktiven, körperlichen und manuellen Fähigkeiten zur Arbeitsleistung imstande zu sein. Die Erfahrung, durch Arbeitsfähigkeit soziale Anerkennung sowohl innerhalb der eigenen Gruppe als auch innerhalb der Gesellschaft erlangen zu können, ist im Bewußtsein der Arbeiter tief verankert. Handwerklichkeit, Geschicklichkeit, körperliches Vermögen sind kulturelle Muster, die trotz technischer und organisatorischer Veränderungen der Produktionssphäre nach wie vor als Deutungs- und Verortungsschemata funktionieren, und als «Longue durée» von Arbeiterkultur auch in den Artikulationen der ostdeutschen Arbeiter präsent sind. (219) Diese quasi fraglos gegebenen Handlungs- und Wissensressourcen, die zunächst der Arbeitswelt entstammen, aber für die Alltagsbewältigung

insgesamt Bedeutung haben, sichern den ostdeutschen Arbeitnehmern im Strukturumbruch der Region Orientierung und Stabilität. Seine Arbeit zu machen, explizit gute Arbeit, gehört zu den Selbstverständlichkeiten im Weltbild der Arbeiter. Als unhinterfragte Gewißheit im Sinne eines Common Sense scheint diese Eigenschaft von gesellschaftlichen Veränderungen unbeeinflußt, quasi naturhaft. Hinzu kommt das ausreichend trainierte Improvisationsvermögen der Ostdeutschen. In der Rekonstruktion ihrer Arbeitserfahrungen im Kombinatalltag artikuliert die Redewendung «Wir haben doch aus Scheiße Bonbons gemacht» immer wieder den Stolz auf das eigene Produzieren unter widrigsten Umständen. Was im Selbstverständnis der neuen Arbeitnehmer dann rekombiniert wird, sind tradierte Muster der Arbeiterkultur und Eigentümlichkeiten des ostdeutschen Bastlers. Eine Denk- und Interpretationsfigur entsteht, die Normalität und Kontinuität der eigenen Biographie verbürgt, eine Figur, der im Rahmen des Ost-West-Diskurses zusätzliche Bedeutung zukommt: Denn hier geht es um die Identität der Arbeiterschaft Ost. «Wenn sie sich mit den Handwerkern gut verstanden haben, dann haben sie schon mal eine ganze Rohrleitung bei 'ner Havarie gekriegt, nicht bloß ein Stückchen. Das ist nicht wie hier. Hier wird eine Rohrleitung ausgebaut und weggeschmissen. Damals, da wurde die auseinander gesägt, da wurde ein neuer Flansch eingeschweißt, und dann kam sie wieder dran. Aber das ist auch der Unterschied, das machen wir heute noch so. Also im Rohstoffbereich bei uns haben wir zum Beispiel mehr Kies und den schütte ich so ein (Handbewegung), denn dort, da kommen verschiedene Tankwagen an, da hat einer die Gruppe und einer die Gruppe, und das haut nicht hin, es ist standardgemäß, aber die Firmen, die interessiert das nicht. Da fängt der an zu basteln. Der macht das genauso wie früher: Mit Rohrzange und Hammer geht der da ran und das klappt. Das finde ich, ist noch genauso. Unsere Leute können besser improvisieren. Ich hab ein Dreivierteljahr drüben gearbeitet, und wenn das nicht lief, dann haben die angerufen und haben gesagt: ‹Macht uns das›, und dann haben die gesagt: ‹Nein, haben wir jetzt nicht da› – ‹Na gut, dann müssen wir stehen›, und wir basteln uns was zurecht.» Was den Wertkomplex des eigenen produktiven Arbeitsvermögens betraf, waren für die Bayer-Leute die Monate zum Einarbeiten in den Tochterunternehmen nahezu erhellend: «Ich kann ja mal sagen, was ich mir vorgestellt habe, als ich nach drüben gekommen bin. Ich komme jetzt hier in den Westen, in den Betrieb Bayer, und da läuft alles. Das sind alles neue Anlagen, und da arbeiten die alle wie die Kaputten. Das war meine Vorstellung, und dann bin ich dorthin gekommen … Die Handwerker, die haben sie nur bemerkt, wenn sie sich bewegt haben. Die standen meistens still, wie in der Chemie AG, nicht anders. Das war eine wahnsinnige Ruhe, da hat sich keiner überanstrengt. Bei uns wird mehr gearbeitet, und die Leute setzen sich mehr fürs Unternehmen ein.» «Daß die dort auch nur mit Wasser kochen«, ist die eine Erfahrung. Eine andere besteht darin, daß aus ihrer Perspektive die ostdeutschen Bayer-Arbeitnehmer mehr als ihre westdeutschen Kollegen leisten, und das bei einer ziemlich ausgedünnten Personaldecke und dem mageren Chemietarif-Ost. Die Enttäuschung darüber schwingt überall mit. Gleichwohl gewinnt man den Eindruck, daß sie aus dem «Trotzdem-produzieren» – und eine Parallele zum «Überhaupt-produzieren» im DDR-Alltag der Chemiekombinate drängt sich auf – Stolz und Selbstachtung beziehen. «In der Logistik unten, das ist ein riesengroßer Bereich, sie haben den Rohstoffbereich, den Fertigproduktbereich, und wir kriegen jetzt noch ein mobiles Tanklager dazu, und das fällt jetzt alles mit den Schichten. Aber die Leute schaffen's, natürlich unter Streß. Ich habe eigentlich die Erfahrung auch gemacht: Wir sind hierher gekommen und haben gesagt: ‹Was? Bloß fünf Mann auf Schicht? Das klappt nie!› Dann haben wir angefangen, anderthalb Tonnen im Monat zu machen, und da sind wir gerannt wie verrückt, und das war stressig gewesen bis zum geht nicht mehr. Dann haben wir zwei Tonnen gemacht, dann sind wir wieder gerannt, aber nicht mehr, sondern genauso. Die anderthalb Tonnen haben uns gar nicht mehr interessiert, da haben wir drüber gelacht nachher. So, und jetzt haben wir vier Tonnen gemacht, da wurde es auch ein bißchen stressig, aber weniger, da merkt man, es wird langweilig.»

«Der Vergleich ist halt immer da», meinten die meisten meiner Gesprächspartner: der Vergleich zwischen Ost und West hinsichtlich der Leistungsanforderungen und der Lohn-Leistungs-Relationen. Dabei handelt es sich um ein emotional aufgeladenes Terrain, letztlich kreisen die Argumente um das Selbstverständnis ostdeutscher Arbeiter. «Wir haben immer schon gearbeitet», der Satz enthält nicht nur die Abwehr gegenüber westdeutschen Vorwürfen über die mangelnde Leistungsbereitschaft der ostdeutschen Arbeiter, er steht für die Erfahrung unterschiedlicher Arbeitswelten: «Irgendwie war ich ein bißchen schockiert. Was sie uns früher immer erzählt haben: Im Westen, da sind alle so streng, und wer da mal fünf Minuten zu spät kommt, der wird rausgeschmissen und was nicht alles. Das war alles gar nicht so. Das war alles von der Sache her ein bißchen lockerer und legerer. Es mußte jeder seine Arbeit machen. Wer das nicht gemacht hat, den haben sie da angezinkt, aber tüchtig, aber wer seine Arbeit gemacht hat, der hat da auch wohl relativ viel Freiheiten gehabt.» Mit dieser Erfahrung wird nicht nur die Legitimität der mittlerweile internalisierten Vorwürfe von westlicher Seite in Frage gestellt, sondern auch die ungleiche Bezahlung. Lohnfragen sind für die Arbeiter vor allem Gerechtigkeitsfragen, und sie gewinnen den Eindruck, daß ihre Leistung keine angemessene Anerkennung findet. Die Redeweise vom «Immer-schon-gearbeitet-haben» mag vielleicht auch dazu dienen, dem diachronen Vergleich zwischen damals und heute auszuweichen, allerdings nur zum Teil. Denn Leistungsanforderungen, Arbeitsdisziplin und soziale Beziehungen im betrieblichen Feld werden schon auf Unterschiede hin abgeklopft, sicherlich mit der Vorsicht, sich kein Eigentor zu liefern. «Früher? Zum Beispiel im Chemiekombinat. Da fällt ein Motor aus, so: ‹Uns ist das kaputt gegangen›, dann rufe ich die Werkstatt und sage zu dem Meister: ‹Ich brauche noch einen Motor.› Das war um drei, halb vier ist Feierabend. Da sagt er: ‹Du kannst dann morgen kommen.› Da bin ich verrückt geworden. Dann habe ich den soweit zusammengeschissen, da war um vier der Motor drin. Das ist mein Erfolgserlebnis gewesen.» «Immer schon gearbeitet» bedeutet hier vor allem, Arbeit als Stabilisator gegen die gesellschaftlichen Zumutungen in der DDR zu behaupten, eine Interpretation, die man auch bei den neuen Arbeitnehmern immer wieder anzutrifft. Die Vorstellung vom richtigen und qualitätvollen Arbeiten war und ist im Werthorizont von Arbeitern präsent. «Ich muß sagen, ich habe da auch meine Arbeit ernstgenommen. Ich habe immer gesagt, das wollen Leute brauchen, die wollen was Anständiges haben. Also das war eigentlich immer so.» Eine Vorstellung, die allerdings in den maroden Anlagen der Chemie schon damit bestätigt wurde, die Produktion überhaupt am Laufen halten zu können: «Wenn der ganze Ablauf in der Elektrolyse hier in Bitterfeld normal gewesen wäre, von dem Ofengang, von der Produktion her, dann waren eigentlich fünf Mann, das war fast immer gegeben, manchmal waren es vier, das ist nicht so schlimm gewesen, das konnte man noch verkraften, dann wäre das gegangen. Aber die hatten ja solche schlechten Kathoden, und die Anoden waren solche schlechte Qualität, die waren schneller abgebrannt, die sind abgerieselt, abgefallen. Das sind alles Störungen, die müssen beseitigt werden, und das ist eine Mehrarbeit, aber eine erhebliche, auch unter extremen Belastungen, gerade was so Gase und Hitze und so was betrifft, das mußte ja dann alles bewerkstelligt werden, das zehrte dann alles an der Substanz.»

Zum Wertkomplex des guten und richtigen Arbeitens gehört auch das spezifische Vermögen, mit einer Maschine umgehen zu können. Die Maschine zu beherrschen, den Arbeitsprozeß zu bewältigen, ihn in bestimmten Abläufen sogar scheinbar selber kontrollieren zu können, all dies stellt ein wichtiges Feld dar, auf dem Arbeiter sich selbst definieren und daraus auch Lustgewinn für sich ziehen. «Denn wir haben die Maschinen ja nie auf Krawall gefahren», schildert ein ehemaliger Filmwerker. «Wenn man mal so eine Maschine gehabt hat, da hat man auch mal gehört, aha, hier ist ein Geräusch, da hat man dann so geguckt, warum ist das? Man hat sie ja nicht zerdonnert, so gedacht, die läuft noch Jahre. Wir haben auch so alte Maschinen wieder aufgebaut. Man darf, wenn man an der Maschine arbeitet, nie den Respekt vor ihr verlieren.» Der sorgsame Umgang mit dem Werkzeug Maschine und die genaue Kenntnis ihrer Zusammenhänge stellen insbesondere für die männlichen Arbeitnehmer Momente eigenen Wertbewußtseins dar. Die instrumentellen Anforderungen, die aus der Arbeit an der Maschine resultierten, verstehen sie dabei eher als Gerüst, innerhalb dessen ein eigensinniger Umgang möglich war. «Nein, ich muß sagen, es war auch ein Unterschied, wenn an einer Maschine die Besatzung laufend gewechselt hat oder wenn man jetzt immer die gleichen Leute an der Maschine hatte, oder ich hatte eine Maschine, dann war die Störanfälligkeit nicht da, weil jeder geht anders um, bereits schon ein anderer Handgriff macht da was aus.»

Jenseits einer Erfüllung der Normen existierte hier ein Feld der individuellen Erfahrung, im Sinne eines Ausbalancierens der eigenen Fähigkeiten und Fertigkeiten im Rhythmus der Maschine: Zwischen Selbstdisziplinierung angesichts der Produktionsanforderungen und einer selbstbestimmten Steuerung von Prozessen galt es das «richtige Maß» zu finden. Wem das gelang, dem machte die Arbeit Spaß. (220)

Für die neuen Arbeitnehmer, ob männlich oder weiblich, stellt der Umgang mit der neuen Technik auf den modernisierten Inseln der Chemie nachgerade eine Herausforderung dar. Beim Ablauf der Anlagen «alles im Griff» zu haben, daraus beziehen auch die Konfektionierer in der ORWO AG nach wie vor Lustgewinn. Die Praxis der Produktion setzt Lernprozesse in Gang, die für die Alltagsbewältigung insgesamt Bedeutung haben, zur Horizonterweiterung und zur Lockerung festgezurrter Muster und Einstellungen führen, eine Veränderung von Freizeitpräferenzen und Geschmacksvorstellungen nach sich ziehen können. Eine «Longue durée» von Arbeiterkultur zu behaupten, erfordert insofern Aufmerksamkeit für die Umstellungs- und Veränderungsbereitschaft derjenigen, deren Alltagsstrukturen durch die «industrielle Moderne» umfassend geprägt sind. «Na also, im Moment sind noch viele Sachen, wo ich sage: Das weiß ich und das kann ich noch nicht, und ich habe hier noch ein paar Möglichkeiten, rein von meinem Arbeitsplatz jetzt her, da kann ich noch ein bissel was dazulernen. Alles Wissen, also das wissen ja nicht mal unsere Schichtleiter und unsere Stellvertreter, selbst die lernen noch dazu, und da habe ich noch ein paar Möglichkeiten. Deshalb sage ich ja, es ist immer nicht schlecht, ein bissel flexibel zu sein, jeden Arbeitsplatz zu kennen, und da haben wir immer noch ein paar Defizite.» Für die Arbeitnehmerin bei Bayer ist ihre Praxis ein tägliches «Dazulernen», eine Erfahrung, die – und auch das gehört zum Verständnis einer «Longue durée» – eine Abgrenzung gegenüber anderen Kollegen einschließen kann, gegenüber denjenigen, die nicht so schnell mitkommen oder Vorbehalte gegenüber der Technik haben. Solche Abgrenzungen als Entsolidarisierungen zu erklären, die aus der Individualisierung der Arbeitswelt resultierten, reicht jedoch nicht aus, denn hier handelt es sich um ein durchgängig heterogenes Konfliktfeld betrieblicher Praxis: Wenn einer nur seine Arbeit machen will und damit eigenen Raum für sich beansprucht, so kann dies aus der Perspektive der anderen mit Feindseligkeit bedacht werden. Solidarität und Konkurrenz, das wird auch in den Erzählungen der Bayer-Leute deutlich, liegen eng beieinander und schließen sich keineswegs aus.

Die Wertmuster und Verhaltensorientierungen von Industriearbeitern sind nicht homogen, sondern artikulieren sich in äußerst widersprüchlichen Praktiken: Inwiefern man den Kollegen Einblick in die eigenen Handgriffe und Abläufe gestattet, ist schon ein schwierige Frage, selbst wenn bei Bayer Teamarbeit groß geschrieben wird. Die Reibereien zwischen den Schichten mögen sich als Comeback der «Konkurrenzgesellschaft» lesen lassen, sind aber innerhalb der Zwänge der Produktion zweifellos auch Ausdruck des Bedürfnisses, das Feld eigener produktiver Leistung zu behaupten. Schichtwechsel gehören hier zu den brisantesten Konfliktzonen: «Innerhalb der Schichten, da ist das in Ordnung, aber die Schichten untereinander zum Beispiel konkurrieren auch. Eine Schicht schwärzt die andere an. Wenn hier eine Schicht irgendwo einen Fehler macht, es gibt Schichten, die geben das zu, und es gibt Schichten, die versuchen das auf eine andere Schicht zu schieben. Das ist wahnsinnig schwierig, das ist früher nicht so gewesen. Überhaupt nicht, da konnte man zu jeder Schicht sagen, was läuft, wo es Probleme gibt.» Das «früher» konnotiert die Wahrnehmung eines veränderten Umgangs miteinander, eines Umgangs von Arbeitnehmern und nicht mehr von Werktätigen im Kombinatalltag. Dieser Rollenwechsel motiviert auch die Redeweise vom «Immer-schon-gearbeitet-haben» als quasi unveränderlicher Größe und bildet den Hintergrund, vor dem sich die neuen Arbeitnehmer mit der veränderten Situation arrangieren. Er prägt das subtile Mißtrauen, mit dem sie sich wechselseitig begegnen, und das Festhalten am Oben-unten-Modell in der Wahrnehmung ihrer eigenen Stellung. Früher haben sie sich für das Kombinat eingesetzt, heute für das Unternehmen, für viele besteht hier kein Unterschied.

Konkurrenzverhalten, Rückzug auf das eigene Arbeitsfeld, Distanzierungen, das Festhalten an der Kragenlinie und an den eigensinnigen Praxen des «Trotzdem-produzierens» sind auch Ausdruck von «Sprachverwirrungen» der neuen Arbeitnehmer. Das Repertoire an Mustern und Deutungen der Arbeiterkultur wird hier mit der Arbeitserfahrung Ost rekombiniert, um die Situation zu meistern.

So bewegen sich Solidarisierungen untereinander entlang der klassischen Kragenlinie: «Wenn's gegen einen Meister geht oder gegen den Betriebsleiter, da sind sie sich einig». In Witzen und Scherzen findet nach wie vor die Abgrenzung nach oben statt. Neben der Klage über wachsende Konkurrenzen betonen viele auch Kontiniutäten in der Art und Weise miteinander zu arbeiten. «Das sind nur Leute von früher und keine von den Altländern. Die wissen, wie wir früher zusammengearbeitet haben, und da hat sich eigentlich nichts verändert.» Dem sozialen Kontakt bei der Arbeit wird nach wie vor große Bedeutung beigemessen. «Solange ich meine Arbeit hier habe, möchte ich bleiben», meint eine Arbeitnehmerin der ORWO AG. «Ich sage, der Kontakt hier auf Arbeit ist anders, der ist mit Geld nicht zu bezahlen.» Gut mit den Kollegen auszukommen gehört einfach dazu, auch wenn die Zeit dafür offensichtlich knapper geworden ist. Bei AKZO Nobel in Bitterfeld kommen die Leute vor Schichtwechsel eine Viertelstunde früher, nicht nur, um die laufenden Arbeiten zu übergeben, sondern auch, um miteinander zu reden: «Man will doch bissel miteinander kommunizieren, nich nur kommen, arbeiten und mach's jut, das war's wieder. Ich komme ja nich bloß, um zu arbeiten auf Arbeit. Du mußt daran denken, daß man in der DDR nach allen Seiten eingeschlossen war. War ein ganz großer Knast. Also mußtest du damals miteinander auskommen ... Heutzutage ist das wichtig, um menschlich warm zu bleiben. Mal'n Witz reißen beim Schichtwechsel. Warum nich? Ist doch besser als dieses Ellbogenwerk!» (221) Die Arbeit bleibt in den Vorstellungen der Arbeiter der Raum, in dem die entscheidenden sozialen Beziehungen und Identitäten vermittelt werden. Sie knüpfen damit an ihre Erfahrungen des Betriebes als sozialem Ort an, allerdings in der Tradition informeller Beziehungen in «wilden Räumen». Die Viertelstunde zwischen den Schichten entspricht ihren Gewohnheiten, sich ein Terrain des sozialen Austausches und der Kommunikation zu sichern, das der eigenen Kontrolle unterliegt und nicht nur die wenigen Pausen zwischen den Produktionsabläufen füllt, ein Terrain, das Distanz zu «oben» beansprucht. Die Wahrnehmung des Betriebes als sozialer Ort kommt auch in den Bemühungen der Arbeitnehmer zum Ausdruck, außerhalb der Arbeit wenigstens ab und zu etwas zusammen zu unternehmen. Zusammenkünfte nach der Arbeit sind für ostdeutsche Arbeiter ein selbstverständlicher Bestandteil der «Lebenswelt Betrieb». Daß es das im Westen nicht gab, hat sie eher irritiert. «Wir treffen uns noch ziemlich oft, und ich finde das richtig und schön, aber drüben, da habe ich das nicht erlebt. Das ist maximal zum Männertag oder zu Weihnachten. Dann setzen die sich mal zusammen, aber dann auch nur, so war es dort, in der Firma, das war eine kleine Firma mit 65 Angestellten, Arbeitern und so weiter. Da hat der Chef einen Kasten Cola und Bier geschmissen, und dann sitzen die da in der Firma, aber was danach ist, dann jeder zu und weg und dann sind sie weg. Die sich da nach der Arbeit ab und zu mal getroffen haben, noch was unternommen haben, das waren übergesiedelte Ostbürger.» Arbeitswelten sind Lebenswelten, zumal bei Bayer, wo den subjektiven Fähigkeiten und Fertigkeiten der Produzenten wachsende Bedeutung zukommt. Daß soziale Bindungen, die aus der Arbeitssphäre erwachsen, über diese hinaus im Alltag wirken, mag ostdeutschen betriebszentrierten Wahrnehmungsmustern geschuldet sein, für die «Betriebsgemeinschaft Bayer» jedenfalls ist dieser Rückgriff auf ostdeutsche Erfahrungen funktional. «Also eine Gartenparty haben wir schon mal zusammen gemacht, und Bowling spielen waren wir auch schon mal, also wir versuchen so weit wie möglich da auch nach der Arbeitszeit mal was zusammen zu machen, weil es immer schwierig ist, die Leute unter einen Hut zu kriegen. Aber ich denke, das gehört einfach zum Betriebsklima dazu, daß man da irgendwie was macht und auch, um miteinander zu können. Man muß auch mal außerhalb der Arbeitszeit abschalten und einfach mal was unternehmen.»

Die Vorstellungen von «guter Arbeit» – und dazu gehören auch die kollegialen Beziehungen – sind in einem Kräftefeld von Fremd- und Selbstkontrolle angesiedelt: zwischen der Übereinstimmung mit den Anforderungen und Zwängen von oben, «vorm Chef gut dastehen», der Verschlossenheit, «einfach seine Arbeit machen», und der auch körperlich repräsentierten Gewißheit, «alles im Griff» zu haben, sich gegenseitig zu helfen und aufeinander angewiesen zu sein. Ein Konfliktfeld, das aus dem Ost-West-Diskurs zusätzliche Spannung bezieht, und in dem sich die ehemaligen Werktätigen als Arbeitnehmer neu verorten müssen.
Ein Konfliktfeld also, in dem sich die Arbeitnehmer am ehesten in den Witzen und Scherzen zwischen den Arbeitsgängen, Schichten und in den Pausen einander versichern. Ausbrüche und Überraschungseffekte, wie sie Pêcheux als Effekte «subversiver Praxisformen aus dem Inneren jener Praxen, in denen sich die herrschende Ideologie zu realisieren sucht» (222) beschrieben hat, sind Bestandteil des kulturellen Systems von Arbeitern. Es gehört zu jener Lust am Zweideutigen, an Scherzen und Andeutungen, wenn sich ostdeutsche Arbeitnehmer heute augenzwinkernd versichern: «Wenn wir den Sozialismus kleingekriegt haben, dann kriegen wir auch den Kapitalismus klein.» Sie bestätigen sich damit gegenseitig ihre Bindung und Zugehörigkeit angesichts der unsicheren neuen Arbeitswelten. Es sind Artikulationen einer «fintenreichen Praxis», mittels derer sich die ostdeutschen Arbeiter ihrer selbst vergewissern.

TRANSFORMATIONSFIGUREN

Die Rekonstruktion von Transformationsfiguren ist mit einem Dilemma konfrontiert: Offensichtlich läßt sich aus diesen kein kulturelles «Substrat» herausdestillieren, mit dem Akteure ihrem Handeln Bedeutung beimessen. Ihre Sinngebungen werden jeweils neu hergestellt. Die Einblicke in die «Kosmologie der kleinen Leute», in ihre Vorstellungen und Erklärungen von der sie umgebenden Welt, sind insofern immer uneindeutig. Figuren, wie sie hier zu rekonstruieren versucht wurden, suggerieren zumindest, einen Erklärungsapparat für das Handeln der Subjekte zur Verfügung zu stellen. Verstehen heißt dann, die Figurationen herauszuarbeiten, die ihren Aktions- und Deutungsraum bestimmen. Die Artikulationen der Menschen gehen in diesen kulturellen Strukturen jedenfalls nicht auf, wenngleich sie sich über sie verständigen und orientieren. Wann und wo sind die Handelnden aus dieser Perspektive tatsächlich Subjekte?
Die Frage zwingt zum Nachdenken über eine weitere Schwierigkeit der ethnographischen Analyse: die der eigenen Perspektive. Das Interesse der Forscherin gilt zum einen den Mechanismen, die eine Beschränkung legitimer Ansprüche auf Glück und Selbstverwirklichung akzeptabel machen und bis in die subtilsten Strukturen der Gewohnheiten und Alltagsroutinen des «kleinen Mannes» hinein ihre Spuren hinterlassen. Offenzulegen sind die Signaturen einer Existenz, die im Mikrokosmos einer «unteren und unbedeutenden Stellung innerhalb eines prestigereichen und privilegierten Universums» gefangen ist. (223) Aber die Menschen gehören diesem sozialen Raum eben nicht vollständig an: Berücksichtigt man das Reservoir an Traumenergien in Tagträumen während der Produktionsabläufe oder in der schönen Welt der Medien, so bleiben in den Wunschvorstellungen und Sehnsüchten Hoffnungen auf Verände-

rung lebendig. Was insofern die Neugier der Rekonstrukteurin auf sich zieht, sind die Zähigkeit und Fähigkeit der Menschen, ihren Alltag trotz oder angesichts sich wandelnder gesellschaftlicher Strukturen immer wieder herzustellen. Die den Figuren vorangestellten Erzählungen vermitteln vielleicht am ehesten einen Eindruck von dem Respekt (auch der Forscherin) vor der ungebrochenen Aktivität dieser Gesprächspartnerinnen.
In deren Reichweite zeichnet sich der Strukturwandel der Region als Riß im Horizont gemeinsam geteilter Gewißheiten und Verläßlichkeiten ab. Wie sie mit dem neuerlichen Aufeinanderprallen unterschiedlicher Chancen und Lebensstile zurechtkommen, welche Erklärungsmuster und Interpretationen sie sich zurechtlegen, welche Brüche, Blockierungen, Kommunitaritäten und Vermittlungen sich in ihrer vielfältigen Praxis artikulieren – hierin sollte ein Einblick gewonnen werden.
Bei der Figur des «sparsamen Lebens» handelt es sich, auch im Bewußtsein des oben beschriebenen Dilemmas, um eine Konstruktion: Muster und Einstellungen der Arbeiterkultur wie Bescheidenheitsethik, Notwendigkeitsgeschmack, Gerechtigkeitssinn und Streben nach Normalität lassen sich als Konturen des Weltbildes ostdeutscher Chemiearbeiter ausmachen, eines Weltbildes, das mit in den Erfahrungen des Strukturwandels der Region seine Bestätigung findet. Keine großen Ansprüche ans Leben zu stellen, darin sind die in einem proletarischen Land Aufgewachsenen geübt. Die Erinnerung dieser Erfahrung läßt sie angesichts der Arbeitslosigkeit zumindest noch Aktivität behaupten. Das in den engen Rahmen unhinterfragbarer Notwendigkeiten gestellte Leben ließ sich allerdings besser ertragen, als fast alle ein ähnliches Geschick im «Land der kleinen Leute» teilten. Nach der Wende ist sich «jeder selbst der Nächste»; die Redeweise bringt nicht nur die schmerzliche Erfahrung einer Erosion dieser Gewißheit zum Ausdruck, sie artikuliert auch die Ohnmacht und das Ausgeliefertseins an eine Welt, in der die kleinen Leute quasi immer schon betrogen worden sind. Dieser Common Sense ostdeutscher Arbeiter gibt ihnen in ihrer Erklärungsnot angesichts einer veränderten Lebenswirklichkeit Orientierung. Und er wird um so stärker angerufen, je offensichtlicher es die Gewinner gibt, die angeblich «ihres eigenen Glückes Schmied» sind. In dem Plattenbaugebiet Wolfen-Nord leben Gewinner und Verlierer noch nebeneinander. Auch ihnen erscheint die Welt schicksalhaft, und es gehört zu den Ironien der Vereinigung, daß sich die ostdeutsche «Nahkampfperspektive» für das neue Schicksalsspiel der Marktkräfte als kompatibel erweist. Dennoch scheint die Anrufung des gemeinsam geteilten Weltbildes von «Unsereinem» so etwas wie die Artikulation einer Sprachverwirrung zu sein, einer tiefen Beunruhigung, Irritation und Überforderung angesichts wachsender Fragmentierungen in der Arbeiterschaft der Region. Je dysfunktionaler sie sich zur Deutung der inzwischen geteilten sozialen Wirklichkeit erweisen, um so stärker werden Resignation und Mutlosigkeit.
Dieses Weltbild bildet auch das Gerüst für die kulturellen Praxen der Industriearbeiter. Die Räume der Plattenbauwohnungen und Kleingärten strahlen die Sehnsucht nach Normalität aus. Sie soll innere Sicherheit verleihen, vor allem dann, wenn draußen die Welt ins Wanken gerät. «So leben wie normale Menschen», das erwarten auch viele von in Wolfen-Nord lebenden Ausländern. Wer das nicht will, greift letztlich die geltende Ordnung an, eine Ordnung, die vor sozialem Abstieg und Deklassierung schützt. Die Marienthalstudie belegte in den dreißiger Jahren eindrucksvoll einen «Rückfall von der höheren kulturellen Stufe der politi-

schen Auseinandersetzung auf die primitivere individueller Gehässigkeiten». (224) Auch hier scheint eine Parallele in Wolfen-Nord zu existieren. Anzeigen wegen Lärmbelästigungen und nichterledigter Hausordnungen, wachsender Streit in den Hauseingängen und die DVU-Ergebnisse bei der Landtagswahl in Sachsen-Anhalt sind Anzeichen eines zweifellos problematischen Zustandes der politischen Kultur.

Die sparsame Einrichtung im Notwendigen kommt ohne die Sehnsucht nach Überschreitung des eigenen Mikrokosmos nicht aus. Die Bildwelt der Idyllen zwischen Kunst und Kitsch an den Betonwänden, die Verausgabung der unterdrückten Lebensenergien in Geselligkeit und Rausch, die glücklichen und schönen Menschen im Universum der Medien, all das hält diese Sehnsucht in einer engen und beschränkten Welt wach.

Der Ort, an dem die ostdeutschen Arbeiter sich selbst zu gehören vermeinten, ist die Arbeit, ein Ort, der heute nur noch wenigen zugänglich ist. Der Rollenwechsel vom «Werktätigen» zum «Arbeitnehmer» scheint ihrer Erfahrung einer eigensinnigen und fintenreichen Arbeitspraxis als Stabilisator gegen die Unzulänglichkeiten des Systems wenig anhaben zu können. Vielmehr drängt sich der Eindruck auf, daß der mit «gutem und qualitätvollem Arbeiten» verbundene Wertkomplex bei den ostdeutschen neuen Arbeitnehmern eine Renaissance erfährt. «Immer schon gearbeitet«, diese Redeweise bezieht ihre Bedeutung nicht nur aus dem Ost-West-Diskurs über die Leistungsbereitschaft der ostdeutschen Arbeiter. Arbeiten bedeutet hier, durch das eigene produktive Vermögen soziale Anerkennung in der Gruppe und in der Gesellschaft zu erlangen, im Umgang mit den Maschinen und Anlagen Routinen und Wissensressourcen auszuloten und zu erweitern, soziale Kontakte zu pflegen und in Lernprozesse eingebunden zu sein, die sich über die Arbeitssphäre hinaus auf Freizeiteinstellungen und Geschmackspräferenzen auswirken. «Gute Arbeit» ist aber auch ein konfliktreiches Kräftefeld, in dem der strukturbedingte Rollenwechsel vom Werktätigen zum Arbeitnehmer mit den Einstellungen und Vorstellungen der ostdeutschen Arbeiter in eine Gemengelage gerät: Konkurrenzen, Feindseligkeiten und Solidarisierungen mögen hinsichtlich der Spannung zwischen Fremd- und Selbstkontrolle, in der sich Industriearbeit immer befand, in den Erfahrungen der Arbeiter traditionell verankert sein. Durch ihre Erfahrungen in der modernisierten Chemieproduktion sind die ostdeutschen Arbeitnehmer nun gezwungen, ihre Arbeitserfahrungen im Kombinatalltag neu zu überdenken. Der Rückgriff auf Traditionen der Arbeiterkultur, was das gute und qualitätvolle Arbeiten anbelangt, die Behauptung einer «Longue durée» auch für die DDR, das Festhalten an der eigensinnigen Praxis des Bastlers und an der Bedeutung des Betriebes als sozialem Ort – mit diesem Bündel an Vorstellungen aktualisieren sie ihr Selbstverständnis als Arbeiter.

ANMERKUNGEN **1.** ChemiePark Forum Heft 3/96, S. 1 **2.** Vgl. S. Krätke, Stadt Raum Ökonomie. Basel 1995, S. 17 **3.** Zitiert nach M. Mönninger, Der Rand lebt. Die Zukunft der Stadt liegt in der Peripherie. In: du Heft 11/1996, S. 34 **4.** Vgl. S. Krätke 1995, a.a.O., S. 79 ff. **5.** Vgl. U. Voskamp/ K. Bluhm/ V. Wittke, Industriepolitik als Experiment. In: WSI Mitteilungen Heft 10/1993, S. 657 **6.** ChemiePark Forum Heft 10/1996 **7.** H. Kern/ C. F. Sabel, Gewerkschaften in offenen Arbeitsmärkten. In: Soziale Welt Heft 2/1990, S. 146 **8.** R. Woderich, Endogene Regionalentwicklung. Chimäre oder Chance? In: Stiftung Bauhaus Dessau (Hg) Rückzug als Integration. Dessau 1997, S. 55 **9.** Vgl. S. Krätke 1995, a.a.O., S. 258 **10.** Vgl. D. Hassenpflug, Erlebniswelten. Das eventistische Paradigma der Stadt- und Regionalentwicklung. Manuskript 1998 **11.** EXPO 2000 Sachsen-Anhalt GmbH (Hg) Ferropolis, Stadt aus Eisen. Dessau 1996, S. 11 **12.** R. Woderich 1997, a.a.O., S. 59; vgl. auch U. Matthiesen, Deutungsmuster und Lebensstile im «problematischen» Konstitutionsprozeß regionaler Identitäten. In: Lebensstile und Raumerleben, REGIO Beiträge des IRS Nr.8, Berlin 1995, S. 31-44 **13.** G. Schulze, Die Erlebnisgesellschaft. Frankfurt/M. 1997, S. 17 **14.** A. Honneth, Anerkennung und Differenz. Zum Selbstmißverständnis postmoderner Sozialtheorien. In: Initial Heft 7/1990, S. 670 **15.** R. Hitzler/ A. Honer, Bastelexistenz. Über subjektive Konsequenzen der Individualisierung. In: U. Beck/ E. Beck-Gernsheim (Hg) Riskante Freiheiten. Frankfurt/M. 1994, S. 308 **16.** U. Beck, Eigenes Leben. Ausflüge in die unbekannte Gesellschaft, in der wir leben. München 1995, S. 10 **17.** Vgl. H. Matthies, Die Zivilisierung der Ökonomie. In: K. M. Schmals/ H. Heinelt (Hg) Zivile Gesellschaft, Opladen 1997, S. 362 **18.** M. Behr, Wertewandel und Neuer Arbeitstyp. Zur Wechselwirkung von Wertorientierungen, Arbeitsmarktentwicklung und neuen Organisationskonzepten. In: Berliner Debatte INITIAL Heft 8/1997/5, S. 37 **19.** Ebenda, S. 39 f. **20.** Vgl. P. Alheit, Zivile Kultur. Frankfurt 1994, S. 83 **21.** Vgl. M. Heidenreich, Die subjektive Modernisierung fortgeschrittener Arbeitsgesellschaften. In: Soziale Welt Heft 1/1996, S. 32 **22.** Vgl. S. Hradil, Überholen ohne einzuholen? In: R. Kollmorgen/ R. Reißig/ J. Weiß (Hg) Sozialer Wandel und Akteure in Ostdeutschland, Opladen 1996, S. 73 **23.** Vgl. G. G. Voß, Wertewandel: Eine Modernisierung der protestantischen Ethik. In: Zeitschrift für Personalforschung Heft 3/1990, S. 271 f. **24.** Vgl. H. Matthies 1997, a.a.O. **25.** Vgl. G. G. Voß/ H.-J. Pongratz, Vom Arbeitnehmer zum Arbeitskraftunternehmer? Thesen zu einem möglichen historischen Übergang von der Berufsform zur Betriebsform der Ware Arbeitskraft. Manuskript 1996 **26.** Vgl. H. Kotthoff/ J. Reindl, Die soziale Welt kleiner Betriebe. Wirtschaften, Arbeiten und Leben im mittelständischen Industriebetrieb. Göttingen 1990, S. 14 **27.** Vgl. M. Behr 1997, a.a.O., S. 43 ff. **28.** M. Heidenreich 1996, a.a.O., S. 41 **29.** Vgl. M. Behr 1997, a.a.O., S. 46 **30.** H. Matthies 1997, a.a.O., S. 355 **31.** Vgl. R. Woderich, Mentalitäten zwischen Anpassung und Eigensinn. In: Deutschland-Archiv Heft 25/1992 **32.** Vgl. W. Engler, Die ungewollte Moderne. Frankfurt/M. 1995 **33.** Vgl. P. Hübner, Konsens, Konflikt und Kompromiß. Berlin 1995 **34.** M. Behr 1997, a.a.O., S. 46 **35.** W. Engler, Gegenwartskapitalismus und Zivilisation. Fragen an Norbert Elias. In: Berliner Journal für Soziologie Heft 2/1997, S. 9 **36.** Vgl. R. Sennett, Der flexible Mensch. Berlin 1998 **37.** J. Fischer/ H.-J. Weißbach, Von der Transformationskrise zur regionalen Strukturkrise? In: R. Schmidt/ B. Lutz (Hg) Chancen und Risiken der industriellen Restrukturierung in Ostdeutschland. Berlin 1995, S. 58 **38.** M. Kohli, Arbeitsgesellschaft DDR. In: H. Kaelble/ J. Kocka/ H. Zwahr (Hg) Sozialgeschichte der DDR. Stuttgart 1994, S. 39 **39.** B. Lutz, Betriebe im realen Sozialismus als Lebensraum und Basisinstitution. In: R. Schmidt/ B. Lutz (Hg) 1995, a.a.O., S. 139 **40.** Vgl. H. Jaos, Die Kreativität des Handelns. Frankfurt/M. 1996, S. 330 **41.** Vgl. B. Lutz, Institutionen und Interessen - Erste Thesen und Überlegungen zum Prozeß der System-Transformation. In: Berliner Journal für Soziologie Heft 3/1994, S. 365-379 **42.** Vgl. U. Voskamp/ V. Wittke, Aus Modernisierungsblockaden werden Abwärtsspiralen. Zur Reorganisation von Betrieben und Kombinaten der ehemaligen DDR. In: SOFI Mitteilungen Heft 18/1990, S. 14 **43.** Vgl. W. Thaa, Die legitimatorische Bedeutung des Arbeitsparadigmas in der DDR. In: Politische Vierteljahreszeitschrift Heft 30/1989, S. 94-111 **44.** P. Alheit, Zivile Kultur. Frankfurt/M. 1994, S. 47 **45.** J. Roessler, Zum Strukturwandel in der Industrie der DDR während der fünfziger Jahre. In: Zeitschrift für Geschichtswissenschaft Heft 2/1987, S. 147 **46.** Vgl. U. Voskamp/ V. Wittke, Fordismus in einem Land - Das Produktionsmodell der DDR. In: Sowi Heft 19/1990, S. 173 **47.** Vgl. ebenda, S. 174 **48.** Ebenda **49.** Filmfunken Nr.30/1951 **50.** Ebenda **51.** Vgl. A. Lüdtke, Helden der Arbeit – Mühen beim Arbeiten. In: H. Kaelble/ J. Kocka/ H. Zwahr (Hg) 1994, a.a.O., S. 194 **52.** A. Lüdtke, Was ist und wer treibt Alltagsgeschichte? In: Ders. (Hg) Alltagsgeschichte, Frankfurt/M. 1989, S. 12 **53.** Vgl. Kapitel 4 **54.** Vgl. P. Hübner 1995, a.a.O., S. 58 **55.** Ebenda, S. 219 **56.** Filmfunken Nr. 27/1951 **57.** Vgl. Statistisches Jahrbuch der DDR 1989, S. 121 **58.** Vgl. L. Niethammer, Die volkseigene Erfahrung. Berlin 1991, S. 51 **59.** Dienstanweisung des Werkleiters der Filmfabrik Agfa Wolfen vom 19. Juni 1953 **60.** Freiheit Nr. 197 vom 25. August 1953 **61.** Filmfunken Nr. 24/1953 **62.** Vgl. J. Roessler, Die Produktionsbrigaden. In: H. Kaelble/ J. Kocka/ H. Zwahr (Hg) 1994, a.a.O., S. 157 **63.** Vgl. P. Hübner 1995, a.a.O., S. 237 **64.** P. Hübner, Balance des Ungleichgewichts. In: Geschichte und Gesellschaft Heft 19/1993, S. 26 **65.** Vgl. etwa R. Jessen, Die Gesellschaft im Staatssozialismus. In: Geschichte und Gesellschaft Heft 1/1995, S. 96-110 **66.** R. Woderich 1992, a.a.O., S. 27 **67.** W. Engler 1995, a.a.O., S. 60 **68.** Edda Koch in: A. Behnk/ R. Westerwelle, Die Frauen von ORWO. Leipzig 1995, S. 76 **69.** K. Maase, Grenzenloses Vergnügen. Frankfurt/M. 1997, S. 260 **70.** Vgl. J. Roessler 1994, a.a.O., S. 153 **71.** Vgl. A. Lüdtke, Eigensinn, Fabrikalltag, Arbeitserfahrung und Politik vom Kaiserreich bis in den Faschismus. Hamburg 1993, S. 376 f. **72.** Vgl. P. Hübner 1995, a.a.O., S. 239 **73.** A. Lüdtke 1994, a.a.O., S. 205 **74.** Filmfunken Nr. 1/1950 **75.** R. Geißler, Die ostdeutsche Sozialstruktur unter Modernisierungsdruck. In: APZ B29-30 1992, S.17 **76.** Filmfunken Nr. 25/1950 **77.** Ebenda **78.** Filmfunken Nr. 7/1951 **79.** Filmfunken Nr. 38/1950 **80.** Vgl. P. Hübner, Um Kopf und Kragen. In: Mitteilungen aus der kulturwissenschaftlichen Forschung Ostdeutsche Kulturgeschichte Heft 33/ 1993, S. 210-231 **81.** Vgl. A. Lüdtke 1994, a.a.O., S. 204 **82.** Vgl. U. Voskamp/ V. Wittke 1990, a.a.O., S. 175 **83.** B. Lutz 1995, a.a.O., S. 150 **84.** Vgl. hierzu Kapitel 3 sowie G. Meyer, Sozialistischer Paternalismus. Strategien konservativen Systemmanagements am Beispiel der DDR. In: R. Rytlewski (Hg) Politik und Gesellschaft in sozialistischen Ländern, Politische Vierteljahresschrift Sonderheft 20/1989, S. 426 **85.** Vgl. M. Hofmann/ D. Rink, Die Kohlearbeiter von Espenhain. Zur Enttraditionalisierung eines ostdeutschen Arbeitermilieus. In: M. Vester/ M. Hofmann/ I. Zierke (Hg) Soziale Milieus in Ostdeutschland. Köln 1955, S. 121 f. **86.** Filmfunken Nr.3/1950 **87.** Vgl. M. Kohli, Die DDR als Arbeitsgesellschaft. Arbeit, Lebenslauf und soziale Differenzierung. In: H. Kaelble/ J. Kocka/ H. Zwahr 1994, a.a.O., S. 52 **88.** Vgl. W. Engler 1995, a.a.O., S. 34 f. **89.** Vgl. J. Huiningk/ K. U. Mayer, Lebensläufe im Wandel der DDR-Gesellschaft. In: H. Joas/ M. Kohli (Hg) Der Zusammenbruch der DDR, Frankfurt/M. 1993, S. 151–171 **90.** D. Pollack, Sozialstruktureller Wandel, Institutionentransfer und die Langsamkeit der Individuen. In: Soziologische Revue Jahrgang 19/1996, S. 424 **91.** Vgl. W. Thaa 1989, a.a.O., S. 100 ff. **92.** Filmfunken, 2. November 1989 **93.** R. Woderich 1992, a.a.O., S. 29 **94.** Vgl. P. Bourdieu, Sozialer Raum und Klassen. Frankfurt/M. 1991, S. 17 **95.** Vgl. W. Thaa 1989, a.a.O., S. 99 **96.** Vgl. M. Vester, Deutschlands feine Unterschiede. Mentalitäten und Modernisierung in Ost- und Westdeutschland. In: APZ B20/1995, S. 19 **97.** Vgl. M. Hofmann/D. Rink, Die Auflösung der ostdeutschen Arbeitermilieus. Bewältigungsmuster und Handlungsspielräume ostdeutscher Industriearbeiter im Transformationsprozeß. In: APZ B26/27 1993, S. 31 **98.** Vgl. P. Alheit 1994, a.a.O., S. 256 **99.** P. Hübner 1995, a.a.O., S. 245 **100.** Ebenda **101.** Vgl. F.-O. Gilles/H. H. Hertle, Industrielle Beziehungen in der Großchemie Sachsen-Anhalts: Aufbau-Struktur-Politik. In: Ministerium für Arbeit und Soziales des Landes Sachsen-Anhalt (Hg) Der Transformationsprozeß der großchemischen Industrie Sachsen-Anhalts, Forschungsbeiträge zum Arbeitsmarkt in Sachsen Anhalt, o.J., Band 4, S. 37 **102.** Ebenda, S. 14 **103.** Vgl. A. Köhler/ E. Sandmann, Personalentwicklung und Beschäftigungspolitik in Unternehmen der chemischen Industrie Sachsen-Anhalts. In: Ministerium für Arbeit und Soziales des Landes Sachsen-Anhalt (Hg) a.a.O., S. 33 f. **104.** Vgl. A. Köhler/ E. Sandmann, Personalentwicklung und Beschäftigungspolitik in Unternehmen der chemischen Industrie Sachsen-Anhalts. In: Ministerium für Arbeit und Soziales des Landes Sachsen-Anhalt (Hg) a.a.O., S. 39 **105.** U. Voskamp/ K. Bluhm/ V. Wittke, Industriepolitik als Experiment -Erfahrungen aus der Restrukturierung der großchemischen Industrie Sachsen-Anhalts. In: WSI Mitteilungen Heft 10/1993, S. 651 **106.** Vgl. J. Fischer/ H.-J. Weißbach 1995, a.a.O., S. 60 **107.** K. Müller, Der osteuropäische Wandel und die deutsch-deutsche Transformation. In: R. Schmidt/ B. Lutz (Hg) 1995, a.a.O., S.13 **108.** W. Zapf, Die Transformation in der ehemaligen DDR und die soziologische Theorie der Modernisierung. In: WZB-Discussion Paper, Berlin 1992, S. 94 **109.** B. Lutz 1994, a.a.O., S. 370 **110.** Vgl. J. Fischer/ H.-J. Weißbach 1995, a.a.O., S. 53 **111.** K. Müller 1995, a.a.O., S. 18 **112.** Mitteldeutsche Zeitung vom 10. Januar 1991 **113.** H. Legler, Lösungsansätze für die Struktur- und Umweltprobleme der Chemischen Industrie im Raum Halle. In: WSI-Mitteilungen Heft 11/1991, S. 676 **114.** Vgl. V. Wittke/ U. Voskamp/ K. Bluhm, Den Westen überholen, ohne ihn einzuholen? Zu den Schwierigkeiten bei der Restrukturierung der ostdeutschen Industrie und den Perspektiven erfolgsversprechender Reorganisationsstrategien. In: R. Schmidt (Hg) Zwischenbilanz Analysen zum Transformationsprozeß der ostdeutschen Industrie. Berlin 1993, S. 140 **115.** J. Fischer/ H. J. Weißbach, Forschung und Entwicklung im Transformationsprozeß der großchemischen Industrie Sachsen-Anhalts. In: Ministerium für Arbeit und Soziales des Landes Sachsen-Anhalt (Hg) a.a.O., S. 66 **116.** K. Bluhm/ U. Voskamp/ V. Wittke, Die Restrukturierung der technischen Bereiche in der großchemischen Industrie Sachsen-Anhalts - Entwicklungsstand und Perspektiven. In: Ministerium für Arbeit und Soziales des Landes Sachsen-Anhalt (Hg) a.a.O., S. 46 **117.** Vgl. Grundlinien für die Weiterführung der territorialen Rationalisierung im Zeitraum 1986-90 im Kreis Bitterfeld **118.** Freiheit vom 11. Januar 1989, S. 8 **119.** B. Lutz 1995, a.a O., S. 156 **120.** K. Bluhm/ U. Voskamp/ V. Wittke a.a.O. **121.** U. Voskamp/ V. Wittke 1990, a.a.O., S. 21 **122.** H. Kern/ C. F. Sabel 1990, a.a.O., S. 146 **123.** Vgl. hierzu auch U. Voskamp/ K. Bluhm/ V. Wittke, Industriepolitik als Experiment. In: WSI Mitteilungen Heft 10/1993, S. 648-658 **124.** Vgl. V. Wittke/ U. Voskamp/K. Bluhm 1993, a.a.O., S. 151 **125.** P. Sztompka, The Sociology of Social Change. Oxford 1993, S. 140 **126.** Vgl. K. Müller, Kontingenzen der Transformation. In: Berliner Journal für Soziologie Heft 4/1996, S. 458 **127.** J. Hirsch/ R.Roth, Das neue Gesicht des Kapitalismus. Vom Fordismus zum Postfordismus. Hamburg 1986, S. 94 **128.** W. Engler 1997, a.a.O., S. 223 **129.** J. Fischer/H. J. Weißbach 1995, a.a.O., S. 53 **130.** Vgl. W. Engler 1997, a.a.O., S. 223 **131.** Vgl. K. Müller 1995 **132.** B. Lutz, Der Markt allein kann es nicht schaffen. In: C. Hein u. a. (Hg) Deutsche Ansichten. Die Republik im Übergang. Bonn 1992, S. 148 **133.** C. Offe, Die deutsche Vereinigung als natürliches Experiment. In: B. Giesen/ C. Leggewie (Hg) Experiment Vereinigung. Ein sozialer Großversuch. Berlin 1991, S. 82 f. **134.** W. Heering/ K. Schroeder, Vom Kollektiv zur Sozialpartnerschaft? In: R. Schmidt/ B. Lutz (Hg) 1995, a.a.O., S. 174 **135.** Vgl. H. Kern, Intelligente Regulierung. In: Soziale Welt Heft 1/1994, S. 38 ff. **136.** Vgl. K. Lohr/ S. Röbenack/ E. Schmidt, Industrielle Beziehungen im Wandel. In: R. Schmidt/ B. Lutz (Hg) 1995, a.a.O., S. 186 ff. **137.** Vgl. F. O. Gilles/ H. H. Hertle, a.a.O., S. 21 **138.** Ebenda, S. 24 **139.** Vgl. W. Heering/ K. Schroeder 1995, a.a.O., S. 175 **140.** Vgl. J. Bergmann, Industrielle Beziehungen in Ostdeutschland: Transferierte Institutionen im Deindustrialisierungsprozeß. In: B. Lutz u. a. (Hg) Arbeit, Arbeitsmarkt und Betriebe. Opladen 1996, S. 284 **141.** H. Kern 1994, a.a.O., S.56 **142.** Ebenda, S. 261 **143.** Vgl. W. Heering/ K. Schroeder 1995, a.a.O., S. 176; J. Bergmann 1996, a.a.O., S. 272 f. **144.** Vgl. P. Windorf, Die Transformation der ostdeutschen Betriebe. In: Berliner Journal für Soziologie Heft 4/1996, S. 474 **145.** Vgl. J. Bergmann 1996, a.a.O., S. 274 **146.** Vgl. W. Heering/K. Schroeder 1995, a.a.O., S. 177 **147.** Vgl. K. Lohr/ S. Röbenack/ E. Schmidt 1995, a.a.O., S. 211 **148.** H. Wiesenthal, Institutionelle Dynamik und soziale Defensive. Eine vergleichende Betrachtung der Akteurskonstellationen im Transformationsprozeß der neuen Bundesländer. In: BISS Public, 3. Jg., Heft 11, S. 54 **149.** E. Altvater/ B. Mahnkopf, Gewerkschaften vor der europäischen Herausforderung - Tarifpolitik zwischen Mauer und Maastricht. Münster 1993, S. 185 **150.** Vgl. H. Kern 1994, a.a.O. **151.** Vgl. B. Lutz 1995, a.a.O., S. 141 f. **152.** R. Rottenburg, Welches Licht wirft die volkseigene Erfahrung der Werktätigen auf westliche Unternehmen? In: M. Heidenreich (Hg) Krisen, Kader, Kombinate. Berlin 1993, S. 243 **153.** Vgl. G. Preyer, Zwei Konstruktionsprobleme der «Theorie des kommunikativen Handelns». In: Berliner Journal für Soziologie Heft 4/1996, S. 556 **154.** Vgl. J. Habermas, Theorie des kommunikativen Handelns. Band 2. Frankfurt/M. 1981, S. 567 **155.** Vgl. A. Giddens, Konsequenzen der Moderne. Frankfurt/M. 1995, S. 34 **156.** V. Schmidt, Betriebliche Sozialordnung und ostdeutsches Arbeitnehmerbewußtsein im Prozeß der Transformation. München 1996, S. 19 f. **157.** Vgl. U. Voskamp/ V. Wittke 1990, a.a.O., S. 27 f. **158.** Vgl. F. Wiendels, Die Welt in einer Nußschale. In: Stiftung Bauhaus Dessau (Hg) Rückzug als Integration. Dessau 1997, S. 26 **159.** W. Engler 1995, a.a.O., S. 56 **160.** Ebenda **161.** Vgl. M. Heidenreich 1996, a.a.O., S. 26 ff. **162.** W. Engler 1995, a.a.O., S. 47 **163.** Vgl. A. Giddens, Tradition in der post-traditionalen Gesellschaft. In: Soziale Welt Heft 44/1993 **164.** M. Heidenreich 1996, a.a.O., S. 41 **165.** Vgl. D. Pollack, Sozialstruktureller Wandel, Institutionentransfer und die Langsamkeit der Individuen. In: Soziologische Revue

Heft 4/1996, S. 423 f. **166.** R. Kollmorgen, Auf der Suche nach Theorien der Transformation. Überlegungen zu Begriff und Theoretisierung der postsozialistischen Transformationen. In: Berliner Journal für Soziologie Heft 3/1994, S. 391 **167.** T. Assheuer, Ach, die Rossini-Deutschen. In: Die Zeit, Nr. 16 vom 11. April 1997 **168.** K. Müller 1995, a.a.O., S. 18 **169.** B. Lutz 1994, a.a.O., S. 377 **170.** P. Alheit 1994, a.a.O. **171.** U. J. Heuser/ S. Willecke, Lebenslange Probezeit. In: Die Zeit Nr. 39 vom 19. September 1997 **172.** P. Alheit 1994, a.a.O., S. 45 **173.** Vgl. C. Taylor, Sprache und Gesellschaft. In: A. Honneth/ H. Joas (Hg) Kommunikatives Handeln. Beiträge zu Jürgen Habermas' Theorie des kommunikativen Handelns. Frankfurt/M. 1986 **174.** P. Alheit 1994, a.a.O., S. 47 **175.** Ebenda, S. 85 ff. **176.** V. Klaus, So far, so good. In: The Economist, 10. September 1994, S. 34 **177.** Vgl. K. Müller, Kontingenzen der Transformation. In: Berliner Journal für Soziologie Heft 4/1996, S. 459 **178.** K. Müller, Wandel und Transformation. In: R. Schmidt/ B. Lutz (Hg) 1995, a.a.O., S. 37 **179.** Ebenda, S. 17 **180.** D. Pollack, The Times, They Are A-Changing ... In: BISS Public Heft 6/1992, S. 51 f. **181.** C. Offe, Die Integration nachkommunistischer Gesellschaften: die ehemalige DDR im Vergleich zu ihren osteuropäischen Nachbarn. Manuskript, Bremen 1992, S. 57 **182.** J. Link, Versuch über den Normalismus. Opladen 1997, S. 366 f. **183.** Ebenda, S. 367 **184.** M. Jahoda/ P. F. Lazarsfeld/ H. Zeisel, Die Arbeitslosen von Marienthal. Frankfurt/M. 1976, S. 83 **185.** Vgl. P. Bourdieu, Das Elend der Welt. Konstanz 1997, S. 823 **186.** T. Hanf, Gesellschaftliche Entwicklung und Transformation. In: L. Clausen (Hg) Gesellschaften im Umbruch. Verhandlungen des 27. Kongresses der Deutschen Gesellschaft für Soziologie. Frankfurt/M. 1996 **187.** Vgl. R. Woderich 1997, a.a.O., S. 53 f. **188.** R. Kollmorgen 1994, a.a.O., S. 390 **189.** Zitiert nach P. Schöttler, Mentalitäten, Ideologien, Diskurse. In: A. Lüdtke (Hg) Alltagsgeschichte. Frankfurt/M. 1989, S. 87 f. **190.** Ebenda, S. 99 **191.** P. Bourdieu, Entwurf einer Theorie der Praxis. Frankfurt/M. 1976, S. 164 ff. **192.** A. Honneth, Die zerissene Welt der symbolischen Formen. In: Ders., Die zerissene Welt des Sozialen. Frankfurt/M. 1990, S. 171 **193.** M. Pechêux, zu rebellieren und zu denken wagen! In: Kulturrevolution Heft 6/1984, S. 64 **194.** A. Lüdtke 1989, a.a.O., S. 22 **195.** S. Hall, Terrains der Verstörung. In: Texte zur Kunst Heft 24/1996, S. 52 **196.** A. Lüdtke 1989, a.a.O., S. 23 **197.** C. Geertz, Dichte Beschreibung. Frankfurt/M. 1995, S. 40 **198.** Ebenda, S. 264 ff. **199.** Ebenda, S. 287 **200.** Vgl. H. Joas 1996, a.a.O., S. 234 ff. **201.** Vgl. R. Woderich, Peripherienbildung und kulturelle Identität. In: R. Kollmorgen/ R. Reißig/ J. Weiß (Hg) Sozialer Wandel und Akteure in Ostdeutschland. Opladen 1996, S. 95 ff. **202.** A. Lüdtke 1993, a.a.O., S. 386 **203.** Ebenda, S. 96 **204.** C. Geertz, Spurenlesen. Der Ethnologe und das Entgleiten der Fakten. München 1997, S. 159 **205.** W. Engler 1995, a.a.O. **206.** W. Engler, Die zivilisatorische Lücke. Frankfurt/M. 1992, S. 47 **207.** W. Kaschuba, Volkskultur und Arbeiterkultur als symbolische Ordnungen. In: A. Lüdtke (Hg) 1989, a.a.O., S. 215 **208.** W. Engler 1995, a.a.O., S. 60 **209.** P. Hübner 1995, a.a.O., S. 244 **210.** Vgl. W. Kaschuba 1989, a.a.O., S. 215 **211.** U. Beck, Jenseits von Klasse und Stand. In: U. Beck/ E. Beck-Gernsheim (Hg) Riskante Freiheiten. Frankfurt/M. 1994, S. 58 **212.** Vgl. K. Hartung, Ganz gewöhnliche DVU-Wähler. In: Die Zeit vom 29. April 1998 **213.** W. Engler, Gefährdete Zukunft. In: Sinn und Form Heft 4/1997, S. 592 **214.** Vgl. K. Maase, Grenzenloses Vergnügen. Frankfurt/M. 1997, S. 203 **215.** Ebenda, S. 36 f. **216.** Vgl. etwa P. Willis, Profane Culture. Rocker, Hippies: Subversive Stile der Jugendkultur. Frankfurt/M. 1981 **217.** Vgl. M. de Certeau, Die Kunst des Handelns. Berlin 1988, S. 80 f.; sowie R. Winter, Der produktive Zuschauer. München 1995, S. 117 f. **218.** S. Hall 1996, a.a.O., S. 52 **219.** Vgl. W. Kaschuba 1989, a.a.O., S. 216 f. **220.** Vgl. A. Lüdtke 1993, a.a.O., S. 374 **221.** F. Wiendels 1997, a.a.O., S. 25 **222.** M. Pêcheux 1984, a.a.O., S. 64 **223.** P. Bourdieu 1997, a.a.O., S. 18 **224.** Vgl. M. Jahoda/ P. F. Lazarsfeld/ H. Zeisel 1976, a.a.O., S. 6

EDITION BAUHAUS
HERAUSGEGEBEN VON DER STIFTUNG BAUHAUS DESSAU

Im historischen Bauhaus der zwanziger Jahre gingen Architektur, Kunst, Technik und soziale Industrie eine Verbindung ein, aus der Prinzipien der Gestaltung von Alltagskulturen abgeleitet wurden. Angesichts des gegenwärtigen Umbruchs prüft das heutige Bauhaus die Leistungsfähigkeit dieser Prinzipien und leistet Beiträge zur Gestaltung nachindustrieller Lebensumwelten: Architektur der zweiten Moderne, Bau- und Planungskultur globalisierter Stadt-Regionen, neue Lebensstile und Medialisierung sozialer Beziehungen lauten die Stichworte gegenwärtiger Gestaltungsaufgaben. ■ Die neue Buchreihe der Stiftung Bauhaus Dessau vereint Monographien, Sammelbände und Kataloge zu diesen Stichworten und stellt sie zur Diskussion.

BAND 1
WALTER PRIGGE (HG.)
PERIPHERIE IST ÜBERALL
SEPTEMBER 1998

Mit Beiträgen u.a. von Peter Fischli/David Weiss, Peter Marcuse, Robert A. Beauregard, Thorsten Heitkamp, Dan Graham, Robert Smithson, Martine de Maeseneer, Philip Pocock/ Florian Wenz

BAND 2
FRANZ PRÖFENER (HG.)
ZEITZEICHEN BAUSTELLE
REALITÄT, INSZENIERUNG UND METAPHORIK EINES ABSEITIGEN ORTES
SEPTEMBER 1998
Mit Beiträgen u.a. von Jan Robert Bloch, Michael Glasmeier, Helmut Höge, Dieter Hoffmann-Axthelm, Wolfgang Kil, Florian Rötzer, Heinrich Wefing, Dorothee Wenner

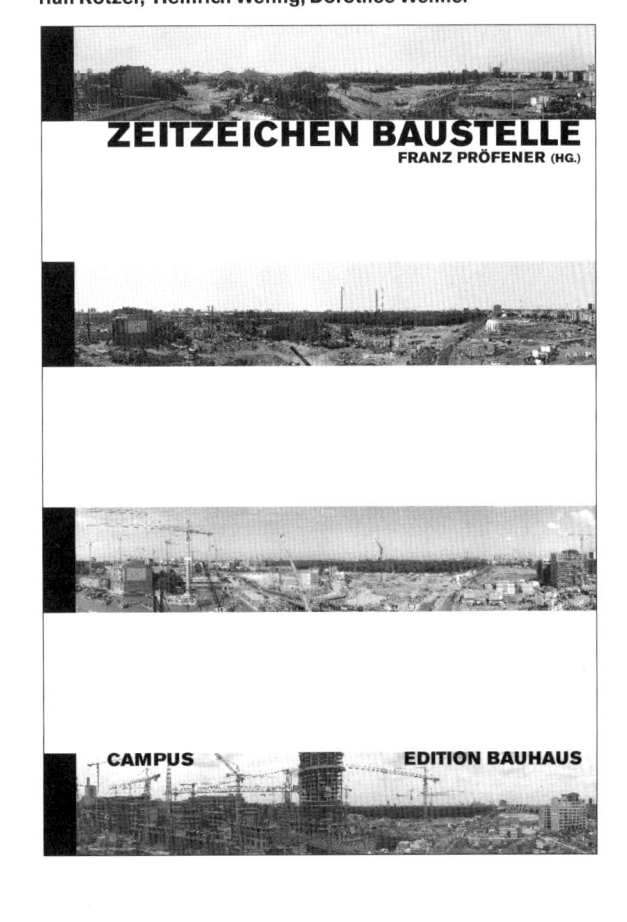